新时代
营销
新理念

DeepSeek
营销

AI驱动的智能增长

庞文英◎著

清华大学出版社

北　京

内 容 简 介

本书系统介绍了 DeepSeek 驱动的智能营销战略，助力企业找到新的增长路径。本书分为上、中、下三篇：上篇从营销新武器、思维进化、玩转 DeepSeek 三个方面，介绍 AI 营销底层逻辑、营销人的思维进化、DeepSeek 操作基础等内容；中篇聚焦六大营销场景实战，包括精准用户洞察、广告投放优化、数据驱动决策等，提供即学即用的方法；下篇则讲述具体的营销方法，涵盖电商零售、B2B 业务、本地生活等行业。

除了包含丰富的理论，本书还讲解了 DeepSeek 在不同场景、行业的实战案例，提供了多种方法，助力企业营销决策者、数字营销从业者、媒体从业者等人群重构营销思维，掌握先进的营销工具，驱动业绩增长。

图书在版编目（CIP）数据

DeepSeek 营销：AI 驱动的智能增长 / 庞文英著. --北京：清华大学出版社，2025. 11.
(新时代·营销新理念). -- ISBN 978-7-302-70241-2
Ⅰ. F713.365.2
中国国家版本馆 CIP 数据核字第 2025HZ7684 号

责任编辑：刘　洋
封面设计：方加青
版式设计：张　姿
责任校对：宋玉莲
责任印制：宋　林

出版发行：清华大学出版社
　　　网　　　址：https://www.tup.com.cn，https://www.wqxuetang.com
　　　地　　　址：北京清华大学学研大厦 A 座　　　　邮　　编：100084
　　　社　总　机：010-83470000　　　　　　　　　　邮　　购：010-62786544
　　　投稿与读者服务：010-62776969，c-service@tup.tsinghua.edu.cn
　　　质　量　反　馈：010-62772015，zhiliang@tup.tsinghua.edu.cn
印　装　者：河北鹏润印刷有限公司
经　　　销：全国新华书店
开　　　本：170mm×240mm　　　印　张：15.5　　　字　　数：229 千字
版　　　次：2025 年 11 月第 1 版　　　印　次：2025 年 11 月第 1 次印刷
定　　　价：69.00 元

产品编号：112977-01

当今时代，科技的浪潮正重塑商业世界的每一个角落，营销领域也不例外。从大模型爆发到落地应用，AI 正在重构营销格局。AI 营销行业规模不断扩大，展现出迅猛的发展势头。从技术研发到应用探索，AI 营销已迈入快速发展期，成为推动企业实现突破性增长的关键力量。

AI 营销的兴起并非偶然。它是营销个性化和人性化需求的集中爆发，是对传统营销困境的有力回应。过去，营销人员在海量的数据与繁杂的工作中艰难前行，传统营销面临着受众洞察模糊、内容生产低效、投放策略粗放、数据解读滞后、跨渠道协同混乱等诸多痛点。而 AI 营销凭借强大的技术优势，实现了营销全链路的数字化、智能化升级，为营销效率和效果的提升带来了质的飞跃。

在这样的背景下，DeepSeek 的出现进一步强化了 AI 营销的势能。它以独特的优势，在速度、精度和规模效应上实现了对传统营销的降维打击，成为众多企业探索智能营销之路的得力助手。

本书正是为了帮助企业和营销人员在这场 AI 营销变革浪潮中找准方向、把握机遇而精心创作的。本书具有三大显著价值。首先，它系统且全面地阐述了 AI 营销的底层逻辑与前沿趋势，帮助读者建立起对 AI 营销的深度认知，理解 AI 如何从根本上改变营销的游戏规则。其次，本书围绕 DeepSeek 这一核心工具，深入解析了其在营销各个环节的具体应用，为读者提供了具有指导性的方法与技巧。最后，本书针对不同行业详细介绍了 DeepSeek 的个性化营销解决方案，助力企业在各自的行业赛道中，借助

AI 的力量实现差异化竞争与突破性增长。

除了理论层面的探讨，本书也注重实践应用，讲解了多方面的 DeepSeek 营销实操技巧，让读者在阅读过程中能够清晰地看到理论如何转化为实际行动，以及实践中可能遇到的问题与解决方案。同时，本书紧跟行业最新动态，敏锐捕捉并解读 DeepSeek 营销领域的新趋势、新变化，确保读者获取行业前沿信息。

未来，随着 DeepSeek 能力不断提升，其在营销领域的应用边界将不断拓展。这不仅会改变营销全链路运作范式，还会推动营销业务模式、服务形态等多方面的变革。在 DeepSeek 营销的大趋势下，企业只有积极拥抱 DeepSeek，将其深度融入营销体系，才能更好地捕捉新的商业机遇，以更加高效的业务模式实现营销效能增长。

CONTENTS

目录

Ai 中篇
DeepSeek 营销场景实战——六大场景即学即用

⚡下篇
DeepSeek 营销行业宝典——5 大行业 *N* 种玩法

AI 营销新纪元

——从入门到上瘾

AI

第1章

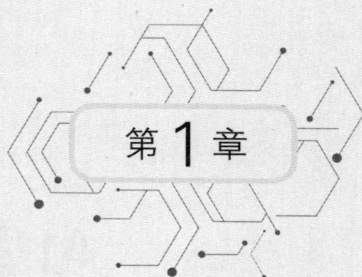

营销新武器：
为什么 AI 让营销效率翻倍

在当前这个信息爆炸的时代，营销早已不是简单的广而告之。传统营销方式不仅耗时耗力，还难以精准触达目标用户，而 AI 的出现改变了这一局面。它能快速分析海量数据，精准定位用户需求，高效完成内容创作、广告投放等工作。从过去人工筛选数据到现在 AI 瞬间给出结果，从凭借经验制定策略到利用数据进行精准决策，AI 助力营销效率实现了飞跃。在这样的背景下，AI 成为每个营销人必备的新武器。

本章将详细拆解 AI 营销的底层逻辑、DeepSeek 带来的营销变革等内容，帮助营销人看清 AI 营销趋势下的机遇和挑战，做好迎接智能营销时代的准备。

1.1 开篇案例：某广告公司用AI实现广告ROI大幅提升

在企业运营领域，工具革新始终是推动效率跃迁与竞争力升级的核心驱动力，而 AI 技术的出现为工具的智能革新带来了新的契机，也为企业运营注入了新的活力。某颇具规模的广告公司就借助 AI（ Artificial Intelligence，人工智能）技术打了一场漂亮的翻身仗，实现广告 ROI（ return on investment，投资回报率）大幅提升，在业内引起了不小的轰动。

此前，该广告公司和大多数传统广告公司一样，面临诸多棘手的问题。在为客户制定广告策略时，其主要依靠人工收集和分析数据。团队成员需要花费大量时间，在各种数据库、市场调研报告及社交媒体平台中手动筛选和整理与目标用户、市场趋势相关的数据。这个过程既耗费人力，又非常耗时，往往完成一次全面的数据收集和初步分析需要几个星期。而且，人工分析数据难免会受到主观因素的影响，导致对市场趋势和消费者需求的判断不够精准，制定出的广告策略也难以切中要害。

在广告创意方面，该广告公司基本依靠创意团队成员的个人经验和灵感。文案撰写人员需要绞尽脑汁地构思文案，设计师需要耗费大量时间制作广告画面。但由于缺乏精准的数据支撑，这些创意能否吸引目标用户的眼球，很大程度上只能靠运气。有时候，即使公司制作出自认为很有创意的广告，投放后市场却反响十分平淡，客户满意度也不高。

在广告投放渠道的选择上，该广告公司缺乏科学有效的方法，往往是参考以往的经验，或者跟风选择一些热门的投放平台，而没有深入分析每个平台的用户群体是否与客户的目标受众相匹配，以及不同平台的投放效果究竟如何。这就导致广告投放出去后，虽然有一定的曝光量，但转化率很低，白白浪费了大量的广告预算。

面对发展困境，该广告公司管理者意识到必须做出改变，否则公司将难以在激烈的市场竞争中立足。在 AI 技术崛起的大势下，管理者决定大胆引入 AI 技术，全面升级公司的广告营销流程。

在数据收集和分析环节，该广告公司采用了一款先进的 AI 数据分析工具。这款工具能够在极短的时间内，从海量的数据来源中收集和整合相关信息。无论是社交媒体上用户的评论数据，还是行业数据库中的市场趋势报告，它都能迅速抓取并进行深度分析。通过复杂而精妙的算法，AI 工具能够精准洞察目标用户的兴趣爱好、消费习惯及潜在需求等关键信息，为后续的广告策略制定提供坚实的数据基础。

在广告创意生成方面，该广告公司运用一款基于 AI 的创意辅助软件。这款软件能够根据之前分析得出的用户画像和市场趋势，自动生成多种形式的广告创意方案，包括文案、图片、视频脚本等。

例如，它可以根据目标用户群体的年龄、性别、地域及兴趣爱好等特征，生成针对性的广告文案。对于年轻时尚的用户群体，文案风格更加活泼、潮流；而对于商务人士，文案则会更加专业、严谨。同时，软件还能根据不同的创意方案，模拟出在不同投放渠道上可能产生的效果，帮助创意团队快速筛选出最具潜力的创意方向。然后，创意团队再基于 AI 生成的方案，进一步进行优化和完善，将自身的创造力与 AI 的智能分析相结合，大幅提高广告创意的质量和吸引力。

在广告投放渠道的选择和优化上，AI 同样发挥了巨大的作用。该广告公司引入的 AI 投放管理系统能够实时监测各投放渠道的流量、用户活跃度、转化率等关键指标，并根据这些数据即时调整广告投放策略。同时，系统会自动分析每个渠道的用户行为数据，判断哪些渠道更有可能吸引到目标用户，以及在不同渠道上应该投放何种类型的广告内容，以实现最佳的投放效果。

例如，某个社交媒体平台上的用户对视频广告的互动率较高，而对图文广告的关注度较低，那么系统就会自动调整投放策略，增加在该平台上的视频广告投放比例，并优化视频广告的内容和形式，以吸引更多用户的关注和参与。

经过一段时间的实践，该广告公司取得了显著成效。以其为一家知名美妆品牌做的广告项目为例，在引入 AI 技术之前，该美妆品牌的广告 ROI 一直徘徊在较低水平，只有 1∶2 左右，也就是说投入 1 元的广告费用，只能获得 2 元左右的回报。而在采用 AI 技术重新制定广告策略并进行投放后，广告 ROI 在短短几个月内就飙升至 1∶5。不仅如此，品牌的知名度和市场份额也大幅提升，产品销量增长迅速。客户对广告效果非常满意，并与该广告公司签订了长期合作协议。

上述案例的成功展现了 AI 技术在提升广告效果方面的巨大潜力。借助 AI 技术，该广告公司实现了从传统、低效的广告营销模式向智能、高效的现代化营销模式的转型。其不再依赖于人工的主观判断和经验决策，而是借助 AI 的强大数据分析能力、创意生成能力及投放优化能力，精准定位目标用户，制作出更具吸引力的广告内容，并将广告投放到最有效的渠道上，从而实现广告效果最大化和投资回报率显著提升。这不仅为客户创造了更大的价值，也为公司自身赢得了市场竞争优势。

通过上述广告公司的案例，我们可以清晰地看到 AI 技术在广告营销领域的巨大价值和广阔应用前景。AI 技术通过数据驱动的精准洞察、智能创意生成和动态投放优化，重构了传统营销的价值链，让广告投放从广撒网转向精准投放，大幅提升了广告 ROI。对企业而言，能否善用 AI 技术，不仅关乎营销效率能否提升，还决定其在数字化浪潮中的生存与发展。这场由 AI 引发的营销变革已全面展开，企业只有主动拥抱技术创新，才能在激烈的市场竞争中抢占先机，获得更好的发展。

1.2 传统互联网营销的四大痛点VS. AI营销的降维打击

在当今这个信息爆炸的时代，营销的环境和规则发生了翻天覆地的变化。随着时代的发展传统互联网营销方式弊端逐渐显现，与此同时，AI 营销凭借其强大的技术优势对传统营销形成降维打击，为营销行业带来了全新的

活力。接下来通过四大方面的对比展示传统互联网营销和 AI 营销，如图 1-1
所示。

图1-1 剖析传统互联网营销与AI营销的四大方面

1. 获客成本

在传统互联网营销中，企业依赖搜索引擎竞价、信息流广告等投放方
式获取流量。但随着竞争加剧，关键词竞价和广告位争夺更加激烈，导致
获客成本不断攀升。很多行业的单次点击成本持续走高，转化率却未同步
提高。

而 AI 营销通过智能算法、数据分析等，能够精准锁定高转化人群，避免
无效曝光。例如，通过历史数据建模，AI 可以识别出高转化潜力用户，助力
营销内容的精准投放。同时，AI 能够通过算法预测，帮助企业科学分配营销
预算，在多种投放方案中找到最优组合。这有助于企业将营销资源精准投向
高价值人群，让每一分预算都花在刀刃上。

2. 内容生产

传统互联网营销的内容生产长期受限于规模化瓶颈。以电商平台为
例，一款新品上市需要配套详情页文案、短视频脚本、社交媒体推文等多
元化内容，营销团队完成一套标准化内容往往需要数天，如果涉及多 SKU
（stock keeping unit，最小存货单位）或多语言版本，人力成本与时间成本将
大幅增加。这种低效的内容生产模式难以满足碎片化传播时代的海量内容
需求。

AI 营销颠覆了营销内容生产范式。AI 生成内容工具，如 ChatGPT、
DeepSeek 等，能够根据给出的产品参数自动生成风格多样的营销文案，大

幅提升营销文案的产出效率。在视觉内容领域，以 Stable Diffusion 为代表的 AI 绘图工具可根据运营需求实时生成产品场景图，提升图片内容产出效率。AI 让营销内容生产从依赖人工创作转变为智能化快速生产，实现了营销内容的规模化输出。

3. 营销决策

在传统互联网营销场景中，由于数据处理效率不高、对消费者行为的预判存在偏差等问题，营销决策往往存在一定滞后性，难以及时响应市场变化。例如，用户画像更新滞后，使投放策略与实际需求脱节，错失营销黄金期。

而 AI 营销通过实时数据抓取与智能分析，可构建起动态决策系统。例如，在电商大促期间，AI 能够实时追踪不同区域、年龄段用户的商品加购数据波动，预判热门品类趋势，帮助商家及时调整库存与推广策略。这种预判能力打破了传统互联网营销事后复盘的被动模式，使决策节点前移至消费行为发生前。

4. 客户服务

传统互联网营销的客户服务长期面临服务质量难以提升的问题。一方面，面对咨询量激增的压力，人工客服需要接待大量客户，回答大量重复问题，一旦响应时间过长，就会导致客户满意度降低。另一方面，企业接入的客服系统只能按照预设模板回复问题，无法理解客户的深层需求，难以实现营销转化。

而在 AI 营销背景下，接入 AI 的智能客服系统基于深度学习技术，能够理解自然语言背后的情感与需求，给出合适的回答并促进营销转化。例如，客户咨询护肤品过敏相关问题，智能客服系统不仅能科普专业知识，还会主动推送敏感肌护理指南，并推荐相关产品，从而有效促进营销转化。

总之，针对传统互联网营销的痛点，AI 营销能够凭借其强大的技术优势实现针对性的降维打击。在 AI 营销发展的大势下，企业只有充分认识到 AI 营销的巨大价值，积极拥抱 AI 技术，才能够在激烈的市场竞争中立于不败之地。

1.3 AI营销的三大底层逻辑：速度、精度、规模效应

当前，AI营销正以前所未有的态势席卷整个商业领域，深刻地改变传统营销格局。AI营销之所以展现出如此强大的影响力，其背后蕴含三大关键底层逻辑，即速度、精度与规模效应。这三大逻辑相互交织、相辅相成，共同构筑起AI营销的核心优势，为企业在激烈的市场竞争中开辟出全新的增长路径。

1. 速度

在信息爆炸的时代，消费者的注意力成为最稀缺的资源。谁能更快地触达用户，谁就能在竞争中占据先机。AI赋予营销的第一大优势，就是极致的速度。

传统营销往往依赖人工分析市场趋势、制定策略，再逐步执行，整个过程可能需要数周甚至数月。而AI可以迅速完成数据采集、分析和决策。例如，程序化广告投放系统能够实时竞价，在用户打开网页的瞬间，AI已经根据其历史行为、兴趣偏好完成广告匹配，确保展示最相关的内容。

速度的另一优势是动态优化。AI可以实时监测广告效果，如点击率、转化率，并自动调整投放策略。如果某个广告创意表现不佳，AI能够迅速替换成更有效的版本，而无须等待人工干预。这种"即时反馈—即时优化"的循环，让营销活动始终保持最佳状态。

此外，AI还能加速内容生产。借助自然语言生成和图像生成技术，企业可以在短时间内产出大量社交媒体文案、广告素材、个性化邮件等，大幅缩短从创意到落地的周期。

2. 精度

营销的核心难题之一是如何在正确的时间，向正确的人，传递正确的信息。传统营销往往采用广撒网策略，覆盖大量人群，但转化率低下。而AI营销则能够实现前所未有的精准触达。

AI的精度来源于强大的数据分析和机器学习能力。通过整合用户的历史

浏览记录、购买行为、社交互动等多维度数据，AI可以构建精细的用户画像，预测个体偏好。例如，电商平台利用AI推荐算法，不仅能够展示用户可能喜欢的商品，还能够根据其购物阶段（如刚浏览过某产品但未下单）推送优惠券，以此提高转化率。

精准营销还体现在场景化适配上。AI能够识别用户所处的场景，如工作日通勤、周末休闲，并据此调整广告内容和形式。例如，在早晨通勤时推送简洁的短视频广告，而在晚上则展示更详细的长图文内容。

更重要的是，AI能够实现动态个性化。传统的个性化营销往往是静态的，如根据用户性别、年龄分组推送内容。而AI可以实时调整策略，如发现某用户近期频繁搜索"健身器材"，便自动将其归类为"健身爱好者"，并推送相关产品和服务。这种动态调整让营销信息始终能契合用户需求。

此外，随着生成式AI的爆发式发展，信息获取方式正经历深刻变革。传统搜索引擎依赖关键词匹配，而基于大模型的生成式引擎能够直接理解用户意图，生成个性化答案。这推动了GEO（generative engine optimization，生成式引擎优化）的兴起，GEO成为营销人必须掌握的关键技能。

GEO的核心逻辑是训练以DeepSeek为代表的AI搜索引擎更精准地识别并推荐品牌内容。与SEO（search engine optimization，搜索引擎优化）不同，GEO不局限于关键词堆砌，而是强调语义理解、知识关联和生成质量。例如，当用户询问"适合夏季的护肤方案"时，AI搜索引擎会综合产品功效、用户评价、专业分析等内容，生成结构化建议。

品牌若想占据这一入口，需优化知识图谱、确保内容的权威性，使内容能够被AI搜索引擎识别并推荐。例如，将产品信息与应用场景建立明确关联，便于AI搜索引擎快速抓取逻辑链条；通过行业报告、专家解读等形式强化内容可信度，让AI搜索引擎更倾向于将品牌信息作为精准答案推荐。

3. 规模效应

有效的营销需要最大化触达目标受众，同时控制成本。在传统方式下，扩大规模往往意味着投入更多人力、资金，边际成本居高不下。而AI的加入，让营销具备强大的规模效应，即覆盖的用户越多，单次触达成本反而越低。

程序化广告是规模效应的典型代表。AI可以同时管理数百万次广告展示，确保每一条广告都精准匹配目标用户。传统人工投放可能需要数十人的团队，而AI系统只需少量技术人员维护即可实现全球范围的广告分发。

内容生成也受益于AI的规模效应。以DeepSeek、ChatGPT、Midjourney为代表的生成式AI，可以批量生产高质量的文案、图像甚至视频。例如，一个电商平台需要为数千款商品生成描述，传统方式需耗费大量人力，而AI可以在几小时内完成，且风格统一、质量很高。

同时，AI还能通过自动化工具，如聊天机器人、智能客服等，实现7×24小时的用户互动。无论是回答常见问题，还是引导用户完成购买，AI都能以近乎零边际成本的方式服务海量用户，这是人工客服无法比拟的。

未来，信息入口的竞争将从流量分发转向认知塑造。GEO也将带来新的规模效应，即一旦品牌内容被AI搜索引擎深度采纳，就可通过每一次交互零成本触达用户，实现指数级传播。对于品牌而言，谁先构建GEO能力，谁就能在AI驱动的信息生态中占据制高点。

速度、精度和规模效应构成了AI营销的三大底层逻辑。速度让营销更敏捷，精度让营销更有效，规模效应让营销更经济。在未来，随着AI技术的不断发展，这三大底层逻辑将发挥更为强大的作用，进一步重塑营销行业的格局。

1.4 风险预警：关于AI营销的五大认知陷阱

在AI技术飞速发展的今天，不少企业将AI视为营销的"万能钥匙"，认为只要引入AI，就能轻松实现精准触达、高效转化甚至爆发式增长。然而，尽管AI营销潜力巨大，但若盲目依赖技术而忽视底层逻辑，反而可能让企业陷入误区，甚至付出高昂代价。以下是关于AI营销的五大认知陷阱（如图1-2所示），值得企业警惕。

1. 陷阱一：有了 AI 后，人工经验不重要了

部分企业误以为引入 AI 工具后，营销工作就能完全自动化。某服装品牌上线 AI 选品系统后，裁撤了原来的选品团队，结果系统推荐的款式与市场需求严重脱节。问题出在 AI 本质是数据驱动的工具，若缺乏行业经验辅助，则容易陷入数据偏见。例如，AI 仅根据历史销量推荐商品，可能忽略时尚潮流的快速变化；依赖算法生成的广告文案，可能因缺少人文洞察而无法引发情感共鸣。

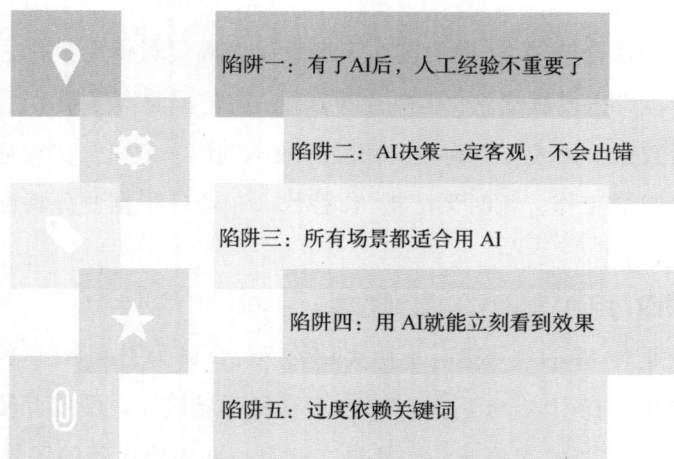

陷阱一：有了AI后，人工经验不重要了

陷阱二：AI决策一定客观，不会出错

陷阱三：所有场景都适合用 AI

陷阱四：用 AI 就能立刻看到效果

陷阱五：过度依赖关键词

图1-2 关于AI营销的五大认知陷阱

事实上，AI 与人工经验是互补关系。在选品方面，企业可以先用 AI 分析海量用户行为数据，锁定潜力品类，再由资深买手结合行业趋势进行二次筛选；在广告文案生成方面，AI 生成的广告初稿必须经过广告团队的人性化润色才能投放。只有将 AI 的数据分析能力与专业人员的行业洞察、创意灵感结合，才能发挥最大价值。

2. 陷阱二：AI 决策一定客观，不会出错

一些企业认为 AI 决策一定客观，却忽略了算法本身可能存在偏差这一问题。如果训练数据中包含大量存在偏差的样本，那么训练完成后的 AI 系统在实践中会做出错误的判定。同时，AI 在内容生成时也可能会输出违规信息，而应用于客服场景的 AI 客服如果给出不当回复，则可能引发舆情危机。

AI 决策的本质是基于对历史数据的学习给出相应结果。如果数据存在偏

见、算法设计不完善，结果就会失真。因此，企业需要建立人工复核机制，对 AI 给出的营销策略、生成的营销内容等进行二次验证，同时设置风险预警阈值，以便及时干预异常决策或内容。

3. 陷阱三：所有场景都适合用 AI

有些企业为了追赶潮流，盲目将 AI 应用于所有营销环节。实际上，并非所有场景都适合引入 AI，尤其是一些需要深度情感沟通、复杂创意表达的工作，目前仍依赖人工。

判断是否适合使用 AI 的关键在于场景是否满足数据可量化、规则可定义。例如，在广告投放优化、用户分群管理、销售预测等场景中，AI 能够快速处理海量数据，比人工更高效。而品牌故事创作、危机公关沟通等强调情感沟通与共鸣的工作，暂时无法被 AI 替代。企业应根据业务特性，合理规划 AI 的应用边界。

4. 陷阱四：用 AI 就能立刻看到效果

部分企业对 AI 的效果抱有不切实际的期待，认为引入 AI 后就能起到立竿见影的效果，在引入 AI 后短时间内未看到明显效果，便放弃使用。事实上，AI 的价值需要时间验证，尤其是在涉及长期用户运营的场景中。AI 模型需要经过数据积累、参数优化、效果验证等阶段，才能达到最佳状态。

某家电企业的案例颇具参考价值：在使用 AI 优化广告投放初期，效果并不理想，但企业坚持迭代算法、调整投放策略，3 个月后点击率实现了大幅提升。这提示企业，应用 AI 需要保持耐心，建立科学的效果评估体系，从短期数据波动与长期价值增长两个维度综合判断其成效。

5. 陷阱五：过度依赖关键词

在 AI 营销时代，许多人仍深陷过度依赖关键词的误区。过去，传统营销高度聚焦于关键词，通过堆砌关键词、优化关键词密度与位置，以提升品牌在搜索引擎的排名。AI 营销时代下的 AI 搜索引擎不再单纯依赖关键词匹配，而是可以运用复杂算法理解用户搜索背后的真实意图。如果企业仍仅对关键词进行优化，即便排名提升，吸引来的流量也难以转化。

同时，AI 搜索引擎可分析海量用户数据，精准描绘用户画像，理解用

户搜索习惯、偏好等，这使得搜索结果更贴合用户个性化需求。过度依赖关
键词会让企业错过挖掘长尾关键词及潜在语义关联的机会，难以全面覆盖用
户多样化需求，最终在竞争中落于下风。

企业应跳出关键词局限，利用 GEO 构建语义关联网络，围绕用户意图
布局内容生态。企业需要通过分析用户行为数据挖掘长尾需求，创作多模态
内容，提升内容深度与场景适配性，同时树立内容权威性，让品牌成为 AI
搜索的可信信息源，实现从关键词堆砌到意图精准匹配的转变。

企业如何规避 AI 营销的认知陷阱？破解上述陷阱的核心在于树立理性
使用 AI 的思维。

首先，企业需要明确 AI 的工具定位，将其视为辅助决策的助手，而不
是替代人工的机器。虽然 AI 具备强大的数据处理与分析能力，但专业人员
的行业经验、创意灵感和情感洞察仍不可或缺，二者应相互配合，发挥各自
优势。其次，由于 AI 决策可能存在偏差，企业需对 AI 生成的决策进行人工
审核，及时发现并纠正潜在的问题，以此防范各类风险，避免造成不良后果。
最后，并非所有营销环节都适合引入 AI，企业应优先在数据密集型、重复性
高的工作中应用 AI，如广告投放优化、用户分群管理等，充分发挥 AI 的效
率优势；而对于需要深度情感沟通的工作，仍应以人工为主。

此外，AI 系统的优化和价值体现需要时间，企业应给予 AI 足够的时间
进行数据积累、参数调整和效果验证，从长期价值增长的维度综合评估 AI 的
应用成效。

通过建立以上思维，企业能够更加科学、合理地运用 AI，真正实现 AI
与营销业务的深度融合，在智能营销时代实现可持续发展。

1.5 DeepSeek与ChatGPT之争：谁更适合营销人

在 AI 技术迅速渗透营销领域的今天，大语言模型已成为内容创作、用户
洞察和策略优化的核心工具。其中，DeepSeek 和 ChatGPT 作为两大代表性
生成式 AI，备受营销人关注。它们各有特点，但在实际应用中，究竟谁更适

合营销人呢？

ChatGPT 凭借背后公司 OpenAI 的强大技术积累，在自然语言理解、多轮对话和创意生成方面表现优异。对于营销人而言，它的优势主要体现在以下几个方面。

（1）内容创作的流畅性。ChatGPT 能够快速生成广告文案、社交媒体帖文、邮件等，语言风格多样，适应不同品牌调性。

（2）多语言支持。在全球营销中，ChatGPT 可以轻松生成英语、西班牙语等多语种内容，减少本地化成本。

（3）创意激发。ChatGPT 可以辅助营销人进行头脑风暴，提供营销口号、活动策划建议等。

然而，ChatGPT 在营销落地时也存在明显短板。一方面，ChatGPT 的长文本处理能力较弱，在分析复杂市场报告或生成深度内容时，可能会出现信息遗漏或逻辑断层的情况。另一方面，ChatGPT 对行业的钻研深度不足，虽然能够生成通用内容，但对特定行业，如金融、医疗等，其专业术语和合规要求理解有限。

相比于 ChatGPT，DeepSeek 更聚焦于营销垂直领域，具有诸多优势。

首先，DeepSeek 可实时整合数据，输出的策略更精准。DeepSeek 支持联网搜索，可以获取最新行业报告、社交媒体热点和竞品动态等。例如，企业在策划"618"大促活动时，可以通过 DeepSeek 实时分析小红书、抖音的爆款趋势，快速调整主推产品，进而提升点击率，如图 1-3 所示。

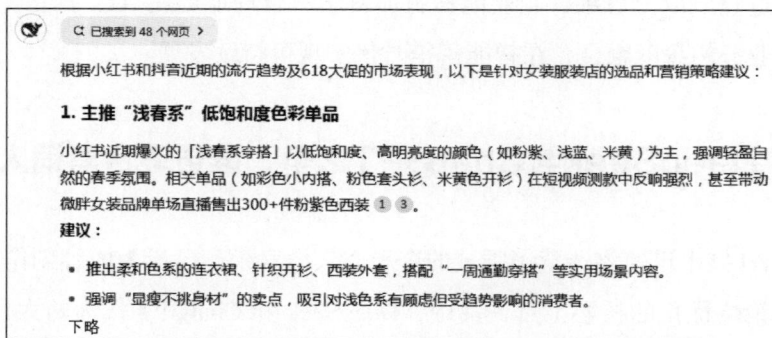

图1-3　DeepSeek通过联网搜索给出的选品与营销建议

其次，DeepSeek 具备突出的长文本与复杂分析能力，能够完整分析市场研究报告、用户调研数据，并生成结构化洞察。例如，企业可以上传长篇消费者行为分析报告，借助 DeepSeek 提取报告的关键结论、对比不同人群的购物偏好，进而优化广告投放策略。

再次，DeepSeek 在训练中融入了更多商业与营销语料，对搜索引擎优化、程序化广告、转化率提升等场景的理解更深入。在这些方面，DeepSeek 能够给出详细、可行的解决方案。例如，DeepSeek 能够理解小红书平台的推荐算法，给出能获得高互动率的笔记创作方向，如图 1-4 所示。

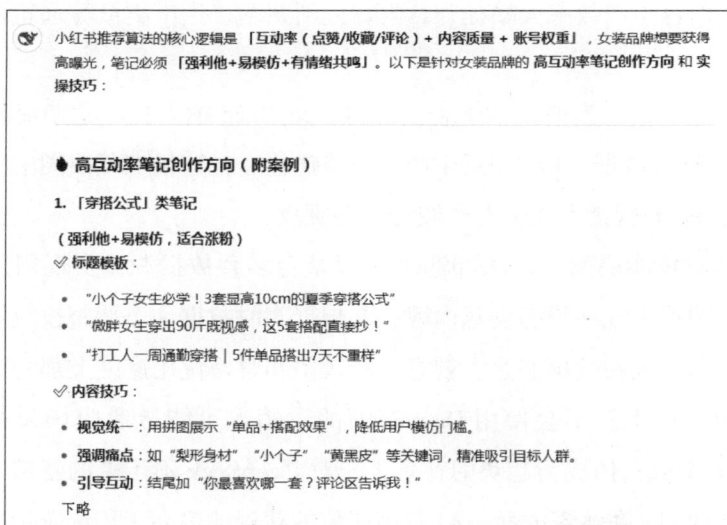

> 小红书推荐算法的核心逻辑是「互动率（点赞/收藏/评论）+ 内容质量 + 账号权重」，女装品牌想要获得高曝光，笔记必须「强利他+易模仿+有情绪共鸣」。以下是针对女装品牌的 高互动率笔记创作方向 和 实操技巧：
>
> 🔥 高互动率笔记创作方向（附案例）
>
> 1. 「穿搭公式」类笔记
>
> （强利他+易模仿，适合涨粉）
> ✔ 标题模板：
>
> - "小个子女生必学！3套显高10cm的夏季穿搭公式"
> - "微胖女生穿出90斤既视感，这5套搭配直接抄！"
> - "打工人一周通勤穿搭 | 5件单品搭出7天不重样"
>
> ✔ 内容技巧：
>
> - 视觉统一：用拼图展示"单品+搭配效果"，降低用户模仿门槛。
> - 强调痛点：如"梨形身材""小个子""黄黑皮"等关键词，精准吸引目标人群。
> - 引导互动：结尾加"你最喜欢哪一套？评论区告诉我！"
>   下略

图1-4 DeepSeek结合小红书推荐算法给出的笔记实操技巧

最后，DeepSeek 对中文语义及小红书、抖音、淘宝等本土平台规则的理解远超 ChatGPT。在生成小红书笔记、抖音短视频脚本等方面，DeepSeek 生成的内容不仅符合平台算法偏好，还能够规避常见的广告违规风险，助力企业合规运营。

对于营销人来说，如果希望在营销工作中获得更精准的市场洞察、生成更专业且贴合目标受众需求的内容、制订更完善的营销方案，DeepSeek 无疑是更合适的选择。营销人可以根据自身的实际工作需求，灵活运用 DeepSeek，让它成为提升营销效率和效果的得力助手，在智能营销时代抢占先机。

1.6 终极拷问：DeepSeek来了，你准备好了吗

2025年初，一汽-大众旗下的大众品牌新媒体AI内容运营数字化平台接入DeepSeek，向智能化营销迈出了重要一步。DeepSeek在计算、推理、泛化能力等方面表现卓越，接入该模型后，大众品牌新媒体AI内容运营数字化平台具备了更强大的数据分析能力，在精准把握用户行为偏好的基础上产出更符合用户偏好的高质量营销素材。在实际运营过程中，接入DeepSeek后，该平台的内容生产效率大幅提升，内容更新频率、生产质量等远超行业平均水平。

这并非个例，当前，不少企业已将DeepSeek纳入核心营销流程，借助DeepSeek进行数据分析、创意生产和策略优化。在这场变革浪潮中，不会使用DeepSeek的营销人面临着严峻的生存挑战。

从基础技能层面看，DeepSeek可以整合多种数据源，实现用户行为实时建模，快速生成多模态创意内容，并根据实时数据动态调整投放策略。与之相比，营销人在数据洞察、创意生产效率和策略优化速度上都处于劣势。

职业发展上，不会使用DeepSeek的营销人可能遭遇职场天花板。在DeepSeek融入营销成为趋势的背景下，对DeepSeek不了解的营销人在晋升方面可能受限。在薪资方面，AI营销岗位的薪资普遍高于传统营销岗位，并且薪资增长速度更快。随着以DeepSeek为代表的AI创新应用的发展，未来的基础营销岗位将持续减少，而AI营销相关岗位将持续增加。

整体来看，DeepSeek融入营销已是大势所趋。营销领域将随着DeepSeek的融入发生巨大变化，进入发展的下一阶段，如图1-5所示。

随着营销领域发生变化，营销人需要扩大关注度，而不是扩大流量。许多营销工作将在AI的助力下实现自动化，营销人可以留出更多时间进行创作。在这样的趋势下，营销人需要学习新的技能。

未来，DeepSeek有望融入更多企业的各类营销场景，深刻变革营销人的工作环境。而营销人要想获得更好的职业发展，就必须积极主动地做出改

变，完成从工具使用者到 AI 协同者的转型。

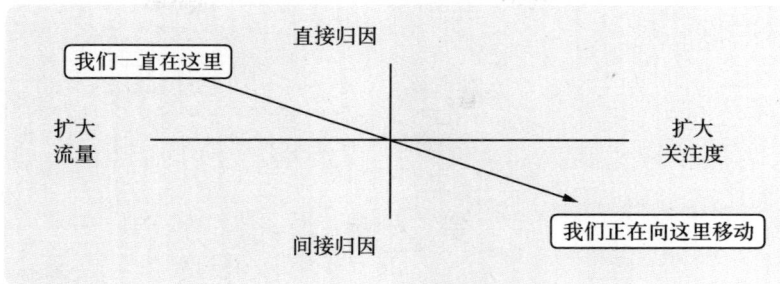

图1-5　营销的趋势

具体而言，营销人如何做好迎接 DeepSeek 的准备？营销人需要在三大阶段实现能力进阶，以更好地在新的环境中生存。

第一阶段的任务为工具适应。营销人需掌握 DeepSeek 的基础功能，包括数据收集分析、基础创意生成等，逐步建立起与 AI 协同的工作流程。如果错过这一阶段，未能掌握 DeepSeek 使用方法的营销人未来将丧失晋升机会，在职业发展道路上逐渐掉队。

第二阶段的任务为能力重构。营销人不能仅满足于会使用工具，还要构建"战略思维 + AI 应用"的复合能力，参与到 AI 工具的定制化开发中。如果未能在这一阶段积极转型，营销人与同行的薪资差距将迅速拉开，职业竞争力大幅下降。

第三阶段的任务为实现价值跃迁。此时的营销人应朝着AI营销生态构建者的方向发展，主导 AI 与营销人的协同模式创新。如果营销人在这一阶段停滞不前，将面临职业天花板的全面封锁，难以突破现有的发展瓶颈，甚至面临被行业淘汰的风险。

未来，营销行业将在 DeepSeek 等智能工具的推动下实现巨变，而营销人需要主动顺应趋势，借助 DeepSeek 重构自身能力，展现更高价值。只有实现从工具使用者到 AI 协同者的转型，营销人才能够避免被时代的浪潮淘汰，获得更好的发展。

第 2 章

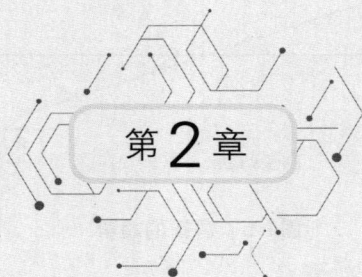

营销思维进化：
营销人要变身"AI 指挥官"

　　在 AI 重塑营销生态的浪潮中，DeepSeek 正颠覆传统工作模式。营销人若想在变革中抢占先机，思维转型迫在眉睫。营销人既要善用 AI 高效处理海量数据、生成创意，又要坚守人工洞察与策略把控的核心优势，以"AI 指挥官"的姿态，将技术能力转化为商业价值。这是营销人适应行业变革的必然选择，也是从竞争中脱颖而出的关键。

2.1 开篇案例：某营销团队用DeepSeek节省80%重复劳动

在竞争激烈的快消品市场，某新锐饮料品牌营销团队曾长期陷入效率困境。该营销团队每月要完成数十场促销活动策划，产出数百条社交媒体文案，还要处理电商平台的产品详情页优化、用户评论分析等工作。在业务高峰期，营销团队全部成员全力工作，仍难以保证内容产出的时效性与质量。这种人力密集型的传统工作模式，在 AI 技术崛起前几乎是行业常态。

转折点出现在 2025 年初，面对新品上市的巨大压力，营销团队首次尝试将 DeepSeek 引入工作流程。

以新品低糖电解质水的推广为例，在传统工作流程中，营销团队需要耗时数天才能完成市场调研，手动收集并分析数十个竞品的价格、包装、宣传策略等，同时结合数百份用户问卷数据，才能形成初步报告。而使用 DeepSeek 后，仅需输入"低糖电解质水 竞品分析"指令，DeepSeek 便能在短时间内整合全网公开数据，详细拆解低糖电解质水市场格局，包括主要品牌、所属公司、核心产品特性、价格带、目标人群等内容，如表 2-1 所示。

表2-1 DeepSeek生成的低糖电解质水主要品牌市场表现对比

主要品牌	所属公司	核心产品特性	价格带（元/瓶）	目标人群
外星人	元气森林	0糖0脂，多种口味	3～8	Z世代，年轻白领
宝矿力水特	大冢制药	专业运动配方	3～12	运动爱好者
东鹏补水啦	东鹏饮料	高性价比，电解质含量高	4～6	大众消费者
海之言	统一企业	等渗配方	4～7	家庭消费者
尖叫	农夫山泉	专业等渗技术	5～8	运动人群

在创意产出环节，DeepSeek 展现出显著优势。过去，文案小组为一条抖音推广视频撰写脚本，需经历 3 轮头脑风暴、2 次修改，耗时 2～3 天才能

定稿。引入 DeepSeek 后，仅需输入"目标人群：18 ~ 25 岁运动爱好者；产品卖点：快速补水 + 0 糖 0 脂；视频风格：热血燃系"等参数，DeepSeek 即可在短时间内生成数个不同创意方向的脚本，其中包含分镜脚本、创意执行要点等细节，如图 2-1 所示。

视频脚本

时长：15秒
主题：极限挑战·零负担补给
BGM：高燃电子音乐（鼓点强烈，节奏渐强）

镜头1 (0-3秒)

画面：

- 烈日下，主角（年轻运动系男女）攀岩至岩壁顶端，汗水飞溅特写
- 镜头急速下拉至岩底，运动水壶孤零零立在滚烫岩石上
  字幕：🥵 体力透支？补水滞后？

镜头2 (4-6秒)

画面：

- 主角凌空跃下（慢动作），落地瞬间抓起水壶一饮而尽
- 液体入喉特写：晶莹蓝色液体带冰霜质感
  音效："咕咚"吞咽声 + 冰裂声
  字幕：⚡ 闪电补水！0糖0脂狂飙！

镜头3 (7-10秒)

画面：

- 实验室场景快切：
  ▶ 试管滴入电解质液体→电流传导特效（呲啦！）
  ▶ 成分表爆炸动画：0糖/0脂/钠钾镁离子粒子飞溅
- 主角暴冲过终点线，肌肉线条汗水晶莹
  字幕：✅ 科学配比电解质 → 秒速渗透细胞！

镜头4 (11-13秒)

画面：

- 主角与好友击掌大笑，空瓶精准投入回收箱（"砰"！）
- 产品全景定格：瓶身"0糖0脂"标签高亮闪烁
  字幕：🚫 拒绝糖分绑架！运动自由无负担！

镜头5 (14-15秒)

画面：

- 黑底泼墨式溅出产品Slogan
  标语：#超导电解质
  画外音（年轻活力女声）：
  "极限不停歇——补水，就要快准狠！"

执行细则

图2-1　DeepSeek生成的抖音推广视频脚本

　　在数据处理与分析方面，DeepSeek 彻底改变了营销团队的工作节奏。以

往每月初，运营小组需花费 4 ~ 5 天人工整理电商平台销售数据、用户评论，制作成 PPT 汇报材料。而现在，通过 API（application programming interface，应用程序编程接口）对接电商平台，DeepSeek 能够获取电商平台上的产品销售数据，包括销售量、销售额、用户评价等信息，还能通过数据整合构建全面的数据视图、生成报告等。这大幅提升了数据处理与分析的效率。

除了效率提升，DeepSeek 还显著降低了营销团队的人力成本。引入 DeepSeek 3 个月后，营销团队在文案撰写、数据整理等重复性工作上节省了 80% 的工时，这相当于减少了 4 个全职岗位的工作量。原本负责基础数据处理的员工，经过培训后转型成为 AI 策略分析师，专注于解读 DeepSeek 的分析结果，以此制订更精准的营销策略。

DeepSeek 极大地提升了营销团队的工作效能。营销团队将更多重复性工作交给 DeepSeek 来做，让更多人员从重复劳动中解放出来。DeepSeek 负责提供创意方向和基础内容，而营销团队的工作则转向策略规划、内容筛选与审核及内容二次创作等方面。

这个案例生动地展现了 DeepSeek 对营销团队的强大赋能作用。DeepSeek 不仅是提高效率的工具，更是推动营销人思维转型的催化剂，倒逼营销人重新审视传统工作模式，学会在技术浪潮中找准自身定位，从任务执行者转变为"AI 指挥官"，最终实现营销的全面升级。

2.2　了解自己——营销人AI能力图谱

DeepSeek 在营销领域的应用革新了传统工作模式，倒逼营销人变革自我，提升能力。要想成为优秀的"AI 指挥官"，营销人的首要任务是清晰认知自身的 AI 能力，构建系统的能力图谱，如图 2-2 所示。这不仅有助于适应行业变革，还是实现职业进阶、创造更高营销价值的关键。

1. 认知升维

在 AI 营销浪潮下，营销人需要实现认知升维，建立 GEO 思维。GEO 思维要求营销人打破传统 SEO 思维局限，转向内容生态建设，以用户真实意图为导向，将品牌内容打造为可信信息源。营销人需要结合用户搜索场景，借助 AI 批量生成兼具专业性与可读性的多模态内容，同时通过与权威媒体合作、获取行业背书提升内容可信度。通过建立 GEO 思维，营销人能够让品牌在 AI 交互中自然融入用户决策链路，精准触达目标受众，实现从被动等待流量到主动占据 AI 推荐入口的跨越。

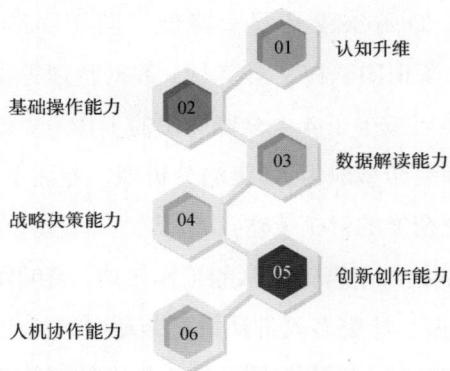

图2-2　营销人AI能力图谱

2. 基础操作能力

熟练掌握 DeepSeek 的界面操作、指令输入规则，能够快速准确地向 DeepSeek 传达需求，是营销人高效工作的基础。

DeepSeek 提供三大核心模式，满足不同需求，如图 2-3 所示。

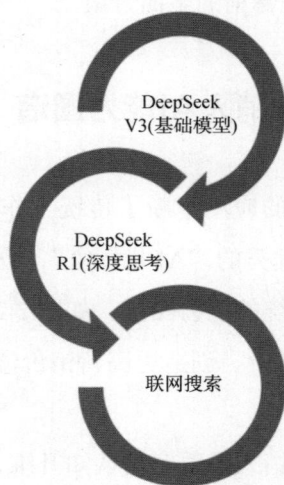

图2-3　DeepSeek三大核心模式

（1）基础模型：适用于日常问答、文本生成和简单任务，响应快速，适合即时交流和信息查询。

（2）深度思考：针对复杂问题或逻辑推理，该模型会进行更深入的分析，提供更严谨、详细的解答，适合学术研究或专业场景。

（3）联网搜索：可实时检索最新网络信息，确保答案的时效性，适用于新闻追踪、实时数据查询等需求。

营销人可以根据自己的需求，在操作界面中选择合适的任务模式。

在输入指令之前，营销人需要了解 DeepSeek 的提示词。提示词是用户向 DeepSeek 输入的文本内容，用于触发 DeepSeek 的响应并引导其生成想要的内容。在给出提示词时，营销人需要掌握以下技巧，如图 2-4 所示。

| 简洁明确 | 考虑受众 | 分解复杂任务 | 使用肯定性指令 |
| 示例驱动 | 明确角色 | 遵守规则 | 自然语言回答 |

图2-4　使用提示词的技巧

在掌握上述技巧的基础上，营销人可以给出精准的指令。例如，"聚焦 25 ~ 35 岁都市女性，创作一篇 500 字左右的防晒霜推广文案，突出'养肤级防晒'这一核心卖点，采用闺蜜之间安利产品口吻，包含 3 个使用场景，文末引导点击商品链接"。精准的指令能够让 DeepSeek 输出更契合需求的内容，如图 2-5 所示。

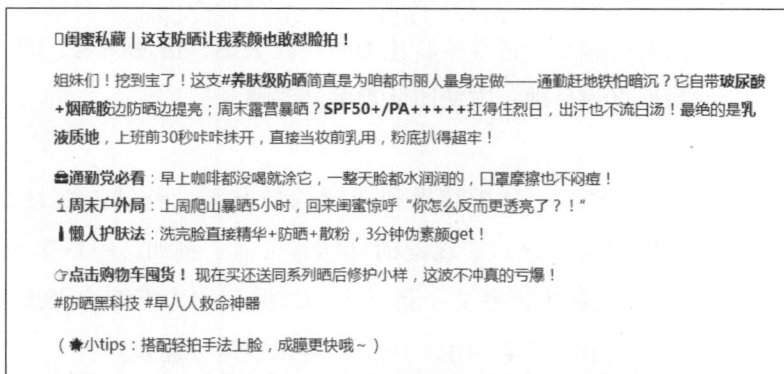

🫧闺蜜私藏｜这支防晒让我素颜也敢怼脸拍！

姐妹们！挖到宝了！这支**#养肤级防晒**简直是为咱都市丽人量身定做——通勤赶地铁怕暗沉？它自带**玻尿酸+烟酰胺**边防晒边提亮；周末露营暴晒？**SPF50+/PA++++**扛得住烈日，出汗也不流白汤！最绝的是**乳液质地**，上班前30秒咔咔抹开，直接当妆前乳用，粉底扒得超牢！

🚇**通勤党必看**：早上咖啡都没喝就涂它，一整天脸都水润润的，口罩摩擦也不闷痘！
⛰️**周末户外局**：上周爬山暴晒5小时，回来闺蜜惊呼"你怎么反而更透亮了？！"
🛌**懒人护肤法**：洗完脸直接精华+防晒+散粉，3分钟伪素颜get！

🛒**点击购物车囤货！** 现在买还送同系列晒后修护小样，这波不冲真的亏爆！
#防晒黑科技 #早八人救命神器

（🌟小tips：搭配轻拍手法上脸，成膜更快哦~）

图2-5　DeepSeek根据精准的指令输出契合需求的内容

此外，营销人还需要掌握一些常见指令，如表 2-2 所示。

表2-2　DeepSeek常见指令

指令	功能
/续写	当回答中断时自动继续生成
/简化	将复杂内容转换成通俗易懂的语言
/示例	要求展示实际案例
/步骤	让AI分步骤指导操作流程
/检查	帮你发现文档中的错误

以上指令可以帮助营销人更好地使用 DeepSeek。例如，输入"请解释场景化营销，然后 / 简化"，DeepSeek 就会输出简明扼要的回答；输入"/ 步骤如何借助手机拍摄产品照片"，DeepSeek 就会给出使用手机拍摄产品照片的详细步骤。

3. 数据解读能力

面对 DeepSeek 生成的海量数据和分析结果，营销人要深入挖掘其背后的逻辑和趋势。例如，在分析某款电子产品的用户评论数据时，DeepSeek 可能统计出不同功能的提及频率和情感倾向，营销人需进一步思考，这些数据反映了用户怎样的需求变化，对产品改进和营销方向有何启示。

同时，营销人要具备数据交叉验证能力，将 DeepSeek 的分析结果与其他渠道的数据进行对比，判断其准确性和可靠性。例如，将 DeepSeek 的市场份额预测数据与第三方调研机构的数据进行对比，确保决策依据的科学性。

此外，营销人还需学会将数据转化为可视化表达，借助图表、图形等形式，将复杂的数据直观呈现，方便团队理解和沟通。

4. 战略决策能力

在 DeepSeek 提供大量分析结果和建议的情况下，营销人要站在企业战略的高度，判断哪些信息对实现营销目标有价值。例如，根据市场数据，DeepSeek 可能会建议企业拓展某一新兴市场，但营销人需综合考虑企业的资源、品牌定位、竞争环境等因素，决定是否采纳这一建议。

同时，营销人要具备风险评估能力，预判 DeepSeek 的建议可能带来的风险和挑战。例如，在采用新的营销渠道推广产品时，营销人需要分析可能面临的用户接受度低、运营成本高等问题，并制定应对策略。

此外，营销人还需要具备创新整合能力，能够将 DeepSeek 提供的信息与自身的创意、经验相结合，形成独特的营销策略，避免陷入同质化竞争。

5. 创新创作能力

基于 DeepSeek 生成的内容，营销人要结合对用户情感需求的洞察，赋予内容独特的情感和故事性。例如，DeepSeek 生成逻辑清晰、卖点突出的家电产品宣传文案，营销人可以通过融入家庭生活场景、用户使用体验等元素，让文案更具感染力。同时，营销人要具备跨界创新能力，将不同领域的创意和元素融入营销中，如将游戏、动漫等元素与传统营销活动结合，吸引年轻消费群体。

6. 人机协作能力

营销人要学会与 DeepSeek 分工合作，明确各自的职责和优势。在创意生成阶段，DeepSeek 负责提供大量的创意方向和素材，营销人则进行筛选、优化和二次创作。在数据分析阶段，DeepSeek 负责进行数据的收集、整理和初步分析，而营销人需要对 DeepSeek 的分析结果进行深度解读，做出科学的决策。

在人机协作过程中，营销人还需要将自己在工作中发现的问题和需求及时反馈给 DeepSeek，让其提供更准确的内容。例如，发现 DeepSeek 生成的文案在某些行业术语的使用上不够准确，营销人需及时向 DeepSeek 反馈，以提高内容输出质量。

构建完整的 AI 能力图谱是营销人实现思维进化、成为优秀"AI 指挥官"的必经之路。通过不断提升以上能力，营销人能够更好地与 DeepSeek 进行协作，发挥出人机协作的更大价值。

2.3 新工作流：DeepSeek辅助决策，营销人把控策略

DeepSeek 以其卓越的性能和独特的优势，成为营销人不可或缺的得力

助手。但需要明确的是，DeepSeek 不是万能的，在营销策略生成方面，其仍存在欠缺，而拥有丰富经验的营销人在策略把控方面仍起着重要作用。由此，"DeepSeek 辅助决策，营销人把控策略"的全新工作流应运而生，开启了营销工作新范式。

新工作流的运行逻辑可拆解为"数据挖掘—创意生成—策略制定—动态优化"四大核心环节。

在数据挖掘环节，DeepSeek 可广泛抓取搜索引擎、电商平台、社交媒体等平台的海量数据，并对海量数据进行清洗、整合与深度分析，从中提炼出有价值的市场洞察，为后续的营销决策奠定基础。

例如，在计划推出智能穿戴设备新品时，营销人只需在 DeepSeek 上输入指令，如"收集过去一年智能穿戴设备市场的用户需求变化、竞品功能创新、行业技术突破等信息"，DeepSeek 便能迅速从海量数据源中收集数据，并进行初步整合分析，如图 2-6 所示。

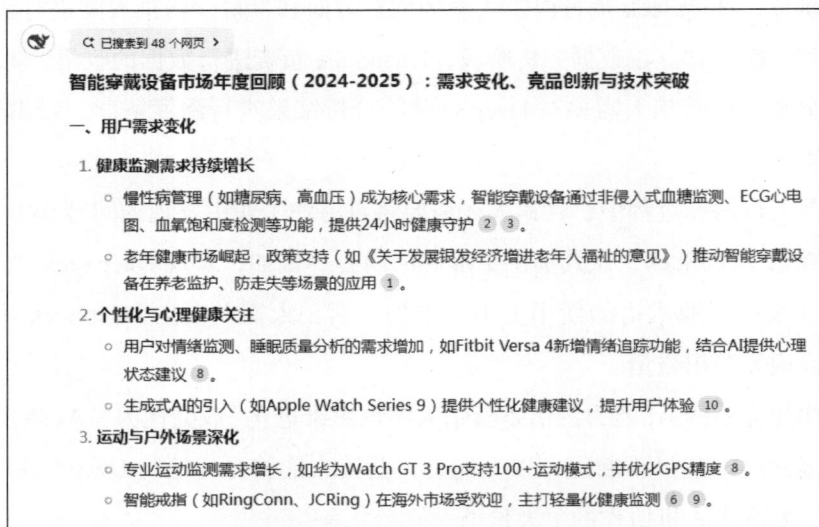

图2-6　DeepSeek根据指令给出市场洞察

DeepSeek 能够精准识别出用户对智能穿戴设备的新需求，如慢性病管理成为核心需求，用户对情绪检测、睡眠质量分析的需求增加等。同时，DeepSeek 还会梳理出主要竞品在功能、技术等方面的创新点。这为营销人提供了全面且及时的市场情报，节省了大量人力和时间成本。

在创意生成阶段，DeepSeek 可以结合前期的数据结论，以及对历史成功营销案例的学习和分析，利用算法模型快速生成多样化的创意。从广告文案、海报设计到活动策划、话题营销，DeepSeek 不仅能够提供丰富的创意方向，还会对每个方案的传播效果进行模拟预测，附带相关数据指标，帮助营销人评估方案的可行性与潜在价值。

然而，DeepSeek 生成的创意方案往往不能直接投入使用，这就需要营销人发挥"AI 指挥官"的作用。在策略制定阶段，营销人需要基于对品牌战略、市场趋势和用户情感的深刻理解，对 DeepSeek 提供的创意进行筛选与优化。在这一过程中，营销人需要摒弃与品牌调性或长期发展目标不符的方案，将合适的创意整合为完整的营销策略，并明确目标受众、选择营销渠道、规划执行节奏和资源分配。

在具体的工作任务方面，营销人员可以将 DeepSeek 融入工作流程，高效完成工作任务。例如，营销人员可以结合使用 DeepSeek 和 Kimi 来制作PPT，如图 2-7 所示。

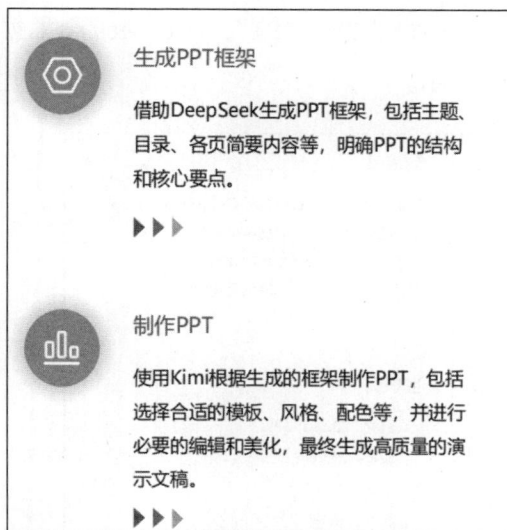

生成PPT框架

借助DeepSeek生成PPT框架，包括主题、目录、各页简要内容等，明确PPT的结构和核心要点。

▶ ▶ ▶

制作PPT

使用Kimi根据生成的框架制作PPT，包括选择合适的模板、风格、配色等，并进行必要的编辑和美化，最终生成高质量的演示文稿。

▶ ▶ ▶

图2-7　DeepSeek和Kimi的不同分工

在使用 DeepSeek 生成 PPT 大纲时，营销人需要输入具体的指令，生成并保存 PPT 大纲。指令应明确主题、结构和目标受众，可指定页数和内容要求、PPT 格式等，以便生成符合需求的 PPT 框架。之后，营销人员可以登录 Kimi，输入制作 PPT 的需求（复制 DeepSeek 生成的 PPT 大纲），一键生成 PPT 并选择合适的模板和风格，还可以对生成的 PPT 进行个性化编辑，确认无误后下载保存。具体步骤如图 2-8 所示。

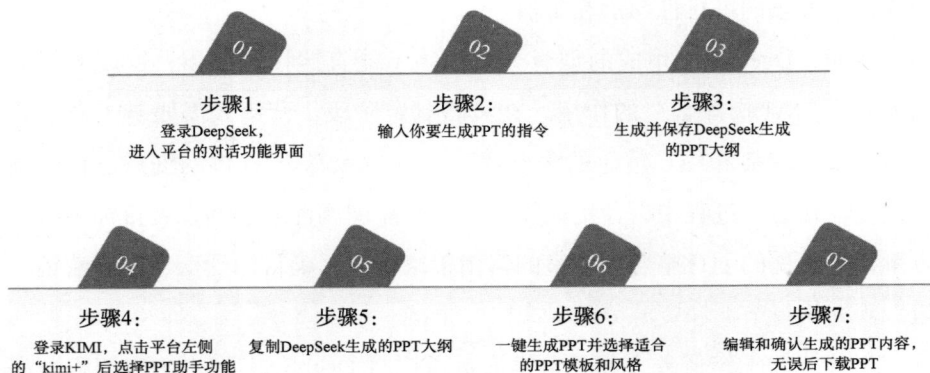

步骤1：
登录DeepSeek，
进入平台的对话功能界面

步骤2：
输入你要生成PPT的指令

步骤3：
生成并保存DeepSeek生成
的PPT大纲

步骤4：
登录KIMI，点击平台左侧
的"kimi+"后选择PPT助手功能

步骤5：
复制DeepSeek生成的PPT大纲

步骤6：
一键生成PPT并选择适合
的PPT模板和风格

步骤7：
编辑和确认生成的PPT内容，
无误后下载PPT

图2-8　使用DeepSeek和Kimi制作PPT的步骤

营销人员需要登录 DeepSeek，并输入具体的指令，如"请帮我生成一份简短的关于 DeepSeek 的科普报告 PPT"，DeepSeek 会根据指令给出具体的 PPT 大纲，如图 2-9 所示。

封面页

标题：探索深度智能——DeepSeek技术科普
副标题：人工智能领域的创新实践

配图：AI芯片/神经网络抽象图
备注：简洁科技风，使用蓝/紫色系

目录页

1. 什么是DeepSeek？
2. 核心技术特点
3. 应用场景举例
4. 优势与挑战
5. 未来展望

图2-9　DeepSeek给出的PPT大纲

接下来，营销人员需要登录 Kimi，点击左侧的"Kimi+"，找到"PPT 助手"功能并点击，如图 2-10 所示。

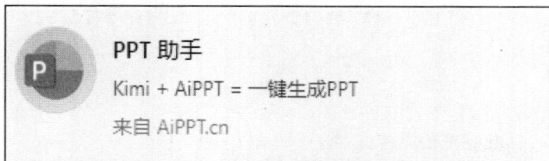

图2-10　Kimi的PPT助手功能

打开 PPT 助手功能页面，营销人员可以将 DeepSeek 给出的 PPT 大纲输入对话框，让 Kimi 对大纲进行分析，并一键生成 PPT，如图 2-11 所示。

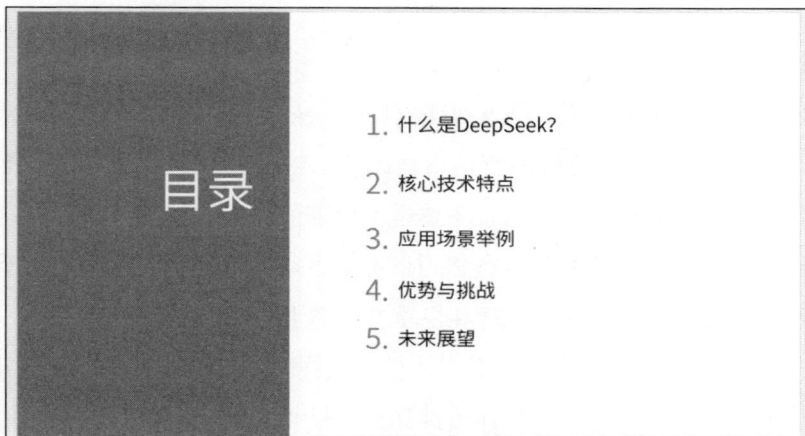

图2-11　Kimi生成的PPT（部分）

最后，营销人员只需要对 PPT 进行适当调整，就可以保存并下载使用。

DeepSeek 带来的全新工作流可以从多方面为营销人提供辅助，助力营销人提升决策效率。未来，随着 DeepSeek 与营销的融合进一步加深，这种工作流将持续进化，为营销行业带来更多创新与突破。

2.4　质量把关术：三步验证DeepSeek输出的可靠性

DeepSeek 输出的内容并不是百分百可靠。营销人需掌握有效方法，对其输出的内容进行验证，确保决策依据准确无误。以下 3 个步骤可助力营销人练就"火眼金睛"，判断 DeepSeek 输出内容的可靠性，如图 2-12 所示。

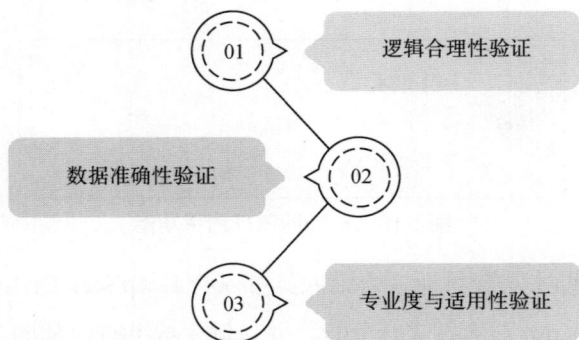

图2-12　验证DeepSeek输出内容可靠性的步骤

1. 逻辑合理性验证

逻辑验证是基础，营销人要审视 DeepSeek 生成内容的内在逻辑是否合理。以某运动品牌新款跑鞋的营销策划为例，DeepSeek 建议在冬季主推透气轻薄款跑鞋，且未提及任何适合冬季运动所需的保暖、防滑等特性，这便存在明显的逻辑漏洞。从季节特点和用户冬季运动需求来看，保暖与防滑才是冬季跑鞋的关键卖点，透气轻薄在冬季并非首要需求。

再如，DeepSeek 在生成社交媒体推广文案时，可能存在主题不突出、前后语句衔接混乱等问题，缺乏连贯性和一致性。这样的内容难以有效传递产品价值，无法吸引目标用户关注。营销人需要从市场规律、用户心理、产品特性等角度出发，仔细梳理 DeepSeek 输出内容的逻辑架构，确保其经得起推敲。

2. 数据准确性验证

营销人需要验证 DeepSeek 输出的数据是否准确。营销人要对其数据来源和分析方法进行核查。假设 DeepSeek 在分析某化妆品品牌的市场份额时，显示该品牌在年轻女性市场的占有率高达 60%，远高于行业知名竞品。此时，营销人应对比权威行业报告、第三方调研机构数据及自身掌握的内部销售数据。如果发现 DeepSeek 给出的数据与其他可靠数据源的数据偏差较大，则需要对数据进行核实分析，确保数据准确无误。

此外，对于 DeepSeek 提供的趋势预测数据，如预测某类电子产品未来半年销量将增长 200%，营销人需结合市场趋势、行业动态、政策变化等因素进行综合判断。如果当前市场趋于饱和，且无重大技术突破或政策利好刺激市场，如此大幅度的销量增长预测显然可信度较低。

3. 专业度与适用性验证

营销人要凭借自身专业知识和行业经验，评估 DeepSeek 输出的内容在专业度和适用性方面是否达标。例如，在 DeepSeek 生成的智能家居产品的宣传文案中，如果出现对变频技术原理的错误阐释，或是用未经技术验证的概念来夸大节能效果，即便文案创意十足，也会因缺乏专业度而误导用户，损害品牌形象。

从适用性角度看，如果 DeepSeek 建议某高端品牌在大众电商平台进行低价促销活动，就显然与品牌的高端定位和目标客户群体不匹配。高端品牌的目标客户更注重产品品质、个性化设计和专属服务，对价格敏感度较低，大众电商平台的低价促销活动无法凸显品牌价值，难以吸引到精准客户。营销人需站在行业专业角度，结合品牌定位、目标受众特点，对 DeepSeek 输出的内容进行调整优化，使其既具备专业水准，又能精准契合品牌营销需求。

通过逻辑合理性、数据准确性、专业度与适用性这三步验证，营销人能够有效筛选出 DeepSeek 输出内容中的有效信息，规避错误和误导性内容，以可靠的依据制定营销策略。

2.5 AI不是万能，如何避免过度依赖？

DeepSeek 在营销领域展现出强大效能，让很多营销人看到了 AI 营销的巨大潜力。同时，营销人必须认识到，AI 并非无所不能，过度依赖 AI 存在诸多隐患。学会规避依赖风险是成长为优秀"AI 指挥官"的关键。

AI 基于既有数据和算法运行，数据质量、算法局限性都会影响其输出结果。以市场趋势预测为例，如果训练数据未涵盖某些小众但潜力巨大的新兴

市场数据，AI 模型可能会忽视这些潜在机遇，给出片面的趋势判断。在创意
生成方面，AI 生成的内容虽能满足基础需求，但往往缺乏情感洞察与文化底
蕴。例如，在生成节日推广文案时，AI 往往能够融合各种节日元素，但难以
像营销人一样，从用户在节日中的情感需求出发，融入独特的文化理解，引
发用户深层的情感共鸣。这些情况都警示着营销人，不能盲目依赖 AI 的输出。

在制定营销决策时，AI 也难以给出全面的综合判断。营销决策需考虑
诸多复杂因素，如品牌长期战略、企业文化、社会舆论影响等，这些难以单
纯用数据衡量。例如，某品牌在计划推出新系列产品时，向 AI 询问营销策
略，AI 依据市场数据建议采用激进低价策略快速抢占市场份额。该品牌营销
总监对这一策略进行了深度思考，认为从品牌高端定位、维护品牌形象和长
期利润考量的角度来看，低价策略虽然在短期内能提升销量，但会损害品牌
形象，最终选择了更为稳健的定价方案。由此可见，AI 决策具有一定的片面
性，如果营销人过度依赖 AI 决策，可能会影响品牌的长期发展。

此外，过度依赖 AI 容易使营销人自身能力退化。长期借助 AI 进行数据
分析和处理工作，营销人对数据的敏感度和解读能力会降低，可能会逐渐丧
失从复杂数据中挖掘隐藏信息的能力。同时，在创意构思环节，如果营销人
总是依赖 AI 给自己提供思路，那么自己的创新思维将被禁锢，难以跳出既
定模式、提出突破性创意。长此以往，营销人将沦为 AI 的操作员，而非掌控
全局的指挥官。

为避免对 AI 的过度依赖，营销人要提升自身专业素养，强化数据分析、
创意构思、策略制定等核心能力，将 AI 作为辅助工具而不是完全依赖它。在
日常工作中，营销人可以先自行分析数据、构思创意，再借助 AI 查漏补缺、
优化完善。同时，营销人还要建立起"人机协作、人为主导"的工作机制，
在重要决策节点，通过组织团队研讨，综合 AI 分析结果、成员专业判断、市
场一线反馈等多方信息，权衡利弊后再做决策。

AI 是营销变革的强大助力，但并不是万能的。营销人只有正视其局限
性，合理运用 AI，才能在 AI 浪潮中稳健前行，真正成为掌控全局的"AI 指
挥官"。

2.6 实战演练：用DeepSeek生成一份竞品分析报告

竞品分析报告是营销人制定策略的关键依据，而 DeepSeek 能够凭借强大的数据分析和信息整合能力，快速生成全面、精准的竞品分析报告。下面将以智能投影仪产品为例，详细拆解用 DeepSeek 生成竞品分析报告的实战步骤，如图 2-13 所示。

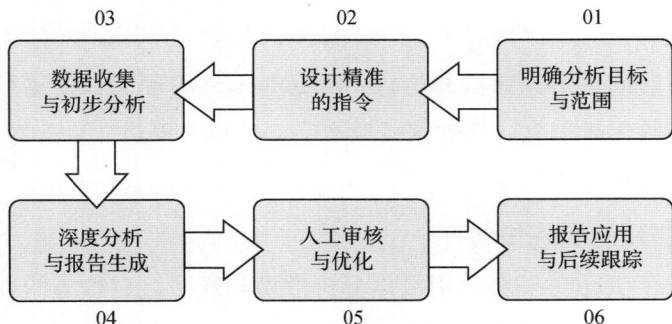

图2-13 用DeepSeek生成竞品分析报告的实战步骤

1. 明确分析目标与范围

明确的目标和范围能够让 DeepSeek 更精准地抓取和分析数据，避免信息冗余。某新兴智能投影仪品牌的营销人员在使用 DeepSeek 前，确定了竞品分析的目标与范围。目标是了解市场上主流竞品的产品特点、价格策略、营销渠道、用户口碑及 GEO 策略等，从而找出自身品牌的竞争优势与机会点。分析范围为近一年内上市的，价格在 2000 ~ 5000 元的智能投影仪产品，主要聚焦极米、坚果、当贝、小明投影等品牌。

2. 设计精准的指令

向 DeepSeek 输入指令是关键步骤，指令需简洁、明确且包含关键信息。基于此，营销人员向 DeepSeek 输出了以下指令：请分析近一年内价格在 2000 ~ 5000 元的智能投影仪产品，重点分析极米、坚果、当贝、小明投影等品牌产品的核心功能（如亮度、分辨率、智能系统），价格区间，线上线下销售渠道，社交媒体营销活动，以及用户在电商平台和社交平台上的评价反馈，同时考虑各品牌的 GEO 策略，生成详细的竞品分析报告。

指令中涵盖了时间范围、价格范围、品牌对象、分析维度等关键要素，确保 DeepSeek 理解需求，输出符合预期的内容。

3. 数据收集与初步分析

DeepSeek 接收到指令后，便会迅速启动数据收集程序。它会从多个渠道获取信息：在电商平台抓取各品牌智能投影仪的产品详情页数据，包括产品参数、价格、销量、用户评价；在社交媒体平台收集品牌发布的营销内容、用户互动数据；从行业报告网站、科技资讯媒体获取专业的市场分析和行业动态。

经过短时间的数据抓取和整合，DeepSeek 会对原始数据进行初步清洗和分类，剔除无效信息，将数据按照产品、价格、渠道、口碑等维度整理，为后续深入分析做准备。

4. 深度分析与报告生成

接下来，DeepSeek 会运用数据分析模型和算法，对收集的数据进行深度挖掘。在产品功能分析上，对比各品牌投影仪的亮度、分辨率、投影技术、智能系统等参数，通过图表直观展示各品牌的优势与劣势；针对营销渠道，梳理各品牌在电商平台、线下门店、直播带货等渠道的投入和效果；在用户口碑方面，利用自然语言处理技术对用户评价进行情感分析，提取高频关键词，总结消费者对各品牌的正面评价和负面反馈等。

最后，DeepSeek 会将分析结果按照报告框架进行整合，生成包含市场概述、核心品牌产品功能对比、价格区间分布、销售渠道分布、社交媒体营销活动、用户评价分析、竞争总结与趋势建议等板块的竞品分析报告，如图 2-14 所示。

同时，报告还会给出不同品牌的 GEO 策略，如极米的 GEO 策略如图 2-15 所示。

除了在报告中详细展示各品牌产品信息并进行多方对比分析，DeepSeek 还在报告的最后给出了竞争总结与趋势建议，十分具有参考价值，如图 2-16 所示。

近一年智能投影仪（2000-5000元）竞品分析报告

（数据时间范围：2024年1月-2025年1月）

一、市场概述

1. 行业趋势：
   - **技术升级**：2024年智能投影仪市场加速向高亮度（1500-2500 ANSI流明）、真4K分辨率、三色激光光源迭代，AI算法（自动对焦、画质增强）成为标配。
   - **场景细分**：家用影音、便携露营、游戏投影需求分化，品牌通过差异化功能抢占细分市场。
   - **价格竞争**：2000-3000元价位段竞争白热化，新兴品牌通过"硬件堆料+低价"策略冲击极米、坚果等头部品牌。
2. 品牌格局：
   - **头部品牌**：极米（GMUI 5.0）、坚果（三色激光技术）、当贝（ALPD激光+高算力芯片）。
   - **挑战者品牌**：小明（千元级4K）、峰米（小米生态链）、哈趣（抖音系高性价比）。
   下略

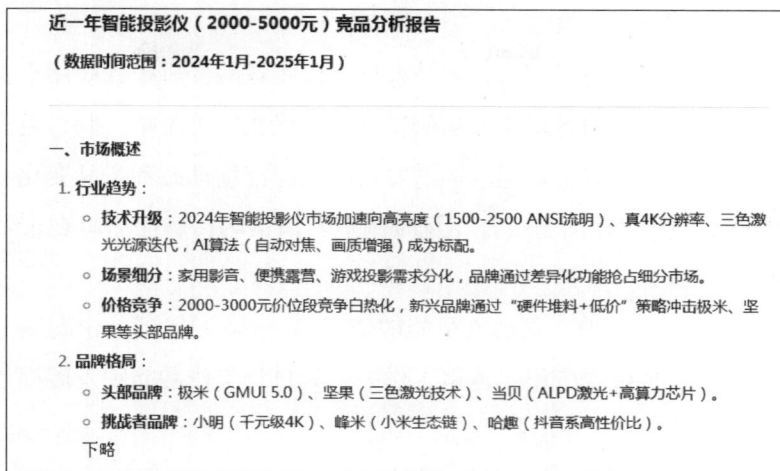

图2-14　DeepSeek根据指令生成的竞品分析报告

- **GEO策略**：
  - 构建「家庭影院」知识图谱，在知乎、B站投放专业评测内容（被ChatGPT等AI工具高频引用）

图2-15　极米的GEO策略

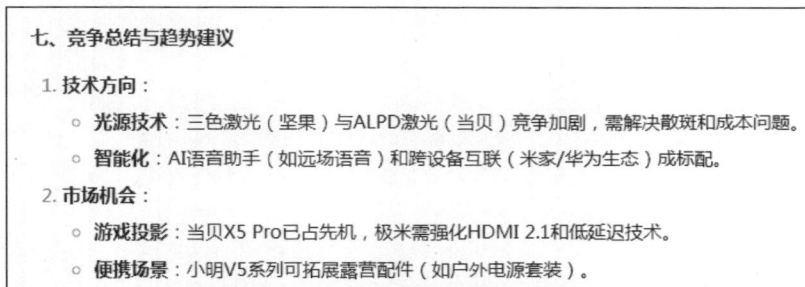

七、竞争总结与趋势建议

1. 技术方向：
   - **光源技术**：三色激光（坚果）与ALPD激光（当贝）竞争加剧，需解决散斑和成本问题。
   - **智能化**：AI语音助手（如远场语音）和跨设备互联（米家/华为生态）成标配。
2. 市场机会：
   - **游戏投影**：当贝X5 Pro已占先机，极米需强化HDMI 2.1和低延迟技术。
   - **便携场景**：小明V5系列可拓展露营配件（如户外电源套装）。

图2-16　报告给出的竞争总结与趋势建议

5. 人工审核与优化

DeepSeek 给出竞品分析报告后，营销人员接下来的工作就是对报告中的内容进行人工审核，检查报告内容逻辑是否合理、数据是否准确、是否存在遗漏或错误的信息等。如果发现问题，可以及时反馈给 DeepSeek，让其对报告进行修正。同时，营销人员也需要凭借自身的行业经验和专业知识，对报告内容进行优化，如在竞争总结与趋势建议部分，结合品牌定位和资源，提出更具针对性和可操作性的策略建议。

6. 报告应用与后续跟踪

在完成报告审核与优化后，营销人员可以将竞品分析报告应用于实际营销工作，如依据报告内容调整产品研发方向、优化定价策略、制订更有效的营销活动方案等。同时，营销人员需要持续跟踪市场动态和竞品变化，定期借助 DeepSeek 更新并优化报告，及时调整营销策略，确保品牌在市场竞争中始终保持优势。

通过以上六个步骤，营销人员能够借助 DeepSeek 得到一份高质量的竞品分析报告，并将报告应用于营销工作中，为自身工作和品牌发展提供有力支持。

第 **3** 章

玩转 DeepSeek:
10 分钟快速掌握 DeepSeek 基础

在数字营销浪潮中,高效利用 AI 工具成为品牌破局的关键。DeepSeek 以其强大的 AI 能力成为营销人的得力助手,帮助营销人高效完成工作。营销人有必要掌握 DeepSeek 的使用技巧。本章从实战角度出发,帮助营销人了解 DeepSeek 的功能、应用技巧等,为后续高效运用 DeepSeek 生成文案、分析数据筑牢基石。

3.1 开篇案例：某手机品牌用DeepSeek设计"10万+"爆款文案

2025 年第二季度，国内某中高端手机品牌在推出旗舰机型时遭遇营销困境。原营销文案聚焦"骁龙 8 Gen3 芯片""2 亿像素主摄"等标签，但消费者对此类同质化内容的点击转化率不足 2%。与此同时，竞品通过"AI 原生体验""情感交互"等概念迅速抢占市场份额。

面对来自消费者和竞品的双重挑战，该手机品牌决定借助 DeepSeek 生成文案。其首要工作是通过 DeepSeek 的数据分析功能（用户评论、社交媒体舆情、竞品动态），发现原文案中存在三个关键矛盾点。

（1）认知错位：消费者在评论中高频提及操作流畅度，但原文案仅强调硬件参数。

（2）情感缺失：社交媒体上"手机摄影治愈感"的讨论量高达上百万次，而原文案未能真正触及消费者的情感需求。

（3）场景割裂：Z 世代偏好游戏直播、Vlog 创作等场景，但原文案中缺乏场景化描述。

这些矛盾点暴露出传统文案创作策略的局限性——仅传递功能信息，无法形成情感连接。而 DeepSeek 可以爬取主流电商平台、社交媒体、垂直科技论坛的千万级用户评论，用情感分析算法分析消费者的需求和关注点。例如，针对年轻用户在夜间拍摄场景的痛点，DeepSeek 提炼出"夜宵打卡不翻车""深夜自拍自带柔光"等具象化的场景描述，将冰冷的硬件指标转化为可感知的使用体验。这种基于 Transformer 架构的深度语义理解能力，使该手机品牌跳出传统卖点罗列的思维模式，在产品功能与生活场景之间建立精准的语义锚点。

　　另外，以往的文案创作通常依赖营销人员的个人经验，而 DeepSeek 则能在分钟级甚至秒级的时间内极速输出文案。营销人员可以通过参数配置指定目标人群、使用场景、情感等维度，DeepSeek 会基于预训练的海量文本数据，生成符合特定语境的内容。

　　在实际操作时，该手机品牌的营销人员向 DeepSeek 输入了以下指令：为 25 ~ 35 岁都市女性生成小红书种草文案，突出 AI 人像算法。要求：使用"原生感"等关键词，结合咖啡馆、公园的日常拍照场景，文案风格亲切自然，结尾引导互动。然后，DeepSeek 为营销人员生成了以下内容，如图 3-1 所示。

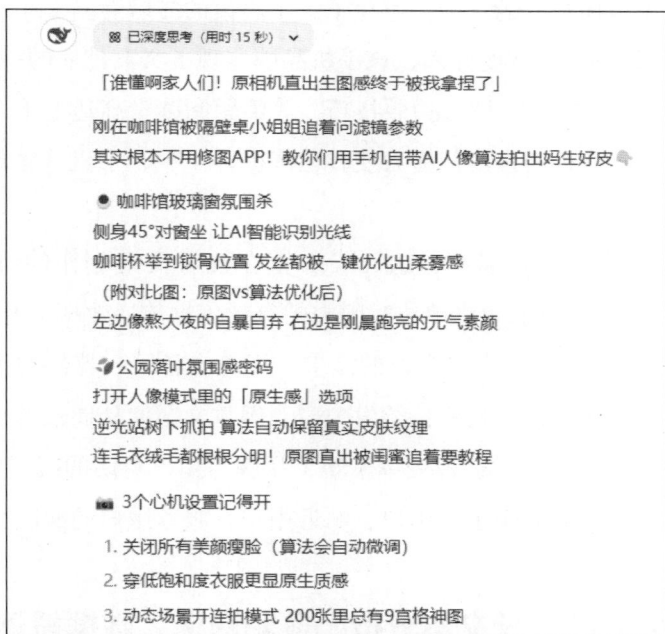

图3-1　DeepSeek生成的种草文案示例

　　DeepSeek 还可以根据平台的特性自动调整内容：为抖音生成节奏紧凑、自带话题钩子的口播脚本，如"三招用新手机拍出电影感，最后一招颠覆认知"；为微博话题营销设计具备裂变属性的传播话术，结合热点事件生成"当手机影像遇见 ×× 电影美学"的跨圈层传播素材。DeepSeek 甚至能模仿KOL（key opinion leader，关键意见领袖）的语言习惯，实现品牌官方声量与达人私域定位的高度契合。

爆款文案的诞生往往是持续迭代的结果。营销人员若对 DeepSeek 生成的内容不满意，可以对文案进行优化。这种优化不仅限于文字层面，还包括对传播节奏的智能调整。

针对新品发布会预热期，DeepSeek 可以先推送悬念式文案引发受众的好奇心，如"当手机屏幕突破边界，会发生什么？"随着发布会临近，DeepSeek 将逐渐释放技术细节，配合"手机拆解图＋核心参数"的可视化文案；发布会结束后，DeepSeek 立即切换为用户证言模式，生成"上手三天真实体验"类内容，形成"悬念—解密—共鸣"的传播闭环。每个阶段的文案调整都基于算法对历史传播数据的学习，避免了人工决策的滞后性。

通过 DeepSeek 的深度介入，该手机品牌实现了文案传播的指数级增长。小红书"AI 人像算法""懒人拍照技巧"等话题阅读量高达上千万次，互动量突破百万次。这种极强的传播力使转化率提升 45%，手机首销日销量便达到上千台。

该手机品牌的实践表明，DeepSeek 正在改写文案创作的价值密度公式——通过 AI 的生成能力将单位时间内的有效信息传递效率提升至新高度。当 AI 能精准地捕捉用户未被言说的需求，用符合各平台特性的语言风格进行高效表达，并在传播过程中持续发力时，爆款文案便从偶然的创意闪现转化为可预期的价值输出。这种变革重塑了品牌与用户对话的底层逻辑：让每次文案触达，都成为品牌了解用户、贴近用户、服务用户的深度交互。

3.2 必会功能：长文本分析、多轮对话、数据解读等

在实际的品牌营销工作中，DeepSeek 的长文本分析、多轮对话、数据解读等功能能够极大地提升工作效率和质量，帮助企业精准把握市场动态，制定更有效的营销策略。

长文本分析功能有助于企业处理海量文本数据。在营销领域，企业常常会积累大量的文本资料，如用户评论、市场调研报告、竞品文案等。

DeepSeek的长文本分析功能可以快速且精准地处理这些信息。例如，当营销人员想要了解用户对某款产品的真实反馈时，DeepSeek能够快速扫描成千上万条用户评论，通过情感分析算法判断用户的情感倾向是满意、中立还是不满。

同时，DeepSeek还能够提取出高频关键词，发现用户关注的核心问题，如产品的某项功能是否好用、售后服务是否到位等。在分析竞品文案时，DeepSeek可以识别出竞品的宣传重点、文案风格及传播效果较好的内容，帮助营销人员从中获取灵感，优化自身的营销文案。

多轮对话功能则让营销人员与DeepSeek的交互更加灵活和深入。营销工作往往是一个不断探索和完善的过程，多轮对话功能在这个过程中发挥着重要作用。营销人员可以与DeepSeek进行多轮交互，逐步细化需求。

例如，在策划一场促销活动时，一开始营销人员可能只是有一个大致的想法，如针对年轻消费者进行促销。他们先与DeepSeek进行第一轮对话，获取一些初步的活动思路；接着，根据这些思路进一步提出更具体的要求，如活动形式、预算控制、宣传渠道等，DeepSeek会根据新的需求进一步优化方案；经过多轮交流和调整，最终形成一个完整且可行的促销活动方案。这种多轮对话模式能够让营销人员与DeepSeek充分沟通，不断完善方案，确保最终结果符合预期。

数据解读功能在企业决策中发挥着关键作用。在当今数据驱动的营销时代，数据解读能力至关重要。DeepSeek可以对各类营销数据进行深入分析，帮助企业挖掘数据背后的价值。例如，对于销售数据，DeepSeek不仅能够分析出不同地区、不同时间段的销售情况，还能结合市场趋势、消费者行为等因素，预测未来的销售走势，为企业制订生产和库存计划提供依据。

在社交媒体数据方面，DeepSeek可以分析用户的互动数据，如点赞数、评论数、分享数等，评估营销活动的传播效果，找出最受欢迎的内容类型和发布时间，从而优化后续的社交媒体营销策略。

除了上述功能，DeepSeek还具备许多其他的实用功能，如创意灵感生成、文案优化等。营销人员只有熟练掌握这些功能，并在实际工作中灵活运用，才能充分发挥 DeepSeek 的优势，实现品牌的营销目标，并获得更好的营销效果。

3.3 营销人专属设置：优化你的AI工作环境

在数字化营销浪潮中，AI 技术已成为营销人员提升效率与效果的利器。DeepSeek 作为先进 AI 工具，从多维度助力营销人员优化 AI 工作环境，在竞争激烈的市场中赢得先机。

DeepSeek 如何助力营销人员优化自己的 AI 工作环境呢？具体策略如图 3-2 所示。

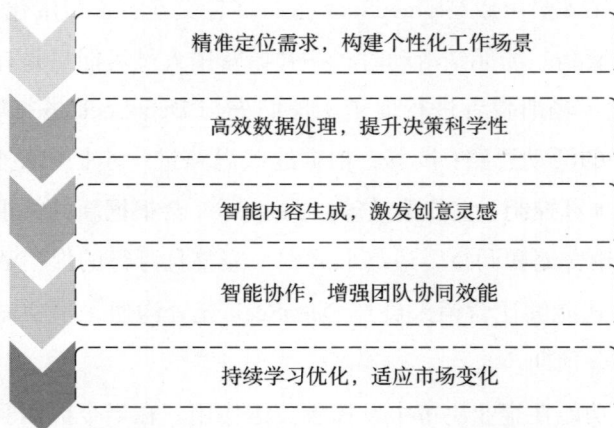

精准定位需求，构建个性化工作场景

高效数据处理，提升决策科学性

智能内容生成，激发创意灵感

智能协作，增强团队协同效能

持续学习优化，适应市场变化

图3-2　DeepSeek助力营销人员优化自己AI工作环境的策略

1. 精准定位需求，构建个性化工作场景

营销工作的目标与场景各异，DeepSeek 凭借强大的数据分析能力，能够依据营销人员的不同需求营造个性化 AI 工作环境。例如，对于专注于内容创作的营销人员，DeepSeek 能够集成关键词分析、热点追踪和创意生成等功能，打造高效的内容策划工作台；而对于侧重用户运营的营销人员，DeepSeek 则可通过用户画像建模、行为预测和个性化触达策略建议，构建精准营销支持环境。

通过这种按需定制的方式，DeepSeek 不仅提升了营销人员的工作效率，也增强了任务执行的专业性与针对性，助力营销团队实现从"人找工具"到"工具适配人"的智能化转型。

2. 高效数据处理，提升决策科学性

数据是智能化、个性化营销的核心，DeepSeek在数据处理上优势显著。它能够整合社交媒体、电商平台、线下门店等多渠道数据，打破数据壁垒。通过先进算法清洗、分类与分析，提取消费者购买偏好、行为模式等关键信息，帮助营销人员清晰把握市场动态，制定科学、精准的营销策略，降低决策风险。

3. 智能内容生成，激发创意灵感

内容营销至关重要，DeepSeek在这方面可以充当创意助手。它能够根据营销目标与受众特点，生成契合品牌调性、紧跟热点的广告文案、社交媒体帖子等内容。营销人员无须从头构思，在生成内容基础上优化调整，即可快速产出优质素材。此外，DeepSeek还能分析成功案例的结构与风格，为营销人员的创意创作提供灵感，提升内容产出效率。

4. 智能协作，增强团队协同效能

营销工作需团队协作，DeepSeek为协作提供了便利。它支持信息实时共享与同步更新，让成员随时掌握工作进展。其智能协作功能，如任务分配、进度跟踪与沟通交流，能够明确成员职责，提升协作效率。以营销活动策划为例，团队可通过DeepSeek协同制订方案、交流创意，及时解决问题，保障活动顺利推进。

5. 持续学习优化，适应市场变化

DeepSeek具备自我学习与优化能力。它实时关注行业动态，更新知识库与算法模型，使营销人员能够接触前沿理念与方法，实现能力提升。同时，根据营销人员的使用反馈与工作效果，DeepSeek能够进行个性化优化，提供更贴合营销人员需求的服务。

从精准定位需求到高效数据处理，从智能内容生成到智能协作，再到持续学习优化，DeepSeek为营销人员提供了全方位的支持。营销人员应充分发挥其优势，优化AI工作环境，提升营销效能，在数字化营销中抢占高地。

3.4 跨平台作战：将DeepSeek接入企业微信/钉钉/飞书

在品牌的日常营销工作中，团队协作与信息沟通至关重要。企业微信、钉钉、飞书作为当下热门的办公协作平台，深受企业青睐。将 DeepSeek 接入这些平台，能够让企业员工在熟悉的工作环境中便捷地使用 DeepSeek 强大的功能，实现跨平台作战，大幅提升工作效率。

企业微信是企业内部沟通、与外部客户联系的重要工具。将 DeepSeek 接入企业微信时，营销人员需要先登录 DeepSeek 的管理后台，找到"应用接入"相关选项，选择企业微信接入入口。按照提示步骤获取接入所需的授权码和相关配置信息。

接着，在企业微信的管理后台，找到"应用与小程序"板块，创建一个新的应用，将从 DeepSeek 获取的配置信息准确填写进去。完成授权和配置后，企业微信中的员工就能在聊天窗口侧边栏或者工作台中直接调用 DeepSeek 的功能。例如，在与客户沟通时，营销人员可以随时通过 DeepSeek 快速生成产品介绍文案，解答客户疑问，让沟通更加高效和专业。

对于钉钉平台，接入流程也并不复杂。营销人员先在 DeepSeek 管理后台获取接入授权信息，然后登录钉钉管理后台，如图 3-3 所示。

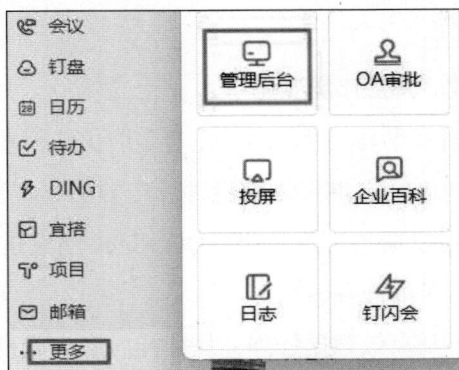

图3-3　钉钉管理后台

营销人员可在钉钉的"应用开发"模块中创建自定义应用，如图 3-4 与图 3-5 所示。管理员将 DeepSeek 的相关配置参数填入应用设置中，并完成权限配置，确保员工能够正常使用。接入成功后，在日常工作中，无论是发起群聊讨论营销方案，还是与客户进行一对一的沟通，员工都能方便地使用 DeepSeek 进行创意灵感搜索、数据分析等操作。

图3-4 钉钉管理后台的"应用开发"

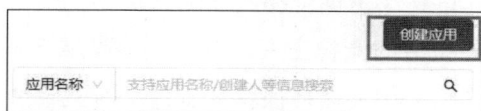

图3-5 创建自定义应用

飞书作为一款注重高效协作的办公平台，与 DeepSeek 的结合也能为企业带来诸多便利。营销人员在 DeepSeek 后台获取接入凭证后，进入飞书开放平台，按照指引创建应用并进行配置。通过设置应用权限、事件订阅等操作，企业实现 DeepSeek 与飞书的深度集成。员工在飞书的文档编辑、日程管理、即时通信等场景中，都能无缝使用 DeepSeek。例如，在撰写营销报告时，员工可以直接调用 DeepSeek 分析数据，并将结果插入飞书文档中，使报告更具说服力。

将 DeepSeek 接入这些平台，不仅能让品牌更便捷地使用其功能，还能促进团队协作。团队成员可以在统一的办公平台上，共享 DeepSeek 生成的内容和分析结果，方便讨论和修改。这种跨平台的集成，避免了在不同应用之间频繁切换，节省了时间和精力，让营销工作流程更加顺畅。无论是企业微信、钉钉还是飞书，与 DeepSeek 的结合都为品牌的数字化营销带来了新的可能，帮助企业在竞争激烈的市场中脱颖而出。

3.5 实战演练：用网页版DeepSeek生成品牌宣传稿

为了帮助营销人员更好地掌握 DeepSeek 在实际工作中的应用方法，下面以网页版 DeepSeek 生成品牌宣传稿为例，进行一次详细的实战演练。假设一家专注于研究高端宠物用品的品牌，计划借助 DeepSeek 撰写一篇品牌宣传稿，目标是吸引宠物爱好者的关注，突出产品的高品质、安全性和独特设计。

第一步，该品牌的营销人员打开浏览器，在地址栏输入 DeepSeek 的官方网址，按下回车键进入 DeepSeek 官网。官网首页设计简洁大方，充满科技感，在页面中间可以看到"开始对话"按钮，点击该按钮进入交互界面。

第二步，营销人员在搜索框中输入详细的指令。指令内容如下：针对热爱宠物、追求高品质生活的宠物主人，撰写一篇高端宠物用品品牌宣传稿。宣传稿要重点突出产品采用天然环保材料制作，对宠物健康无害；强调产品的独特设计，如人性化的功能和时尚的外观；风格要温馨亲切，能够引起宠物主人的情感共鸣，激发他们为宠物购买高品质用品的欲望，并在结尾引导宠物主人访问品牌官方网站了解更多产品信息。在输入指令时，营销人员要确保语言表达清晰、准确，明确传达自己的需求。

第三步，点击搜索框右下角的箭头或按下回车键，DeepSeek 便会开始处理指令。经过短暂的等待，DeepSeek 会生成一篇宣传稿，如图 3-6 所示。

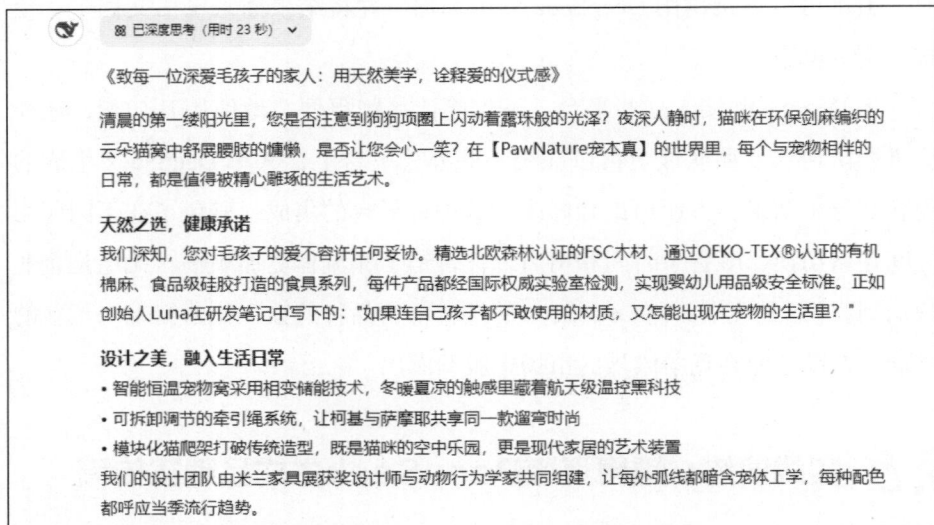

图3-6　DeepSeek生成的宣传稿节选示例

第四步，如果对生成的宣传稿不满意，可以通过多轮对话进行优化。例如，营销人员觉得宣传稿对产品独特设计的描述不够具体，可继续向DeepSeek发送指令：在刚才的宣传稿中，增加对宠物窝可调节温度功能和牵引绳防滑设计的详细描述，让产品特点更加突出。DeepSeek会根据新的要求，对宣传稿进行修改和完善，重新生成一篇内容更丰富、更符合需求的宣传稿，如图3-7所示。

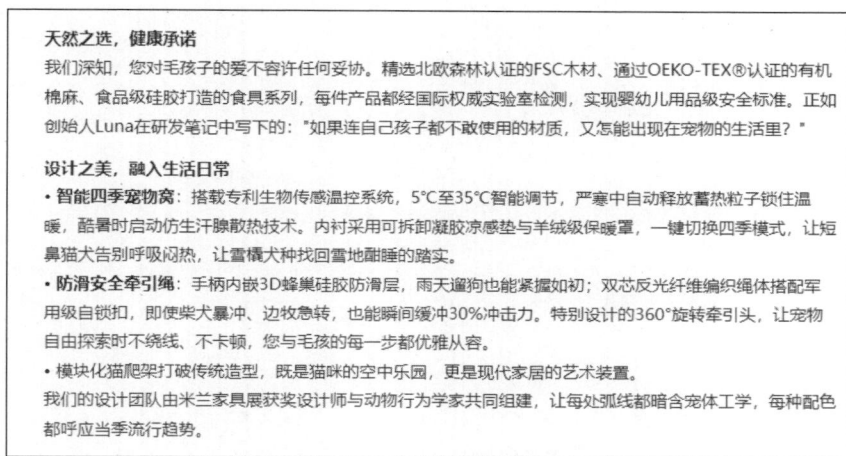

天然之选，健康承诺
我们深知，您对毛孩子的爱不容许任何妥协。精选北欧森林认证的FSC木材、通过OEKO-TEX®认证的有机棉麻、食品级硅胶打造的食具系列，每件产品都经国际权威实验室检测，实现婴幼儿用品级安全标准。正如创始人Luna在研发笔记中写下的："如果连自己孩子都不敢使用的材质，又怎能出现在宠物的生活里？"

设计之美，融入生活日常
· **智能四季宠物窝**：搭载专利生物传感温控系统，5℃至35℃智能调节，严寒中自动释放蓄热粒子锁住温暖，酷暑时启动仿生汗腺散热技术。内衬采用可拆卸凝胶凉感垫与羊绒级保暖罩，一键切换四季模式，让短鼻猫犬告别呼吸闷热，让雪橇犬种找回雪地酣睡的踏实。
· **防滑安全牵引绳**：手柄内嵌3D蜂巢硅胶防滑层，雨天遛狗也能紧握如初；双芯反光纤维编织绳体搭配军用级自锁扣，即使柴犬暴冲、边牧急转，也能瞬间缓冲30%冲击力。特别设计的360°旋转牵引头，让宠物自由探索时不绕线、不卡顿，您与毛孩的每一步都优雅从容。
· 模块化猫爬架打破传统造型，既是猫咪的空中乐园，更是现代家居的艺术装置。
我们的设计团队由米兰家具展获奖设计师与动物行为学家共同组建，让每处弧线都暗含宠体工学，每种配色都呼应当季流行趋势。

图3-7　优化后的宣传稿节选示例

此外，在生成宣传稿的过程中，营销人员还可以利用DeepSeek的其他功能来辅助创作。例如，营销人员可先利用DeepSeek的长文本分析功能，收集市场上同类高端宠物用品品牌的宣传资料，分析其宣传重点和消费者反馈，了解行业趋势和竞争态势。然后，营销人员将这些信息融入自己的宣传稿创作，使宣传稿更具针对性和竞争力。

通过这样的实战，营销人员能够熟练掌握DeepSeek在品牌宣传稿生成方面的操作技巧，快速生成高质量的宣传内容，为品牌推广和产品销售提供有力支持。

DeepSeek 营销场景实战

——六大场景即学即用

第4章

精准用户洞察：
DeepSeek 将成为"读心专家"

在数字化营销浪潮中，精准把握用户需求是品牌立足市场的核心竞争力。DeepSeek 凭借强大的数据处理与分析能力，化身"读心专家"，深入探究用户行为与心理层面。从挖掘隐藏需求到预测未来趋势，从量化情绪波动到监控舆情风险，DeepSeek 为品牌搭建起全方位洞察用户的桥梁，助力品牌在激烈竞争中精准触达用户内心，实现营销效能的飞跃，重塑品牌与用户互动的全新模式。

4.1　开篇案例：某美妆品牌用DeepSeek分析评论，发现隐藏需求

在竞争白热化的美妆市场，精准把握用户需求是品牌脱颖而出的关键。某美妆品牌借助 DeepSeek 从海量用户评论中挖掘隐藏需求，实现产品与市场需求的精准对接。

该品牌新推出了一款美白精华液，但上市后市场反响未达预期。营销人员希望借助 DeepSeek 深入了解用户对产品的真实看法，挖掘隐藏需求，进而优化产品和营销策略。为此，营销人员从主流电商平台、美妆社区、品牌官方网站收集了海量用户评论数据，确保数据的全面性和代表性，并对这些数据进行了整理。

接下来，营销人员运用 DeepSeek 深度分析评论。DeepSeek 先对评论进行情感倾向分析，将评论分为正面、负面和中性。结果显示，虽然有部分用户对精华液的美白效果表示认可，但负面评论中反映出的问题不容忽视。例如，"用了之后皮肤有点刺痛，不知道是不是不适合我"这类评论指向产品的刺激性问题，且带有负面情感色彩。

通过提取关键词，营销人员发现高频关键词除了"美白"，"效果""敏感""味道"等词语也频繁出现。通过进一步分类整理，营销人员发现用户对于过敏和气味问题反馈较多。例如，"我是敏感肌，用这款精华液脸会发红""味道不太好闻，有点刺鼻"等评论，表明产品在温和性和气味方面存在不足，这是此前品牌方未充分关注到的隐藏需求。

为深入了解这些问题背后的潜在需求，营销人员利用 DeepSeek 发现过敏问题与产品成分、使用场景存在关联。例如，在使用场景方面，很多敏感肌用户在换季时使用该精华液更有可能出现不适。这意味着，品牌不仅要关

注产品成分的温和性，还需要针对不同使用场景，如换季时期，为敏感肌用户提供更具针对性的护肤建议或产品调整方案。

　　基于 DeepSeek 的分析结果，该品牌制定了一系列改进策略。在产品研发方面，研发团队调整了产品配方，减少可能导致敏感的成分，添加马齿苋提取物、神经酰胺等舒缓成分，以提升产品的温和性。在营销方面，针对敏感肌用户，营销人员借助 DeepSeek 重新设计了宣传文案，突出产品温和、适合敏感肌使用的特点，如图 4-1 所示。此外，营销人员还通过 DeepSeek 制作针对换季护肤的专题内容，为敏感肌用户提供护肤指南。

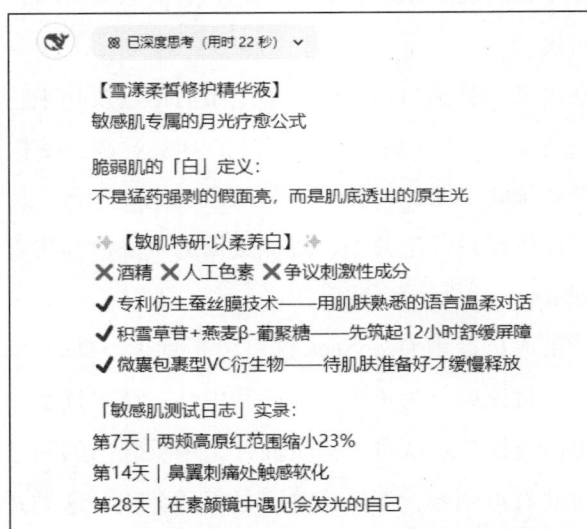

图4-1　DeepSeek重新生成的宣传文案

　　在产品改进和新营销策略实施后，营销人员借助 DeepSeek 持续监测用户评论，观察到负面评论逐渐减少，正面评论增多，特别是出现了一些对产品温和性的好评。这表明改进措施取得了一定成效。但营销人员并未止步于此，而是继续利用 DeepSeek 跟踪用户需求的变化，以便及时调整产品和营销方向，保持品牌的市场竞争力。

　　通过这一系列操作，该美妆品牌借助 DeepSeek 成功挖掘出用户的隐藏需求，实现了产品和营销策略的优化升级。在这个过程中，DeepSeek 帮助营销人员更直观地解读数据，做出更明智的决策，同时也让整个分析和改进过程更具条理性和可操作性。

4.2 三步搞定海量用户反馈分析

用户反馈是品牌改进产品、优化服务、制定营销策略的重要依据。然而，面对海量的用户反馈信息，如何从中快速提取有价值的内容呢？DeepSeek凭借强大的数据分析能力，为营销人员提供了高效解决方案，只需三步，就能轻松完成海量用户反馈分析。

第一步，清晰界定分析目标。

不同的目标引导营销人员从用户反馈中关注不同的内容。例如，某品牌近期推出了一款新产品，营销人员想要了解其市场接受度，分析目标的指令模板就可设定为"评估用户对 [产品名称] 功能、使用体验的满意度，并找出产品改进方向"。若发现某类产品销量下滑，营销人员的分析目标则应聚焦于"挖掘用户不再购买 [产品名称] 的原因，明确潜在需求"。只有明确目标，营销人员才能避免在分析过程中迷失方向，确保从用户反馈中获取真正有价值的信息。

第二步，设计精准的分析指令。

营销人员需要明确分析对象（如某产品）、数据来源（如电商平台评论）和具体目标（如用户满意度）。营销人员可以设计以下通用的指令模板："对 [产品名称 / 品牌] 在 [平台名称，如电商平台、社交媒体等] 上的用户反馈进行分析。重点关注用户对 [具体方面，如产品功能、使用体验、售后服务等] 的评价，提取高频关键词，判断用户情感倾向是满意、中立还是不满，并找出用户未被满足的需求。"

以某智能音箱品牌为例，若营销人员想了解用户对产品音质和语音交互功能的看法，可设计这样的指令："对 [品牌名] 智能音箱在天猫、京东等电商平台及微博、抖音等社交媒体上的用户反馈进行分析。重点关注用户对产品音质表现、语音识别准确性、唤醒灵敏度等语音交互功能的评价，提取高频关键词，判断用户情感倾向，并找出用户未被满足的需求。"指令越详细、准确，DeepSeek 输出的分析结果就越贴合实际需求。

第三步，获取并解读分析结果。

营销人员将指令输入 DeepSeek 后，稍作等待，就能获得分析结果。DeepSeek 会以简洁明了的方式呈现信息，包括高频关键词列表、用户情感分布比例、用户提及的具体问题和潜在需求等。

例如，在分析智能音箱用户反馈时，DeepSeek 可能提取出"音质浑浊""语音唤醒困难""功能单一"等高频关键词，同时显示用户对产品的情感倾向以不满为主。通过对这些结果的解读，营销人员可以清晰地看到产品在音质和语音交互功能上存在不足，以及用户对于产品的改善需求，如希望增加更多实用功能。基于这些结论，营销人员可以针对性地改进产品，优化营销策略，如加强音质研发、升级语音交互系统，并在宣传中突出功能改进点，从而提升用户满意度和产品竞争力。

掌握这 3 个步骤，合理运用 DeepSeek，营销人员就能够高效处理海量用户反馈，让用户的声音转化为品牌发展的动力，在市场竞争中抢占先机。

4.3 自动生成用户画像：性别、兴趣、消费习惯一键提取

在完成用户反馈分析后，营销人员就可借助 DeepSeek 自动生成精准的用户画像。传统的用户画像构建方式往往耗时耗力，且准确性有限。而DeepSeek 凭借强大的数据分析能力，能够快速、精准地从海量数据中提取关键信息，自动生成全面且详细的用户画像，帮助营销人员深入了解用户需求，实现精准营销。

DeepSeek 生成用户画像的核心在于对多个维度数据的整合与分析。它能够收集用户在社交媒体、电商平台、品牌官网等多个渠道留下的数据痕迹，包括但不限于用户发布的内容、关注的账号、购买的商品、浏览的页面等。这些看似零散的数据，在 DeepSeek 的算法处理下，能够转化为清晰的用户特征标签。

以性别判断为例，DeepSeek 并非单纯依据用户填写的个人资料，而是通过分析用户的语言风格、关注的话题、购买的商品类型等综合判断。例如，

用户频繁浏览美妆教程、购买女性服饰，且语言风格偏向细腻，DeepSeek就倾向于将其判定为女性用户；反之，若用户关注体育赛事、购买数码产品，语言风格简洁硬朗，则更可能被判定为男性用户。

对于用户兴趣爱好的提取，DeepSeek同样表现出色。在社交媒体上，用户点赞、评论、分享的内容，关注的博主和话题，都能成为分析的依据。如果一个用户经常点赞健身相关的内容，关注健身达人，分享运动心得，那么DeepSeek会将"健身"列为其兴趣标签之一。在电商平台上，用户搜索和购买的商品类别也能反映其兴趣偏好，如多次购买摄影器材的用户，大概率对摄影有浓厚兴趣。

消费习惯是用户画像中至关重要的一部分，DeepSeek能够从用户的消费记录中挖掘出丰富信息。通过分析购买频率、消费金额、商品价格区间、支付习惯等数据，DeepSeek可以判断用户是高频小额消费还是低频大额消费，是追求性价比还是愿意为高品质商品买单。例如，某用户每月多次购买价格较低的日用品，且偏好使用优惠券，那么该用户可能属于注重性价比的高频小额消费群体。

在综合提取以上信息的基础上，DeepSeek还可以在知识图谱赋能下读懂用户的"潜台词"。通过挖掘数据背后隐藏的语义关联，DeepSeek可以深入理解用户表达中未直接说明的需求与意图。例如，当用户搜索"适合户外的鞋子"时，它能结合知识图谱推断出用户可能有徒步、登山等潜在需求，甚至延伸到用户对户外服装、装备有兴趣。基于此，DeepSeek可以进一步完善用户画像，进行更深入的用户洞察，为精准营销提供有力支持。

生成用户画像后，营销人员可以将其应用于多个营销环节。在产品研发阶段，根据用户画像了解目标用户的需求和偏好，营销人员能够开发出更符合市场需求的产品；在广告投放方面，营销人员可依据用户画像精准定位目标人群，选择合适的投放渠道和内容形式，提高广告转化率；在客户服务中，营销人员根据用户画像提供个性化的服务，提升用户满意度和忠诚度。

例如，某运动品牌通过DeepSeek生成的用户画像发现，其目标用户群体以年轻男性为主，他们热爱户外运动，注重产品的功能性和时尚感，且消费能力较强。基于此，该品牌在后续的产品设计中，增加了适合户外运动的功能面料和潮流款式；在广告投放上，品牌选择在户外运动类 App 和社交媒体上进行精准推广；在客户服务上，品牌为用户提供专属的会员福利和个性化推荐。最终，该品牌的产品销量和品牌影响力都得到了显著提升。

DeepSeek 自动生成用户画像的功能，为品牌提供了深入了解用户的有效工具。通过精准的用户画像，品牌能够更好地满足用户需求，提升营销效果，在激烈的市场竞争中脱颖而出。

4.4 利用DeepSeek分析用户行为路径与进行用户流失预测

品牌想要持续发展，不仅要吸引新用户，还要留住老用户。而深入了解用户行为路径，准确预测用户流失情况，成为营销人员实现这一目标的关键。DeepSeek 凭借强大的数据处理和分析能力，在这两方面为营销人员提供了有效的解决方案。

从初次接触品牌，到完成购买行为，再到后续复购的全过程，用户会在多个渠道留下行为数据。DeepSeek 能够收集整合用户在品牌官网、电商平台等渠道的行为数据，包括页面浏览记录、产品点击偏好、加购及购买情况等，通过对这些数据的深度清洗与结构化处理，绘制出详细的用户行为路径图。

例如，在某电商平台上，某品牌营销人员借助 DeepSeek 发现，部分用户在浏览某款电子产品后，会接着查看该产品的用户评价，然后对比同类型其他产品，最后却放弃购买。进一步分析发现，这些用户在查看评价时，比较关注产品续航能力方面的负面反馈；而在与竞品对比后，发现竞品在续航方面更具优势。这一用户行为路径分析结果，让营销人员清晰地认识到产品在续航能力上存在不足，为后续产品改进和营销策略调整提供了重要依据。

通过深入分析用户行为路径，营销人员还能发现用户在购物过程中遇到的阻碍。例如，某线上服装品牌借助 DeepSeek 发现，大量用户在提交订单页面放弃购买。经过调查分析，原来是支付流程过于烦琐，需要多次跳转页面进行验证。针对这一问题，营销人员推动品牌及时优化支付流程，此后订单转化率得到了显著提升。

除了分析用户行为路径，DeepSeek 还能够利用先进的算法和模型，对用户流失情况进行预测。它通过分析历史流失用户的行为数据，总结出流失用户的共性特征，如登录频率降低、购买间隔变长、对促销活动不敏感等。然后，DeepSeek 将这些特征应用于现有用户群体，对每个用户的流失可能性进行评估。

以某视频平台为例，DeepSeek 监测到部分用户近期视频观看时长减少、登录频率降低，且对平台推出的新剧和会员专属活动兴趣不高。根据这些行为特征，DeepSeek 预测这些用户存在较高的流失风险，并及时向营销人员发出预警。营销人员根据预警信息，向这些用户推送个性化的内容推荐和专属优惠券，成功留住了不少潜在流失用户。

DeepSeek 的流失预测功能不仅能帮助品牌提前采取措施挽留用户，还能为品牌优化客户管理策略提供参考。品牌可以根据预测结果，将用户划分为不同的风险等级，针对不同等级的用户制定差异化的营销策略。对于流失风险较高的用户，加强沟通和关怀；对于流失风险较低的用户，进一步提升用户体验，促进其进行更多消费。

DeepSeek 在分析用户行为路径和预测用户流失方面具有显著优势。它能够帮助品牌深入了解用户需求和行为习惯，及时发现潜在问题，提前采取应对措施，从而提升用户满意度和忠诚度，在市场竞争中占据有利地位。

4.5 情感雷达：用DeepSeek量化用户情绪波动

用户的情绪深刻影响着品牌的口碑与市场表现。一句满意的夸赞能为品牌带来新的客户，而一次吐槽可能引发负面连锁反应。借助 DeepSeek，营销人员能够实时捕捉网络中的评论，量化用户情绪波动，读懂用户内心的真实感受。

营销人员用 DeepSeek 量化用户情绪波动的具体措施，如图 4-2 所示。

1. 实时监测，捕捉情绪动态

DeepSeek 依托强大的数据抓取和分析技术，能够实时监控社交媒体、电商评论、论坛帖子等各类网络平台上与品牌相关的用户言论。无论是用户在微博上发布的一条简短评价，还是在论坛里撰写的长篇反馈，DeepSeek 都能快速识别其中蕴含的情绪。

图4-2　用DeepSeek量化用户情绪波动的具体措施

　　例如，某快餐品牌推出一款新口味汉堡，营销人员借助 DeepSeek 对各大社交平台和外卖平台上的评价进行监测。通过分析发现，在新品推出初期，不少用户在微博上发布带有"期待""好吃"等关键词的内容，此时用户的情绪以积极为主。然而，随着时间推移，部分用户在评价中提到"味道太咸""价格偏高"，负面情绪逐渐增多。DeepSeek 及时捕捉到这一情绪变化趋势，为营销人员敲响了警钟。

2. 量化分析，明确情绪倾向

　　仅仅发现用户情绪还不够，DeepSeek还能对这些情绪进行量化分析。它能够通过自然语言处理算法，将用户的文字内容分为积极、消极、中立三种情感倾向，并计算出每种倾向在所有言论中的占比。

　　还以上述快餐品牌为例，DeepSeek 经过分析给出结论：新品汉堡推出一周内，积极评价占比较高，消极评价占比较低，还有部分中立评价。随着负面反馈增加，两周后积极评价占比下降，而消极评价占比上升。不同情绪倾向评价的占比波动让营销人员能够直观地了解用户对新品的整体态度，以及情绪变化的程度。

3. 洞察原因，助力决策调整

　　量化用户情绪波动只是第一步，DeepSeek 更重要的价值在于帮助营销人员洞察情绪背后的原因。通过提取负面评论中的关键词并分析内容含义，营销人员可以找出引发用户不满的具体因素。

针对用户对快餐品牌新品汉堡负面情绪增多的情况，营销人员借助 DeepSeek 进一步分析发现，用户不满主要集中在"口味过重"和"性价比低"两个方面。基于这一分析结果，品牌迅速做出调整，一方面改良产品口味，推出减盐版本；另一方面推出套餐优惠活动，提升产品性价比。同时，营销人员利用 DeepSeek 生成回应文案，在社交媒体上对用户的反馈表示感谢，并告知改进措施，有效缓解了用户的负面情绪。

4. 长期追踪，塑造品牌形象

除了应对短期的情绪波动，DeepSeek 还能对用户情绪进行长期追踪。通过分析不同时间段用户情绪的变化，营销人员可以了解自身在用户心中的形象演变，发现品牌建设过程中的优点与不足。

如果在一段时间内，用户对品牌的积极情绪持续上升，说明品牌的营销策略和产品改进取得了良好效果；反之，若消极情绪不断累积，营销人员则需要全面审视自身的产品、服务及营销方式，并及时做出调整。

通过实时监测、量化分析、洞察原因和长期追踪，品牌能够更好地理解用户需求，及时调整策略，与用户建立更紧密的情感连接，从而在激烈的市场竞争中赢得用户的认可与信赖。

4.6 需求预测模型：DeepSeek生成用户需求演化路径

市场环境不断变化，用户需求也在发生变化。对于品牌而言，能否精准预测用户需求的演化路径，直接关系到其在市场中的竞争力和可持续发展能力。DeepSeek 借助需求预测模型，能够帮助品牌提前洞悉用户需求变化，为产品研发、营销策略制定等提供科学依据。

构建需求预测模型的基础，是对海量数据的收集与整合。DeepSeek 能够广泛收集用户在各个渠道留下的数据。在电商平台上，用户的购买记录、浏览历史、搜索关键词等数据，记录着他们当下和过去的消费偏好；在社交媒体上，用户发布的内容、参与的话题讨论、关注的账号类型等，反映出他们的兴趣爱好和价值取向；此外，行业动态、政策法规变化、技术创新成果等宏观层面的数据，也都是 DeepSeek 的重要数据来源。

例如，近年来，健康养生理念逐渐深入人心，社交媒体上关于健康饮食、运动健身的话题热度不断攀升。电商平台中健康食品、运动器材的搜索和购买量也相应增加，这些数据都会被 DeepSeek 及时捕捉。

收集到数据后，DeepSeek 便开始运用先进的算法和技术，对这些数据进行深度挖掘和分析，从繁杂的数据中寻找规律和趋势。它通过分析用户历史购买行为的变化，能够发现用户需求的发展轨迹。例如，用户购买普通零食的频率逐渐降低，而购买低糖、低脂健康零食的次数不断增多，DeepSeek 据此就能判断出用户对健康食品的需求在不断上升。

同时，DeepSeek 还会考虑外部环境因素对用户需求的影响。例如，新能源汽车技术取得重大突破，续航里程大幅提升，且政府出台一系列购车补贴政策，DeepSeek 会综合这些信息，预测消费者对新能源汽车的需求可能显著增长，并进一步分析用户可能对汽车的性能、配置等方面提出更高的要求。

基于对数据的深度分析，DeepSeek 能够生成详细、准确的用户需求变化趋势。这条路径清晰地展示了用户需求在未来一段时间内可能发生的变化，包括需求的方向、强度及变化的时间节点等信息。品牌拿到这份"需求演化蓝图"后，就可以在多个方面进行针对性的布局和调整。

在产品研发方面，品牌可以根据需求演化路径，提前规划新产品的研发方向和功能特性。一家手机制造企业通过 DeepSeek 的预测发现，随着短视频创作和直播行业的兴起，用户对手机拍摄功能的需求日益增长，尤其是对视频防抖、夜景拍摄、美颜效果等方面的期待更高。于是，该企业在后续的手机研发中，加大了对摄像头技术的投入，推出了具有超强拍摄能力的新款手机，一经上市便受到消费者的热烈追捧。

在营销策略制定方面，需求预测模型同样发挥着重要作用。品牌可以根据用户需求的变化趋势，调整宣传重点和推广渠道。如果预测到某类产品在年轻消费者群体中的需求将快速增长，品牌就可以将营销资源重点投向年轻人聚集的社交平台，如抖音、小红书等，采用符合年轻人口味的创意内容和营销方式进行推广。同时，该模型还可以根据需求演化路径，合理安排产品的上市时间和促销活动，提高营销效果和资源利用效率。

此外，在用户需求预测的基础上，品牌可以进一步推进 GEO 优化，通过低频内容动态更新，实现长效用户触达。例如，品牌可以基于用户行为数据预测需求变化，将低频但高价值内容，如行业白皮书、深度教程等进行模块化拆解，通过 AI 生成动态摘要、问答对或场景化片段，适配搜索引擎的即时答案需求。

DeepSeek 的需求预测模型为品牌提供了强大的支持，帮助品牌在复杂多变的市场环境中准确把握用户需求的演化路径，实现从被动适应市场到主动引领市场的转变。在数字化、智能化的时代背景下，善用 DeepSeek 的这一功能，将成为品牌在激烈竞争中脱颖而出的关键。

4.7 AI督察——DeepSeek监控舆情并预警

在互联网时代，信息传播速度极快，一条负面消息可能在短时间内迅速扩散，对品牌声誉造成严重影响。因此，实时监控网络舆情，及时发现并处理潜在危机，成为品牌营销与管理的重要任务。DeepSeek 拥有强大的技术能力，能够化身"AI 督察"，为品牌提供全方位的舆情监控与预警服务，帮助品牌在复杂的网络环境中维护自身形象。

在舆情监控方面，DeepSeek 能够实时扫描各大社交媒体平台、新闻网站、论坛、电商评论区等网络渠道，快速识别与品牌相关的各类信息。无论是用户的正面评价、负面投诉，还是媒体的报道、行业的讨论，都在 DeepSeek 的"督察"范围内。

除了识别信息，DeepSeek 还能对舆情信息进行深度分析。它能够通过情感分析技术，判断信息所表达的情感倾向是积极支持、消极反对还是中立客观；通过提取关键词与理解内容，分析信息的核心内容和传播重点。例如，当 DeepSeek 监测到某品牌的负面舆情时，会迅速分析出负面信息主要集中在产品质量问题、售后服务不到位等方面，并统计相关信息的传播范围和传播速度，让品牌对舆情的严重程度有清晰的认识。

预警功能是 DeepSeek 舆情监控的关键一环。一旦监测到重要舆情信息，尤其是可能对品牌造成负面影响的信息，DeepSeek 会立即发出预警。预警方式可以是邮件通知、短信提醒或在平台内推送消息，确保营销人员能够第一时间掌握舆情动态。例如，当某品牌被曝光存在产品质量问题，相关信息在社交媒体上快速传播时，DeepSeek 会及时预警，营销人员能够迅速采取措施应对。

营销人员在收到 DeepSeek 的预警后，可以根据舆情的具体情况制定相应的应对策略。对于负面舆情，营销人员可以及时回应，澄清事实，解决用户问题，将负面影响降到最低。例如，某餐饮品牌被顾客投诉存在食品卫生问题，在收到 DeepSeek 的预警后，营销人员立即展开调查，向顾客道歉并给予补偿。同时，营销人员通过官方渠道发布调查结果和整改措施，有效平息了舆论风波。对于正面舆情，营销人员可以加大宣传力度，进一步提升品牌知名度和美誉度。

DeepSeek 还能对舆情的发展趋势进行预测，通过分析历史舆情数据和当前舆情动态，DeepSeek 能够预测舆情是否会进一步扩散，以及可能产生的影响。这有助于营销人员提前做好应对准备，制定更长远的舆情管理策略。例如，当 DeepSeek 预测到品牌的营销活动可能引发争议时，营销人员可以提前调整方案，避免负面舆情发生。

DeepSeek 作为"AI督察"，在品牌舆情监控和预警方面发挥着重要作用。它帮助营销人员实时掌握网络舆情动态，及时发现潜在危机，为品牌维护声誉、提升形象提供了有力保障，让品牌在复杂多变的网络环境中稳健发展。

4.8 实战演练：让DeepSeek帮你预测下一个爆款

打造爆款产品是每个品牌梦寐以求的目标。DeepSeek 凭借强大的数据分析和预测能力，能助力品牌精准把握市场趋势，挖掘潜在的爆款机会。下面以某运动品牌推出新款运动鞋为例，详细展示如何运用 DeepSeek 预测下一个爆款。

第一步，明确需求，下达指令。

该运动品牌希望推出一款贴合市场需求、具备爆款潜力的新款运动鞋。

营销人员打开DeepSeek，在交互界面的搜索框中输入详细指令："分析当前运动鞋市场的消费趋势，重点关注消费者对运动鞋功能（如缓震、透气、防滑等），设计风格（如复古、潮流、简约等），价格区间的偏好。同时，分析近一年来市场上爆款运动鞋的成功原因，包括产品特点、营销策略、宣传渠道等，预测未来几个月内可能受欢迎的运动鞋类型，并给出产品研发和营销建议。"

指令中明确了分析范围、重点关注内容和期望输出的结果，确保 DeepSeek 能围绕品牌需求展开精准分析。

第二步，深度分析，获取结果。

DeepSeek 迅速启动，从电商平台销售数据、社交媒体讨论、运动论坛用户反馈、行业报告等多个渠道抓取海量数据。经过数据分析和算法处理，生成了详细的分析报告，如图 4-3 所示。

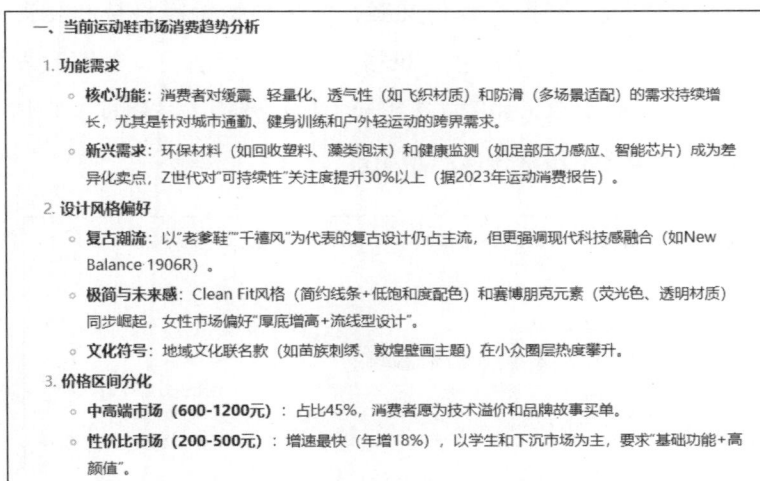

一、当前运动鞋市场消费趋势分析

1. 功能需求
- 核心功能：消费者对缓震、轻量化、透气性（如飞织材质）和防滑（多场景适配）的需求持续增长，尤其是针对城市通勤、健身训练和户外轻运动的跨界需求。
- 新兴需求：环保材料（如回收塑料、藻类泡沫）和健康监测（如足部压力感应、智能芯片）成为差异化卖点，Z世代对"可持续性"关注度提升30%以上（据2023年运动消费报告）。

2. 设计风格偏好
- 复古潮流：以"老爹鞋""千禧风"为代表的复古设计仍占主流，但更强调现代科技感融合（如New Balance 1906R）。
- 极简与未来感：Clean Fit风格（简约线条+低饱和度配色）和赛博朋克元素（荧光色、透明材质）同步崛起，女性市场偏好"厚底增高+流线型设计"。
- 文化符号：地域文化联名款（如苗族刺绣、敦煌壁画主题）在小众圈层热度攀升。

3. 价格区间分化
- 中高端市场（600-1200元）：占比45%，消费者愿为技术溢价和品牌故事买单。
- 性价比市场（200-500元）：增速最快（年增18%），以学生和下沉市场为主，要求"基础功能+高颜值"。

图4-3　用DeepSeek生成的爆款预测分析报告

在消费趋势方面，DeepSeek 指出，消费者对运动鞋的功能性需求日益细化，尤其是对缓震、透气性、防滑等功能关注度很高；在设计风格上，复古潮流与科技感风格融合的款式更受年轻消费者青睐；在价格区间方面，具备高性价比的产品市场需求增长明显。

对于爆款运动鞋的成功因素，DeepSeek 总结道：具备创新科技且能直观展示科技原理的产品，更容易吸引消费者；借助明星代言、网红种草，并结合短视频平台进行传播，效果最佳；限量发售、联名合作等营销策略，能有效提升产品热度。

基于这些分析，DeepSeek 预测，未来几个月内，搭载新型缓震科技、采用复古潮流设计且价格亲民的运动鞋，有较大概率成为爆款。

第三步，优化策略，打造爆款。

依据 DeepSeek 的分析结果，该运动品牌迅速行动。在产品研发上，该品牌与专业科研团队合作，开发新型缓震材料，并融入复古潮流元素进行外观设计；在营销策略方面，品牌邀请当红运动明星代言，联合知名潮流博主进行产品种草；在宣传渠道选择上，品牌重点投入抖音、小红书等短视频和社交平台，制作创意视频展示产品性能和设计亮点。

同时，营销人员还利用 DeepSeek 进一步优化宣传文案。营销人员输入指令："为新款运动鞋撰写宣传文案，突出新型缓震科技和复古潮流设计，面向 18 ~ 35 岁年轻消费者，风格要时尚、有活力，能够激发购买欲望。"DeepSeek 生成文案（如图 4-4 所示）后，营销人员根据实际情况进行调整和完善，确保文案精准传递产品卖点。

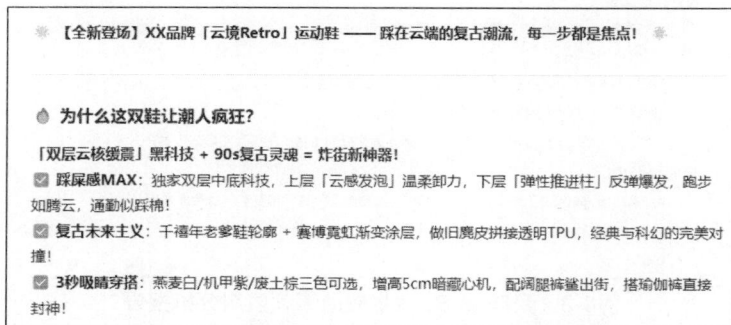

图4-4　用DeepSeek生成的宣传文案

经过一系列操作，新款运动鞋上市后迅速引发关注，在社交媒体上话题热度持续攀升，销售量持续增长，成功成为爆款产品。

通过这次实战演练可以看到，DeepSeek 能够帮助品牌深入洞察市场趋势和消费者需求，为产品研发和营销策略制定提供科学依据。熟练运用 DeepSeek，品牌能更轻松地打造出爆款产品，占据更大的市场份额。

第5章

爆款内容生成：
从"求文案"到批量输出

在 DeepSeek 掀起营销变革浪潮的当下，内容产出效率与质量成为品牌制胜的关键。面对大量内容需求，传统创作模式耗时耗力，而 DeepSeek 以 AI 技术重构内容生产链条。如何充分释放 DeepSeek 的潜力？本章将从创意生成、爆款内容公式拆解、风格迁移、人性化内容生成等多方面系统讲解 DeepSeek 批量生成优质营销内容的全流程，助力营销人员突破创作瓶颈，实现内容的高效输出与精准传播。

5.1 开篇案例：某零食品牌用DeepSeek极速生成小红书文案

在零食行业竞争白热化的今天，小红书已成为品牌触达年轻女性用户的核心阵地。在小红书上，零食类笔记发布量很大，但爆款率不是很高。追根究底，其实与传统内容生产模式面临的三大瓶颈有关。

（1）效率低：传统人工撰写文案等内容需经历选题、创作、排版等多个环节，单篇耗时通常在 2 ~ 3 小时，难以满足日均 20 余篇的投放需求。

（2）数据滞后：依赖人工分析爆款规律，从数据收集到方案调整周期长达 7 ~ 15 天。

（3）成本高：专业团队月均人力成本达数万元，中小企业难以负担。

面对创作瓶颈，某零食品牌要求营销人员用 DeepSeek 进行批量化的内容生产。以标题创作为例，营销人员输入"生成 10 个关于控糖零食的爆款标题，要求包含数字量化、痛点解决、情绪词"的指令后，DeepSeek 在 1 分钟内便生成了 10 个标题，并给出了标题的设计逻辑，包括人群精准定位、情绪对冲、危机感营造等，如图 5-1 所示。

在文案生成阶段，营销人员输入"模拟 30 岁职场女性口吻，撰写低卡零食原味鸡胸肉丸测评文案，要求包含实验室检测数据、打卡记录"的指令，DeepSeek 自动生成以下内容："每天下午 3 点饿到心慌？这款原味鸡胸肉丸救了我的命！高蛋白配方抗饿 4 小时，5 种口味换着吃，微波炉加热 10 秒解锁流心口感。实验室检测显示 GI（血糖生成指数）值仅为 23，30 天实测体重下降 4.2kg！私心给姐妹一个建议：每月允许两次'作弊日'，减肥才能持久。"

以下是10个符合要求的控糖零食爆款标题，每个标题均包含数字量化、痛点解决和情绪词：

1. 【血糖0负担】5款低GI零食清单！解馋不怕胖的甜蜜救赎

2. 打工人必备！8种办公室控糖小零嘴，加班不怕血糖坐过山车

3. 戒糖失败者福音！3分钟自制6种无糖零食，好吃到忘记奶茶

4. 孕期控糖别emo！10款安全零食清单，让幸福感和血糖都稳得住

5. 学生党狂喜！9.9元搞定7天低糖零食包，图书馆抗饿不犯困

6. 夜宵党必存！5款深夜0罪恶零食，放肆吃不怕血糖"蹦迪"

7. 暴击糖瘾！6种控糖黑科技零食，比奶茶更上头的健康多巴胺

8. 出差党救星！12种便携控糖零食塞满行李箱，机场候机不破戒

9. 抗糖逆袭30天！8款零食轮流吃，皮肤透亮度+2个level

10. 揪出隐形血糖刺客！10大"伪健康"零食避雷指南+替代方案

标题设计逻辑：

1. 人群精准定位（打工人/学生党/孕妇等）

2. 量化价值可视化（数量/价格/时间/效果）

3. 痛点场景化（加班/熬夜/出行等）

4. 情绪对冲（救赎/狂喜/福音/逆袭）

5. 危机感营造（刺客/避雷/过山车）

图5-1 用DeepSeek生成的标题

为了提升互动率，营销人员还输入"设计3个开放式问题引导用户评论"的指令，DeepSeek生成"你试过微波炉加热鸡胸肉丸吗？哪种口味最惊艳？""如果出新口味，你希望是什么？""和××品牌相比，这款零食的包装设计要做哪些改进？"营销人员将这些问题加入文案中，显著增加了评论区的互动量，同时触发小红书推荐机制，曝光量提升数倍。

在鸡胸肉丸的上市推广中，营销人员通过DeepSeek实现了从0到1的爆款突破：首小时投放选择20个垂类KOC（key opinion consumer，关键意见消费者）账号（预算仅500元），点赞量达到5268，收藏量超过3000，官方账号涨粉5129个。营销人员还在小红书上同步发起"控糖挑战"话题活动，最终带动鸡胸肉丸月销售额突破10万元。

此次成功让该零食品牌看到了DeepSeek的潜力，其营销部门全方位接入DeepSeek以重构内容生成模式。目前，借助DeepSeek，大多数营销人员都能实现日产文案突破百条的目标，响应热点速度缩短至2小时，整体自然搜索流量增长200%以上。

值得注意的是，该零食品牌通过一段时间的实践，发现情绪价值锚点式指令生成的内容质量更高。例如，"自从吃了它，老公以为我偷偷健身了""同

事追着要链接"等表述，使内容的情感共鸣度大幅度提升。DeepSeek 还会实时监控小红书等平台的算法变化，及时调整关键词密度，如用"低 GI 零食"替代"健康零食"等，这极大地提升该零食品牌的搜索排名。

上述案例充分展示了 DeepSeek 在内容生成方面的价值。不过，营销人员需要知道，DeepSeek 的目标不是替代人类创意，而是放大创意价值，为营销人员提供一条技术驱动、高效迭代的突围路径。

5.2 创意风暴：为营销人员策划选题

选题策划是决定内容传播效果的关键一步。传统营销依赖经验、直觉等策划选题，DeepSeek 则为营销人员打造了从需求挖掘到选题矩阵生成的全链路智能系统。

1. 挖掘需求，精准定位选题方向

DeepSeek 凭借强大的数据整合与分析能力，深入挖掘用户与市场需求。它整合了 10 余种数据源，如社交媒体 UGC(user generated content，用户生成内容)、电商搜索日志、客服对话记录、竞品评论区等，建立包括 300 多个维度的用户需求图谱。例如，某零食品牌的营销人员输入"挖掘 25 ～ 35 岁女性零食消费痛点"指令后，DeepSeek 便能输出此类用户的结构化需求矩阵；如表 5-1 所示。

表5-1　25～35岁女性零食消费痛点

需求维度	具体痛点描述	关联场景	情绪关键词
功能需求	"抗饿但怕胖" "担心添加剂" "开袋后易受潮" ……	办公室/通勤/追剧	焦虑、矛盾、安全
情感需求	"独处时的治愈感" "社交分享的仪式感" ……	下午茶/闺蜜聚会	温暖、归属感、炫耀
场景需求	"单手可操作的小包装" "适合拍照的高颜值" ……	健身房/露营/办公桌	便捷、精致、打卡

DeepSeek 还能分析电商平台上零食的销售数据，包括不同品类、口味、包装规格零食的销售趋势，以及用户的购买评价和反馈。从这些信息中，营销人员可以发现用户尚未被满足的需求。例如，有用户在评论中提到"找不到适合健身后吃的零食，既补充能量又不会长胖"，这就为选题提供了方向——"健身后必吃的低卡高能量零食推荐"。

此外，DeepSeek 也可以对用户的搜索行为进行分析，了解用户在不同时间段、不同场景下的搜索关键词变化。例如，在节假日前夕，用户搜索"节日零食礼盒""送礼零食推荐"的频率会增加，营销人员可以据此提前策划相关选题，如"春节送礼必备！高颜值零食礼盒大揭秘""情人节甜蜜暴击，这些零食礼盒让爱意满满"等。

2. 实时追踪热点趋势，借势打造爆款选题

热点是吸引更多流量的重要契机，但热点的出现往往有随机性和时效性，仅靠营销人员的力量难以对其进行快速捕捉和跟进。DeepSeek 具备实时监测热点的能力，它通过对新闻资讯、社交媒体热门话题、短视频平台热门内容等进行实时扫描，能第一时间发现潜在热点，并分析热点的传播趋势、受众群体及与品牌的关联性。

例如，当某部热门影视剧播出时，DeepSeek 可以先监测到剧中出现的零食相关内容引发观众讨论，如剧中主角常吃的某种特色零食；然后迅速分析该热点的热度走势、参与讨论的用户画像，为营销人员提供"get 同款！剧中主角都爱的零食大揭秘""追剧零食新选择：跟着剧中主角吃准没错"等与该热点紧密贴合的选题建议。

针对季节性热点，如夏季的"消暑""清凉"主题、冬季的"保暖""进补"主题，DeepSeek 能提前预测相关热度变化，并结合品牌的特点与定位，为营销人员策划出符合季节氛围的选题。例如，夏季为饮料品牌策划"夏日消暑饮料测评：哪一款能让你瞬间清凉"等选题；冬季为火锅底料品牌策划"冬日暖心必备！美味火锅底料推荐""寒冷天气，一顿火锅和这些底料更配哦"等选题，以增强品牌与用户在特定季节的互动与共鸣。

3.分析竞品动态，实现选题差异化

了解竞品动态是策划差异化选题的关键。DeepSeek可以收集竞品在各大平台发布的内容，分析其选题方向、内容形式、传播效果等信息，为营销人员提供全面的竞争情报。如果DeepSeek分析出竞品近期推出的文案主要聚焦于新品口味，而忽略了健康属性的宣传，营销人员便可以借助DeepSeek策划"健康与美味兼得：这款零食完胜竞品的秘密""拒绝单一，这款零食在健康上更胜一筹"等突出自身优势的选题，吸引关注健康的消费者。

同时，DeepSeek还能分析竞品的内容传播数据，如阅读量、点赞数、评论数等，了解竞品推出的哪些选题更受欢迎、哪些选题效果不佳。基于这些分析，营销人员可以借鉴竞品的成功经验，避免其失败的选题方向。例如，发现竞品的"零食盲盒"选题获得了较高的关注度，营销人员可以进一步创新，策划"升级版零食盲盒：惊喜加倍，美味不停""揭秘零食盲盒背后的隐藏美味"等选题，在借鉴的基础上实现超越。

4.快速生成创意选题，激发无限创作灵感

在整合需求、热点、竞品动态等多方面信息后，DeepSeek会运用先进的自然语言处理与生成技术，为营销人员生成丰富多样的选题。它可以根据营销人员输入的品牌定位、产品特点、营销目标等指令，从不同角度、不同风格生成选题方案。

例如，对于主打年轻时尚的零食品牌，营销人员输入"生成吸引年轻消费者的零食营销选题，突出潮流、个性元素"的指令，DeepSeek会生成"潮人必备零食清单：让你成为朋友圈的焦点""解锁零食新吃法，潮玩零食的个性打开方式""零食界的时尚单品，你入手了吗"等选题。这些选题既符合品牌调性，又能满足用户追求时尚、个性的心理。

DeepSeek还有选题优化功能。营销人员可以将初步生成的选题反馈给DeepSeek，DeepSeek会提出一些修改意见，如增加情感共鸣元素、调整选题角度等。例如，对于"美味零食推荐"这一较为普通的选题，经DeepSeek优化后变成"深夜emo时刻，这些零食治愈你的心"。新选题增加了情感元素，

更能引发用户的共鸣。

5.3 爆款内容公式："标题+正文+标签"一键生成

"每天憋内容5小时，写标题30分钟，结果一看阅读量只有两位数"——这可能是很多营销人真实的日常写照。实际上，抖音、快手、今日头条等平台的AI算法，在0.3秒内就可以决定一个视频或一篇文章的浏览量甚至决定其传播效果好坏。

如果营销人员对浏览量突破百万的内容进行分析，其实不难发现这些爆款内容是有一个核心公式的：吸睛标题 + 优质正文 + 精准标签。如今，用DeepSeek创作符合此公式的内容，从有想法到生成只需不到1分钟。

1. 用DeepSeek生成吸睛标题

如今，传统标题套路早已失效。

三段式标题，如"熬夜危害大！这3招拯救你！速看！"，点击率下降。

震惊体标题，如"天啊，某明星竟在片场吃这个"，被举报量飙升。

AI时代，应该有新的标题套路，即三感法则：悬念感、权威感、冲突感。

用DeepSeek生成这类标题，从构思到产出只需十几秒。

第一感，悬念感——吊足胃口。

技巧：隐藏关键信息 + 抛出反常识结论。人类的大脑对未完成事件的记忆留存率更高。悬念感便能激发这样的记忆，让用户忍不住点击。

要借助DeepSeek设计悬念型的标题，可以使用指令："生成5个关于AI写作的悬念型标题，要求隐藏解决方案并暗示颠覆性结论。"

输入指令后，DeepSeek便可以为营销人员生成符合要求的标题，如图5-2所示。

悬念感设计原理：

（1）制造认知冲突；

（2）植入时间压迫感（如第37天、2030年等）；

以下是5个符合要求的悬念型标题，暗藏颠覆性结论同时保持神秘感：

1. 《人类作家集体沉默的第37天：一个正在吞噬文字行业的「隐形写手」》
（暗示行业剧变但隐藏AI解决方案）

2. 《百万文案人不知道的真相：你80%的原创内容早已被「它」预判》
（制造认知冲突，暗示AI的预判能力）

3. 《深夜收到神秘警告：继续用传统写作方式等于慢性职业自杀》
（制造危机感，隐藏AI替代方案）

4. 《这个被封锁7次的写作黑箱，正在批量生产「诺贝尔文学级」文本》
（用矛盾修辞暗示AI突破性能力）

5. 《2030年最后一位人类作家消失前，留下了这份颠覆认知的手稿》
（预言式悬念指向根本性变革）

图5-2　用DeepSeek生成的标题（悬念型）

（3）用禁忌暗示（如封锁、警告、消失等）；

（4）设置矛盾修饰（如神秘黑箱、诺贝尔级等）。

第二感，权威感——让标题成为"专家"。

技巧：数据背书＋场景化权威符号。有权威感的标题，打开率比普通标题高，而且用户对内容的信任度更高。

要借助 DeepSeek 设计权威型的标题，可以使用指令："生成5个关于职场效率的权威型标题，要求加入清华大学研究数据或者《哈佛商业评论》案例，突出方法论稀缺性，直接罗列标题即可，不需要展示核心亮点。"DeepSeek 生成的标题如图 5-3 所示。

1. 《清华大学人效实验室证实："量子态工作流"缩短团队决策耗时67%》　3　12
2. 《哈佛商业评论年度案例：字节跳动"动态时间胶囊"如何实现人效密度飙升189%》　3　6
3. 《清华行为经济学团队揭示：破解"虚假多任务"陷阱的神经回路训练系统》　3　11
4. 《哈佛商业评论×清华经管联合研究："自适应OKR系统"助力企业决策纠偏效率提升58%》　3　12
5. 《颠覆帕金森定律！清华认证"决策驾驶舱"如何让宝洁会议耗时缩减240%》　3　11

图5-3　用DeepSeek生成的标题（权威型）

权威感设计原理：

（1）采取"数据＋真实案例"双背书模式；

（2）保持概念稀缺性，突破传统理论框架；

（3）通过数据等具体量化指标制造记忆锚点；

（4）直击痛点，激发点击欲望。

第三感，冲突感——制造认知核爆点。

技巧：对立元素碰撞＋挑战普世价值观。冲突感可以激活大脑的杏仁核应激反应，让用户产生"我必须参与讨论"或"我必须点进去看究竟是怎么回事"的冲动。

要借助 DeepSeek 设计冲突型的标题，可以使用指令："生成 5 个家庭教育领域的冲突型标题，要对比传统教育和 AI 教育。"DeepSeek 生成的标题如图 5-4 所示。

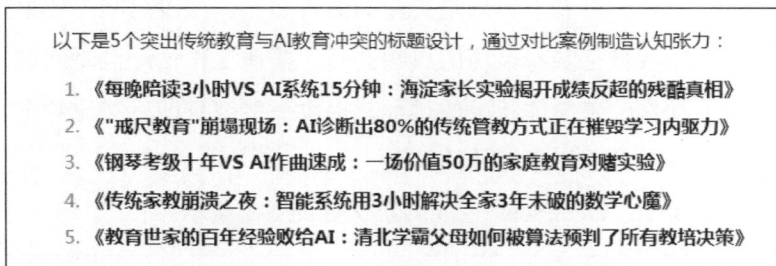

以下是5个突出传统教育与AI教育冲突的标题设计，通过对比案例制造认知张力：

1. 《每晚陪读3小时VS AI系统15分钟：海淀家长实验揭开成绩反超的残酷真相》
2. 《"戒尺教育"崩塌现场：AI诊断出80%的传统管教方式正在摧毁学习内驱力》
3. 《钢琴考级十年VS AI作曲速成：一场价值50万的家庭教育对赌实验》
4. 《传统家教崩溃之夜：智能系统用3小时解决全家3年未破的数学心魔》
5. 《教育世家的百年经验败给AI：清北学霸父母如何被算法预判了所有教培决策》

图5-4　用DeepSeek生成的标题（冲突型）

冲突感设计原理：

（1）通过鲜明的数据对比激发好奇心（3 小时解决 3 年未破的问题）；

（2）巧妙地用到代际冲突（百年经验 VS AI 算法预判）；

（3）营造一种价值颠覆感（乐器考级 VS AI 创作）；

（4）加入强情绪词（崩溃、崩塌等），加强情感冲击。

2. 用 DeepSeek 生成优质正文

通过 DeepSeek 对高互动内容的语义分析，可以得出优质正文的四段式故事链：痛点共鸣→解决方案→场景化体验→行动号召。

（1）痛点共鸣

技巧：用 DeepSeek 分析用户评论的高频词，生成"你是不是也……"句式。例如，某美妆品牌营销内容正文开头是"每次化完妆卡粉浮粉？你可能忽略了这 3 个细节……"

（2）解决方案

技巧：根据"产品特性→使用场景→效果对比"三步生成用户操作指南。

（3）场景化体验

技巧：植入用户旅程地图，例如，"上班通勤→午间补妆→下班约会"等。

（4）行动号召

技巧：自动生成限时福利话术＋跳转链接。

假设你是一名健身房推销员，需要在公众号上发表一篇文章让人们了解健身的重要性，你可以在 DeepSeek 上输入以下指令：

我现在想写一篇名为《上班族健身逆袭：3 个办公室动作告别亚健康》的公众号文章，文章中要有上班族最关注的健身痛点，如没时间、效果差、难坚持等，最好以我自己亲身经历的口吻去写，描述工作忙碌没时间健身，通过 3 个办公室动作改善身体状况的过程，提供一些健身前后对比数据，并在结尾加入"分享健身心得赢好礼活动"。

根据上述指令，DeepSeek 生成的正文如图 5-5 所示。

上班族健身逆袭：3个办公室动作告别亚健康

——从"过劳肥"到"活力王"，我的亲身蜕变实录

一、职场人的隐形痛点：为什么我们总在"无效健身"

作为互联网公司的项目经理，我曾是典型的"996钉子户"：早餐靠咖啡续命，午餐在工位解决，下班时腰酸背痛，体重却因久坐和加班宵夜一路飙升到75公斤。尝试过健身房年卡、晨跑计划，但总因"没时间""效果差""难坚持"败下阵来 1 3 。直到去年体检报告亮起红灯——颈椎曲度变直、体脂率32%，我才意识到：**职场人的健康自救，必须从"碎片化健身"开始**。

二、我的逆袭武器：3个无需离开工位的"黄金动作"

动作一：椅子深蹲——激活下肢，燃烧脂肪

- **动作要点**：每小时起身一次，双脚与肩同宽，臀部向后坐至椅子边缘（不触椅），保持核心收紧，感受大腿前侧和臀肌发力。每组15次，每天5组 6 8 。
- **我的数据**：3个月后，大腿围减少4cm，爬楼梯不再气喘。

动作二：颈椎米字操——告别肩颈酸痛

- **动作要点**：用头部在空中写"米"字，每个笔画停留3秒，重点拉伸斜方肌和胸锁乳突肌。每天完成20组 7 8 。
- **我的变化**：头晕手麻症状消失，伏案工作时长从1小时延长至2.5小时。

动作三：隐形平板支撑——雕刻核心线条

- **动作要点**：双肘撑桌，身体成直线，收紧腹部坚持30秒。进阶版可单腿交替抬起。每天累计5分钟 4 6 。
- **效果对比**：腰围从88cm降至82cm，久坐腰痛频率降低70%。

图5-5　用DeepSeek生成的正文

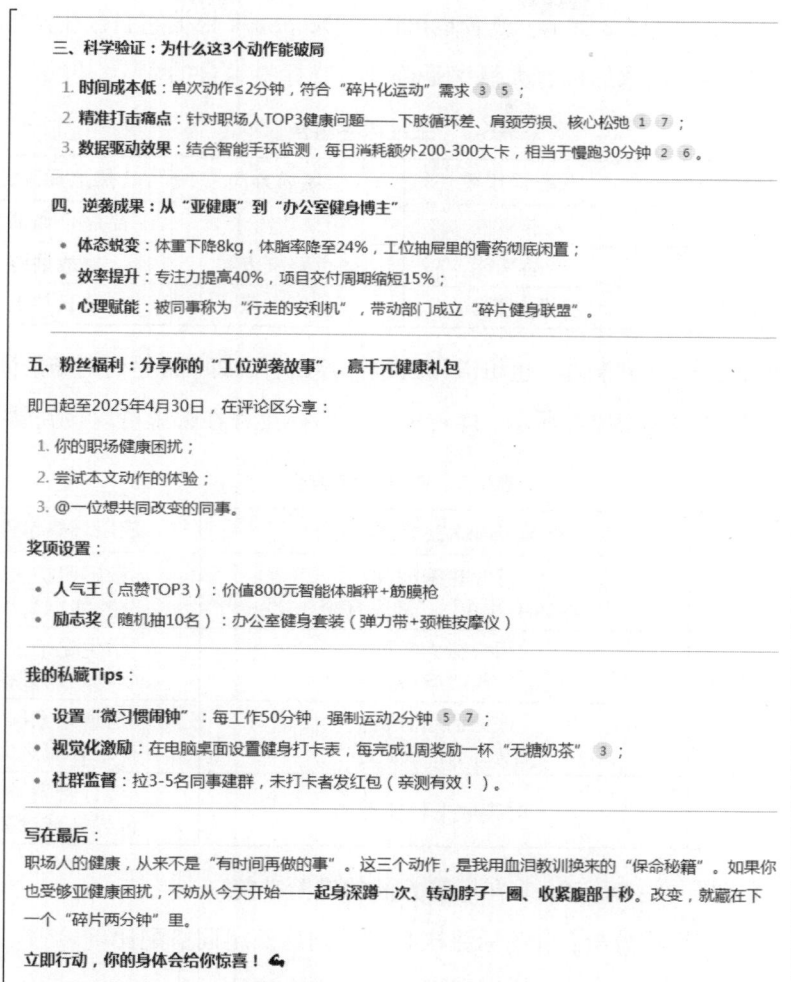

三、科学验证：为什么这3个动作能破局

1. **时间成本低**：单次动作≤2分钟，符合"碎片化运动"需求 `3` `5` ；
2. **精准打击痛点**：针对职场人TOP3健康问题——下肢循环差、肩颈劳损、核心松弛 `1` `7` ；
3. **数据驱动效果**：结合智能手环监测，每日消耗额外200-300大卡，相当于慢跑30分钟 `2` `6` 。

四、逆袭成果：从"亚健康"到"办公室健身博主"

- **体态蜕变**：体重下降8kg，体脂率降至24%，工位抽屉里的膏药彻底闲置；
- **效率提升**：专注力提高40%，项目交付周期缩短15%；
- **心理赋能**：被同事称为"行走的安利机"，带动部门成立"碎片健身联盟"。

五、粉丝福利：分享你的"工位逆袭故事"，赢千元健康礼包

即日起至2025年4月30日，在评论区分享：

1. 你的职场健康困扰；
2. 尝试本文动作的体验；
3. @一位想共同改变的同事。

奖项设置：

- **人气王**（点赞TOP3）：价值800元智能体脂秤+筋膜枪
- **励志奖**（随机抽10名）：办公室健身套装（弹力带+颈椎按摩仪）

我的私藏Tips：

- **设置"微习惯闹钟"**：每工作50分钟，强制运动2分钟 `5` `7` ；
- **视觉化激励**：在电脑桌面设置健身打卡表，每完成1周奖励一杯"无糖奶茶" `3` ；
- **社群监督**：拉3-5名同事建群，未打卡者发红包（亲测有效！）。

写在最后：

职场人的健康，从来不是"有时间再做的事"。这三个动作，是我用血泪教训换来的"保命秘籍"。如果你也受够亚健康困扰，不妨从今天开始——**起身深蹲一次、转动脖子一圈、收紧腹部十秒**。改变，就藏在下一个"碎片两分钟"里。

立即行动，你的身体会给你惊喜！ 🤍

图5-5 （续）

DeepSeek 生成的正文你可以拿来即用，也可以将其中一些比较夸张的表述替换为更理性的表达。同时，你还要检查内容是否存在逻辑错误、信息不准确、语言表达生硬等问题并进行优化。如果想让内容质量更高，你不妨融入一些个人特色，例如，分享自己在健身时的真实感受和小故事，让读者更容易产生共鸣，更能感受到健身的重要性。

3. 用 DeepSeek 生成精准标签

通过分析各平台的 AI 算法，建议用"核心词＋长尾词＋热点词"的三维标签组合，如表5-2所示。或者也可以让 DeepSeek 根据它自己生成的正文去提取标签，它提取的标签大概率是符合三维标签组合的。

表5-2　三维标签组合

平台	核心词权重	长尾词方向	热点词来源
小红书	人群属性	场景化需求	品牌合作话题
抖音	产品功能	痛点解决方案	挑战话题
公众号	行业关键词	价值主张	节日热点

如果想让标签更丰富，也可以用四维标签组合，即"品类词＋场景词＋情感词＋热点词"，如表5-3所示。DeepSeek 会智能推荐在哪里可以找到同类词。

表5-3　四维标签组合

标签类型	DeepSeek智能推荐源	应用场景示例
品类词	行业热搜词库 （如"早C晚A""通勤穿搭"）	敏感肌护肤 空气炸锅食谱
场景词	用户行为数据 （搜索/收藏/购买路径）	学生党平价 职场妈妈必备
情感词	评论情绪分析 （焦虑/向往/成就感）	治愈系家居 拒绝容貌焦虑
热点词	实时爬取平台热搜榜	春日野餐季 世界杯球迷装

下面介绍一些 DeepSeek 在标签方面的进阶功能。

（1）标签权重分析：自动标注核心流量词与长尾词搭配比例。

（2）竞品对标：一键抓取同类爆文标签组合规律。

（3）算法适配：根据平台推荐机制调整标签组合。

营销人员应该将 DeepSeek 视为一个得力助手。掌握"吸睛标题＋优质正文＋精准标签"的内容公式，配合 DeepSeek 的智能生成能力，能够让营销人员实现从普通营销者到"爆款制造机"的跃迁。

5.4 风格迁移术：快速模仿KOL的行文风格

一项研究显示，用户对 KOL 输出内容的信任度比品牌官方内容的更高。

其中，一部分受访者表示"KOL 独特的表达风格"是他们持续关注其内容的核心动因。在注意力稀缺的时代，风格已经成为比内容本身更具穿透力的商业资产。

所以在创作内容时，一些营销人员可能会特意模仿自己喜欢的 KOL 的风格。但他们要为此花费很长时间去学习对方的语言习惯、语气词、句式节奏等。而且一些头部 MCN 机构每月需输出 2000 多篇"类 KOL"内容，这会让他们的工作量大幅增加。

不过现在有了 DeepSeek，上述问题便迎刃而解。其技术实现路径如图 5-6 所示。

```mermaid
graph TD
A[原始语料输入] --> B(风格特征提取层)
B --> C{StyleDNA引擎}
C --> D[句式结构分析]
C --> E[情感表达图谱]
C --> F[文化符号映射]
D & E & F --> G(风格向量空间)
G --> H[目标内容生成器]
H --> I[风格强化学习循环]
```

图5-6　DeepSeek技术实现路径

（1）72 维度风格解析：涵盖词汇密度、情感极性、隐喻偏好等隐性特征。

（2）实时迁移学习：单篇 300 字样本即可提取风格指纹（精度达到 91% 以上）。

（3）跨模态风格捕捉：同步分析文本 / 图片 / 视频中的语言韵律与视觉符号关联等。

（4）语境感知补偿：自动识别并保留行业术语、地域方言等专业特征。

如何用 DeepSeek 模仿 KOL 的行文风格？下面介绍从克隆到超越的五步实操指南。

第一步，目标锁定，定位 KOL 的行文风格，如表 5-4 所示。

第二步，数据喂养，形成行文风格基因库。

（1）优质样本选择：选取 20 ~ 30 篇代表内容（兼顾爆款与常规作品）。

表5-4　定位KOL的行文风格

维度	分析指标	DeepSeek工具
语言特质	句式复杂度/口语化指数	风格雷达图（支持多KOL对比）
情感表达	积极/消极词汇配比	情感光谱分析仪
文化符号	热点引用频率/亚文化标签密度	符号关联图谱
交互特征	粉丝互动句式/高赞回复模式	对话流模拟器

（2）特征强化训练：通过 /preset_style 强化指令聚焦核心特征。

（3）干扰项过滤：用 /clean_noise 去除广告植入等非行文风格元素。

第三步，风格迁移。

（1）基础克隆指令：/mimic_style input=@KOL 样本 output= 营销文案。

（2）风格杂交指令：/blend_styles style1=@ 科技博主 style2=@ 搞笑博主 ratio=6：4。

（3）动态进化指令：/evolve_style base=@ 原风格 trend=2024Q3 流行语。

第四步，人工调整。

（1）品牌安全检测：核查价值观一致性（如女性议题表达倾向）。

（2）爆款元素注入：手动加入目前各平台的流量密码标签。

（3）差异化设计：在句式结构方面制造 5%～10% 的行文风格差异化。

第五步，通过双重评估体系进行效果验证，如表 5-5 所示。

某国货彩妆品牌的一位营销人员需在30天内建立涵盖6类风格的达人矩阵。如果用传统方法，他要签约 40 多位 KOL，预算超过 200 万元。而现在，他可以通过 DeepSeek 提取 @ 化妆师张宇（专业型）、@ 深夜徐老师（情感型）等头部达人的风格，然后按照上述五步实操指南即可完成工作。最后效果数据对比如表 5-6 所示。

表5-5　双重评估体系

评估维度	机器指标	人工指标
风格相似度	Jaccard系数[①]≥0.82	目标KOL粉丝盲测通过率≥74%
内容质量	语法错误率≤0.3%	品牌信息植入自然度≥8.1分
传播潜力	平台热度预测值≥B级	编辑推荐可能性≥65%

① Jaccard系数主要用于计算符号度量或布尔值度量的个体间的相似度。

表5-6 效果数据对比

指标	传统模式	DeepSeek模式
内容生产成本	380元/篇	47元/篇
爆款率（赞藏≥1w）	12%	29%
用户认知度	"多个达人"	"统一品牌人格"
冷启动周期	14天	3天

不过用 DeepSeek 模仿 KOL 也是有一定风险的。营销人员要守住著作权底线，确保风格模仿不涉及具体文案复制。只要守住底线，DeepSeek 就可以成为创造力与想象力的来源，让营销人员获得"千面营销"能力：既能快速复制 KOL 的风格，又能保持品牌的独特性，在不同平台、不同受众面前展现魅力。

5.5 让DeepSeek写出人性化内容的三个技巧

在 AI、AIGC 等技术快速发展的今天，营销人员面临的核心挑战已从如何生产内容转变成如何智能生成有温度、能引发共情的人性化内容。虽然 DeepSeek 的创作能力很强，但生成人性化内容还是离不开营销人员的干预，包括情感化指令设计、用户数据解码、内容动态校准与优化。

1. 情感化指令设计

营销人员需将抽象的品牌定位转化为 DeepSeek 可识别的情感指令。

（1）场景颗粒度细化。避免"生成健康零食文案"等笼统指令，改为"模拟28岁互联网女工程师的加班场景，描述下午3点抗饿零食选择，要求出现'键盘敲击声''咖啡机噪声'等环境细节"。

（2）角色画像具体化。某品牌输入"95后职场新人，租房生活，每月给父母转账后预算紧张，喜欢在 B 站看省钱攻略"的角色指令，DeepSeek 生成"给妈妈打电话说'最近在学做饭'时，藏起购物车的半成品菜。这包 15 分钟搞定的减脂餐，让报喜不报忧的我们，也能好好吃饭"，引发用户的情感共鸣。

（3）植入文化符号与社交货币。分析目标群体的文化圈层特征，将亚文化语言、流行梗、圈层黑话转化为指令关键词。例如，针对成分党群体，输入"用'透皮吸收率''脂质体包裹技术'等专业术语，搭配'早 C 晚 A''刷酸日记'等流行语"；针对"二次元用户"，加入"破防""爷青回"等网络用语。

（4）五感化指令。在指令中加入五感细节（视觉／听觉／嗅觉／味觉／触觉），例如，"写出撕开包装袋时'嘶啦'的声音，咀嚼时'咔吱'的脆感，以及巧克力融化在舌尖的黏度"。这种细节的描述可以使产品体验的真实感进一步提升。

2. 用户数据解码

（1）多源数据清洗与情感化转化。将用户调研、行为数据、竞品评论转化为 DeepSeek 可处理的情感化标签体系。这意味着，营销人员既要分析数据，也要解读数据背后的情感动机。例如，当减脂零食搜索量上涨时，营销人员不仅要关注"低卡""高蛋白"等功能词，还要挖掘其背后的"减肥焦虑""身材羞耻"等情感痛点。

（2）基于用户决策旅程（认知—考虑—购买—复购），为每个触点设计情感触发指令。

认知阶段：侧重共鸣式痛点描述，如输入指令"用'周一早晨的闹钟比老板更残忍'形容起床困难，带出'提神咖啡'的使用场景"。

考虑阶段：强调解决方案的人性化细节，如"写出客服回复'亲，这款产品孕妇也能吃哦'时的温暖感，搭配'质检报告已上传详情页'的安心感"。

购买阶段：强化即时满足与期待感，如"描述拆快递时的剪刀划过胶带声，打开盒子看到产品防震气泡膜的贴心设计"。

复购阶段：聚焦长期陪伴与身份认同，如"写出坚持使用 30 天后，朋友说'你最近状态很好'时的成就感"。

（3）动态画像更新。定期导入最新用户反馈数据，通过 DeepSeek 的在线学习功能动态调整指令。例如，当用户高度关注"职场 PUA"话题时，即时输入指令："结合'拒绝无效加班'的社会情绪，突出零食的'快速补充能量，让加班更有尊严'的属性"。

3. 内容动态校准与优化

（1）A/B测试的情感维度设计。在测试方案中加入情感指标评估，而非仅关注流量数据。以情感共鸣度测试为例，营销人员可以通过用户调研或借助AI情感分析工具，测量内容引发的温暖感、认同感、信任感强度。某宠物品牌对比两组文案：A版侧重成分参数，B版加入"凌晨三点被猫咪踩醒时，看到碗里没吃完的粮，突然觉得被需要也是一种幸福"。结果显示，B版的情感共鸣度比A版更高，最终该品牌将B版作为文案发布在微博上。

（2）评论区反哺。将评论转化为指令优化信号。例如，当评论中出现"内容太广告化"的情况时，输入指令："增加30%的个人体验细节，减少20%的产品参数描述，加入'其实一开始我也不信'的真实心理活动"，这样可以降低"软文感"投诉量。

（3）建立"DeepSeek生成初稿→人工情感润色→数据反馈优化"的工作流程。很多时候，营销人员无须过度纠结于DeepSeek生成内容的细节瑕疵，而应聚焦情感内核是否准确、身份标签是否清晰、内容是否击中用户的痛点等问题。

随着DeepSeek越来越成熟，营销人员需从内容执行者转型为情感架构师，深耕人性洞察的底层逻辑。当营销人员学会用指令传递温度，用数据讲好故事，DeepSeek生成的内容就不再只是屏幕上的字符，而是用户心中的共鸣与价值认同。

5.6 内容库——DeepSeek自动归档并复用素材

营销工作需要文案、图片、视频等各类素材，营销人员却常常面临素材无序堆积、有效素材难以查找的困境，最终导致重复创作、资源浪费等问题。DeepSeek可以为营销人员提供高效且智能的解决方案，帮助营销人员节省时间与成本。

1. 素材自动归档

（1）DeepSeek具备强大的多模态识别能力，能对文本、图片、视频、音频等多种类型的素材进行精准识别与分类。对于文本素材，它可以分析内容主题、关键词、情感倾向等，将产品介绍文案、活动宣传文案、用户评价文案等自动归类；在图片识别方面，借助计算机视觉技术，它可识别图片中的产品、场景、色彩风格等元素，将产品特写图、使用场景图、促销海报图等分别归档；针对视频和音频素材，它可以提取视频的关键帧、字幕内容，以及音频的关键词、情感基调等信息，实现素材的准确分类。

（2）DeepSeek 可以为素材添加全面且动态的元数据标注，涵盖素材的基本信息、业务属性、效果数据等多个维度。以某电商品牌为例，营销人员通过 DeepSeek 标注的元数据，能清晰了解每条素材在不同平台、不同时间段的效果，从而更好地评估其价值。

（3）营销人员可以根据自身需求，在 DeepSeek 中设置自定义归档规则和层级结构。无论是按照产品系列、营销活动类型、时间周期，还是其他特定标准，都能轻松构建符合品牌定位的素材管理体系。例如，服装品牌可以按照季节、款式、性别等维度设置归档层级；零食品牌可以根据产品类别、口味、适用场景来分类素材。

2. 高效素材复用

（1）DeepSeek 的智能检索功能支持多种检索方式，包括关键词检索、标签检索、语义检索等，营销人员只需输入相关关键词或选择特定标签，就能快速找到匹配的素材。同时，基于深度学习算法，DeepSeek 能根据营销人员的使用习惯、历史操作记录及当前创作需求，提供精准的素材推荐。例如，营销人员策划一场新品推广活动，DeepSeek 不仅能检索出与新品相关的素材，还会推荐历史上类似成功推广活动的素材，为其提供灵感和参考。

（2）DeepSeek 支持将素材进行模块化拆解，把文案中的标题、正文段落，图片中的元素、色彩搭配，视频中的镜头、转场特效等分解为独立的模块。这些模块可以根据营销人员的创作需求进行重新组合，生成新素材供其使用。

（3）不同平台对素材的格式、尺寸、风格等要求各不相同，DeepSeek 能自动对素材进行跨平台适配，根据平台的特点，调整素材的尺寸、分辨率、色彩模式等参数，同时优化素材的内容和表现形式，使其更符合平台受众的喜好和习惯。

通过 DeepSeek 进行素材的自动归档与复用的确很方便、高效，但前提是要获取高层共识，让高层拍板将素材资产化纳入品牌战略，并亲自牵头进行素材库建设，推动跨部门协作。此外，营销人员还要为素材制定统一的标签规范，避免一物多标、标签歧义等问题。当然，如果企业有条件，可以组建一个专职的数据标注团队。

未来，DeepSeek 将能更精准地理解与分析素材，为营销人员提供更具针对性的素材推荐建议。同时，通过对更大规模素材的深度学习，DeepSeek 能自动生成创意灵感和优化建议，帮助营销人员进一步提升创意与创作水平。

5.7 如何避免DeepSeek的同质化问题

当越来越多品牌依赖 DeepSeek 批量生产内容时，同质化成为传播效果的"隐形杀手"。相似的文案套路、趋同的视觉风格、重复的卖点堆砌，不仅让用户产生审美疲劳，还会降低品牌辨识度。要破解这一难题，品牌需从多方面发力，让 DeepSeek 在高效产出内容的同时，成为品牌个性的孵化器。

1. 打造品牌专属语料库

内容同质化的根源在于 DeepSeek 使用了相似的公开数据。在这方面，品牌可以通过私有化部署，在本地部署 DeepSeek 模型，使用私有数据对模型进行训练和优化，使模型满足个性化内容生成的需求。

在此基础上，品牌需建立三层专属语料体系，让 DeepSeek 掌握品牌个性化语言。

（1）品牌基因库。植入品牌特有的价值主张，如可持续消费、国潮美学；产品技术术语，如冷萃工艺、微囊封装技术；用户证言语料，如真实消费场景对话、用户评价片段。

（2）按用户购买旅程细分场景。认知期侧重痛点描述，如"熬夜后第二天的疲惫感"；考虑期强调解决方案，如"3分钟快速补妆技巧"；购买期突出行动指令，如"点击领取限时优惠"；复购期强化情感绑定，如"成为精致生活的日常陪伴"。通过具体场景的颗粒化描述，避免好吃不贵、性价比高等笼统表达。

（3）实时收录用户反馈。把评论区的仪式感、被治愈等情感热词，以及搜索栏的孕期控糖零食、乳糖不耐受友好等长尾需求，持续补充到语料库中。让 DeepSeek 生成的内容始终贴合真实消费场景，生成有画面感的文案。

2. 精细化指令设计

给出简单指令，如"生成小红书文案"，DeepSeek 往往会输出千篇一律的模板。想要得到差异化内容，品牌就需要对指令进行拆分，给出精细化指令。

（1）基础信息：告诉 DeepSeek 生成的内容针对谁、内容、具体场景。例如，"抖音视频脚本生成：针对 25 ~ 35 岁职场女士，推广新上市的低卡零食，在抖音短视频中突出办公室快速充饥场景，前 3 秒必须出现产品撕开包装的声音"。

（2）风格限制：设定情感基调与表达规则，如"用温暖治愈的语气，避免使用感叹号，加入 3 个以上具体动作描述（如捏一捏蓬松的口感）"。

（3）文化符号：结合品牌调性植入专属元素，如国潮品牌可以要求"加入敦煌色系描述""用古诗词比喻产品质感"，避免通用化视觉语言。

3. 算法调优

DeepSeek 默认选择最稳妥的表达，但营销需要有亮点。在这方面，品牌可以通过算法调优激活 DeepSeek 的创意潜力。例如，品牌要想 DeepSeek 聚焦新品类产品给出差异化文案，可以给出少量优质示例让 DeepSeek 学习新的风格，避免生成的内容千篇一律。同时，品牌可以结合简单的检测机制，检测生成内容与竞品内容重复率。当生成内容与竞品内容重复率过高时，可要求 DeepSeek 切换叙事角度，生成更具差异化的内容。

4. 人机协同

DeepSeek 是营销内容高效生成的执行者，而营销人员才是最终的决策者。在 DeepSeek 生成内容的过程中，营销人员需要适时干预，在提升内容质量的同时避免内容同质化问题。

在前期的内容校准阶段，营销人员可以向 DeepSeek 明确品牌的反同质化原则，如"拒绝使用行业 Top10 高频词""必须有 10% 内容尝试全新叙事角度"等。在禁止 DeepSeek 使用行业泛滥词汇并要求 DeepSeek 发挥创意后，DeepSeek 便能够产出独具创意的文案。

如果 DeepSeek 生成的内容重复，营销人员可及时添加创意指令，如"加入品牌 IP 形象的互动对话""用电影台词的口吻描述"等，让 DeepSeek 生成更贴合品牌调性的内容。

最后，在 DeepSeek 生成内容的基础上，营销人员可以进一步加工，如对营销文案进行二次创作，添加品牌 LOGO 水印等，强化内容的独特性。

当 DeepSeek 生成的内容都带着品牌的个性化标签，彰显出浓厚的品牌特色，同质化问题自然迎刃而解。借助 DeepSeek，品牌能够高效获得个性化营销内容，建立起智能营销时代的核心竞争力。

5.8 实战演练：尝试借助DeepSeek生成抖音视频脚本

在短视频营销领域，抖音作为头部平台，其用户对内容的新鲜度与趣味性要求较高，营销人员常常面临脚本创作的巨大压力。DeepSeek 的出现为快速生成优质抖音视频脚本提供了新的可能。接下来，将通过完整的实战流程，讲解如何借助 DeepSeek 高效产出符合抖音调性的爆款视频脚本。

在使用 DeepSeek 生成脚本前，营销人员需要先明晰抖音视频脚本的关键构成要素。抖音视频脚本通常涵盖镜头、景别、运镜、台词、时长、音乐等要素。例如，在美妆产品推广视频中，镜头可能从特写展示产品外观开始，搭配"这款粉底液质地超水润"的台词；运镜采用推镜头，拉近产品细节；时长控制在 15 ~ 30 秒，配合轻快活泼的音乐，营造种草氛围。只有清晰了解这些要素，营销人员才能在与 DeepSeek 交互时，精准传达需求，获得满足预期的脚本。

借助 DeepSeek 生成抖音视频脚本的流程如图 5-7 所示。

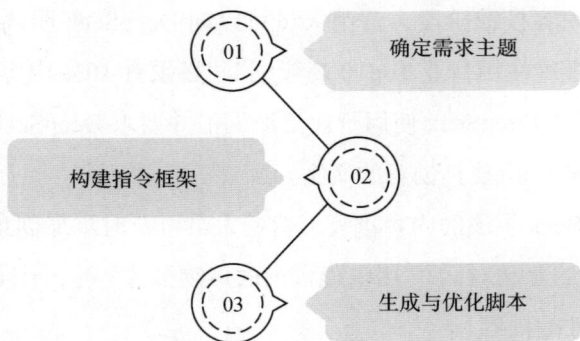

图5-7　借助DeepSeek生成抖音视频脚本的流程

1. 确定需求主题

以运动品牌推出新款跑鞋为例，营销人员可以明确主题为"新款跑鞋的性能与时尚感兼具"，并设定目标受众为热爱运动、追求潮流的年轻人。将这些核心信息整理成简洁明了的需求描述，是营销人员与DeepSeek沟通的基础。

2. 构建指令框架

向DeepSeek输入指令时，指令结构要清晰、具体。营销人员可以采用"场景＋产品＋需求"的格式，例如，"创作一个年轻人在城市街头跑步，展示新款跑鞋透气、轻便性能，同时突出时尚外观，适合抖音传播的短视频脚本"。此外，营销人员还可补充细节要求，如"开头用快节奏剪辑吸引注意力""结尾加入引导购买话术"等，让DeepSeek生成的脚本更符合营销需求。

3. 生成与优化脚本

根据详细的指令，DeepSeek可输出完善的抖音视频脚本，如图5-8所示。

拿到初始脚本后，营销人员需要根据实际拍摄条件和抖音热门趋势对脚本进行优化。例如，发现当前抖音上对比测评类视频火爆，则可以加入新款跑鞋与旧款跑鞋在重量、透气性上的对比画面和台词。如果觉得某些镜头时长分配不合理，也可进行调整。同时，营销人员也可以在脚本中设置互动点，引导观众留言、点赞和分享，提升视频的互动数据。而DeepSeek也会根据在脚本中设置互动点的需求，对脚本进行优化，提升脚本互动性，如图 5-9 所示。

《城市疾风计划》——XX跑鞋抖音短视频脚本

时长：30秒

音乐：电子混音版《Born to Run》前奏＋重低音鼓点

画幅：竖屏9:16

目标人群：18-30岁都市运动爱好者、潮流青年

【脚本分镜】

0:00-0:03 开场暴击（快剪3连）

- 镜头1（0.5s）：城市天际线俯拍，朝阳刺破云层（升格慢动作）
- 镜头2（0.5s）：主角（潮流穿搭青年）脚部特写，系紧跑鞋旋钮（"咔嗒"机械声效）
- 镜头3（0.5s）：跑鞋侧面LOGO流光特效（粒子消散转场）
- 字幕炸裂："当新鞋遇上早八人，开启暴风模式！"

0:04-0:12 产品性能可视化

- 镜头4（2s）：
  - 主角冲刺穿过晨雾街道（跟拍稳定器镜头）
  - 慢动作特写：鞋面透气网眼随步伐张合（叠加气流动画）
  - 动态标注："3D呼吸网｜每步200+透气孔全开"

图5-8　DeepSeek根据指令输出的抖音视频脚本

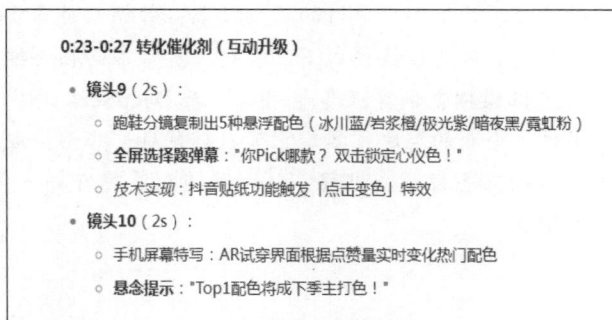

0:23-0:27 转化催化剂（互动升级）

- 镜头9（2s）：
  - 跑鞋分镜复制出5种悬浮配色（冰川蓝/岩浆橙/极光紫/暗夜黑/霓虹粉）
  - 全屏选择题弹幕："你Pick哪款？双击锁定心仪色！"
  - 技术实现：抖音贴纸功能触发「点击变色」特效
- 镜头10（2s）：
  - 手机屏幕特写：AR试穿界面根据点赞量实时变化热门配色
  - 悬念提示："Top1配色将成下季主打色！"

图5-9　在脚本中设置互动点

在完成对视频脚本的优化后，营销人员就可以依据脚本拍摄并发布相关视频，并对播放量、点赞率、评论数等数据进行分析。如果视频取得的引流或转化效果不佳，营销人员可以将问题反馈给 DeepSeek，调整指令重新生成脚本，不断优化内容。

第6章

广告投放优化：
让 DeepSeek 帮你花好每分钱

在广告投放场景中，广告投放的每一分预算都关乎着商业目标的达成。为了实现更好的投放效果，营销人员需要做好广告投放优化。传统投放模式下，营销人员常常面临关键词低效、受众定位模糊、预算浪费等问题。而 DeepSeek 为广告投放优化提供了全新的解决方案。它可以贯穿从广告语生成到广告效果监控的广告投放全流程，帮助营销人员花好每一分钱，实现降本增效。

6.1 开篇案例：某淘宝商家用DeepSeek优化关键词

在淘宝电商市场，某主营潮流服饰的淘宝商家在持续的营销竞争中陷入广告投放困境。该商家每月投入数万元广告预算用于关键词竞价，然而由于关键词选择缺乏科学依据，广告投放效果始终不尽如人意。大量预算消耗在高竞争、低转化的宽泛关键词上，虽然能带来一定的流量，但精准度低、转化率低。这导致广告投入产出比长期较低，该商家在激烈的市场竞争中逐渐失去优势。

面对这一难题，该商家决定借助 DeepSeek 进行关键词优化。首先，该商家对近半年的广告投放数据进行了全面梳理，包括关键词的点击量、转化率、平均点击成本、投入产出比等核心指标。同时，该商家借助第三方插件批量抓取竞品店铺的引流关键词和成交关键词，获得了大量竞品关键词数据。

在对这些数据进行初步整理后，该商家将数据上传至 DeepSeek，让 DeepSeek 对海量关键词进行筛选和优化。DeepSeek 基于整合后的数据，运用自然语言处理与机器学习算法进行分析，锁定了高潜力关键词。

针对潮流服饰类目，DeepSeek 挖掘出一系列高潜力的长尾关键词，如"ins 风夏季薄款衬衫""复古港味高腰牛仔裤""小个子显高连衣裙"等。这些长尾关键词不仅竞争相对较小，而且精准匹配了细分消费群体的个性化需求。例如，"小个子显高连衣裙"这一关键词精准定位了身材娇小但追求穿搭显高效果的女性消费者，相较于"连衣裙"这类宽泛关键词，其转化率更高。

在关键词优化策略实施过程中，DeepSeek 将挖掘出的长尾关键词与商家原有的关键词进行整合，按照关键词的潜力值和竞争程度分配初始预算，并设置不同的出价策略。同时，DeepSeek 为每个关键词组创建了独立的广告创意，确保广告语与关键词高度相关，提高广告的相关性得分和质量分。

在得到更精准的关键词和投放策略后，商家通过小范围测试的方式开展初期投放。具体而言，为每个关键词组分配少量预算进行投放，收集初始点击、转化数据，评估关键词的实际表现，为后续调整提供依据。

经过三个月的持续优化，该淘宝商家的广告投放效果实现了质的飞跃。广告点击率和转化率都实现了有效提升。更重要的是，通过借助 DeepSeek 进行关键词优化，商家成功吸引了一批精准的目标客户，店铺的粉丝数量和复购率也显著提升，逐渐在市场中站稳了脚跟，实现了从亏损到盈利的转变。

这一案例充分体现了 DeepSeek 在广告关键词优化方面的强大实力和巨大价值。

6.2 DeepSeek自动生成高转化广告语

在广告投放的注意力争夺战中，广告是否优质直接决定了用户是否会停下正在滑动的手指去点击广告。传统广告文案创作主要依赖人工经验与灵感，这种方式不仅耗时耗力，还难以精准匹配多变的市场需求和用户偏好。而 DeepSeek 为品牌提供了高效、精准的广告语生成解决方案，打破了传统创作的瓶颈。

DeepSeek生成高转化广告语是基于对海量数据的深度分析与学习。它整合了品牌调性、产品核心卖点、目标受众画像、行业热门趋势、竞品广告策略等多维度信息。例如，针对一款主打长效续航的智能手表，DeepSeek 会从产品参数中提取"7天超长续航""低功耗芯片"等卖点，结合目标受众，如年轻职场人士、运动爱好者等对便捷性和科技感的追求，以及近期智能穿戴设备市场强调实用主义的趋势，构建数据基础。

在生成过程中，DeepSeek 运用生成式预训练模型，通过对大量优质广告文案、社交媒体热梗、用户评论等文本数据的学习，掌握不同风格、场景下的语言表达技巧。它能够快速生成多样化的广告语，涵盖情感共鸣型、利益驱动型、悬念引导型等多种类型。例如，为智能手表生成的广告语"告别电量焦虑！7天超长续航，陪你探索无界"（情感共鸣＋利益驱动）；"什么手表能一周不充电？答案在这里"（悬念引导）。

为确保生成的广告语具备高转化率，A/B测试是不可或缺的环节。DeepSeek不仅能生成广告语，还能提供科学的A/B测试模板，如表6-1所示。

表6-1　A/B测试模板

测试分组	广告语类型与内容	投放渠道	投放时间	目标受众	预算分配
A组	情感共鸣型 "加班后的治愈时刻，让这款护眼台灯温暖你"	抖音、微信朋友圈	周一至周五18:00—22:00	25～35岁职场人士，关注科技数码	总预算40%
B组	悬念引导型 "你的桌面还缺这件神器！点击揭晓答案"	抖音、微信朋友圈	周一至周五18:00—22:00	25～35岁职场人士，关注科技数码	总预算40%
C组	对照组（原广告）"××护眼台灯，限时8折"	抖音、微信朋友圈	周一至周五18:00—22:00	25～35岁职场人士，关注科技数码	总预算20%

测试过程中，营销人员可以实时监测数据，通过对比不同分组的核心指标，快速定位表现最佳的广告语。

DeepSeek还具备动态进化能力。随着广告投放数据的积累，它会不断学习用户反馈，优化广告语生成策略。当发现某类风格的广告语在特定时间段或用户群体中表现突出时，DeepSeek会针对性地生成更多相似风格文案；若某类关键词频繁出现在高转化广告语中，它也会将其纳入生成逻辑，持续提升广告语的精准度与吸引力。

6.3　受众定位：让DeepSeek帮你瞄准目标群体

在数字营销过程中，如果广告投放无法精准触达目标受众，那么再多的预算投入也只是徒劳。传统的受众定位方式往往依赖有限的用户标签和经验判断，难以捕捉用户复杂多变的需求与行为特征，导致广告投放出现广撒网、低转化的问题。DeepSeek凭借强大的数据整合与深度分析能力，助力营销人员进行精准、动态的受众定位，让每一次广告触达都能直击目标群体的核心需求。

受众定位的明确始于对多维度数据的深度挖掘。在这方面，DeepSeek不仅可以整合品牌自有的用户交易数据、会员信息，还可以接入第三方数据平台，收集用户在搜索引擎、社交媒体、电商平台等场景下的行为数据，以及地理信息、消费能力、兴趣偏好等静态数据。例如，对于一款高端宠物食品品牌，DeepSeek会收集用户购买宠物用品的历史记录、在宠物论坛的浏览行为、社交媒体上对宠物话题的关注和互动等信息，构建起立体的用户画像。

在数据整合的基础上，DeepSeek可运用机器学习算法构建复杂的受众分析模型，包括通过聚类分析，将具有相似行为模式和需求特征的用户划分为不同群体；利用预测模型，判断每个群体对产品或服务的潜在需求和购买概率。例如，针对高端宠物食品，DeepSeek识别出精细化养宠新手群体，这类用户的年龄通常在25～35岁，有一定经济实力，初次养宠物且对宠物健康和营养知识关注度较高，对高品质宠物食品的需求迫切但缺乏经验。基于此，DeepSeek能够精准定位该群体，并为品牌制定针对性的投放策略。

DeepSeek还能帮助品牌挖掘潜在的目标受众，通过分析现有高价值用户的特征，利用相似性算法找出与之行为模式相近但尚未触达的用户群体。例如，某健身器材品牌的目标受众是传统的健身爱好者群体，该品牌借助DeepSeek进行了受众分析，了解到除了传统的健身爱好者群体，还有一群因工作压力大而关注居家健身、有减肥需求的年轻上班族，这一潜在群体此前未被品牌关注。针对该群体，品牌调整广告投放策略，推出小型便捷的健身器材广告，成功开拓了新的市场，实现了用户数量与销售额的双增长。

在母婴用品电商领域，精准把握目标受众需求并实现高效广告投放，是企业突破流量瓶颈、提升商业效益的关键。基于这一核心诉求，某母婴用品电商平台借助DeepSeek，开启了受众定位优化的深度实践。

该平台借助 DeepSeek 对平台海量用户数据进行了多维度深度挖掘。通过分析用户的浏览轨迹、搜索关键词、购买历史及互动行为等数据，DeepSeek 精准勾勒出不同用户群体的特征画像，识别出孕期囤货妈妈和 0 ~ 3 岁宝宝精细化喂养妈妈两大群体。

其中，孕期囤货妈妈群体用户多处于孕期中晚期，搜索记录多是待产包清单、新生儿必备用品、孕妇产后护理等，将各类母婴用品加入收藏夹或购物车，显示出强烈的囤货需求和对母婴用品的高频关注。

而 0 ~ 3 岁宝宝精细化喂养妈妈群体的搜索偏好聚焦于婴儿辅食添加指南、有机奶粉评测、宝宝营养均衡食谱等内容，购买记录中高频出现婴儿米粉、果泥等精细化喂养产品，且十分关注商品的成分说明、安全认证等信息，体现出对宝宝饮食健康的高要求。

针对这两类核心群体的差异化需求，平台制定了精准的广告投放策略。对于孕期囤货妈妈群体，平台推出了精心搭配的孕妇待产包推荐广告。待产包整合了产妇卫生巾、哺乳内衣、婴儿连体衣、抱被、奶瓶套装等数十种实用单品，覆盖产后护理、婴儿日常照料等多场景需求，且突出一站式购齐、科学分包装、限时囤货优惠等卖点，精准契合孕妇群体的囤货心理和便利需求。

针对 0 ~ 3 岁宝宝精细化喂养妈妈群体，平台则定向投放有机婴儿辅食广告，着重强调产品的欧盟有机认证、无添加配方、分段营养适配等核心优势，配合宝宝爱吃不挑食、助力肠道健康、专业营养师推荐等内容，直击妈妈群体对宝宝饮食安全与营养均衡的深层诉求。

在投放时间上，DeepSeek 通过分析用户活跃时段数据发现，这两类妈妈群体在晚上 8—10 点很活跃。这一时间段，妈妈们通常完成了白天的事务，进入相对闲暇的个人时间，更有精力进行母婴用品的浏览和选购。基于此，平台在这一黄金时段集中投放广告，通过精准的触达进一步提升广告的有效曝光。

在广告投放优化后，该平台的广告点击率和转化率较之前大幅提升，平台在不增加广告投入的基础上获得了更高的销售回报，充分展现了精准受众定位带来的商业价值提升。

6.4 预算分配：DeepSeek模拟最优投放方案

在广告投放过程中，不同的预算分配方案会带来不同的广告效果与商业回报。传统预算分配模式多依赖主观经验与粗放式策略，常出现热门渠道过度投入、潜力渠道被忽视的情况，导致大量预算浪费在低效投放中。而DeepSeek凭借强大的数据分析与模拟能力，通过科学建模与动态优化，能够为品牌量身定制最优预算分配方案，让每一笔广告预算都能发挥最大价值。

DeepSeek可以对多维数据进行整合与分析，包括整合品牌的历史投放数据、抓取行业数据，并结合目标受众的行为数据，明确不同群体在各渠道的活跃时段与偏好差异等。

基于数据积累，DeepSeek可构建复杂的数学模型与模拟算法，通过机器学习预测不同预算分配方案的投放效果。它可以不同的广告目标为导向，设定多种假设场景。例如，针对快消品促销活动，DeepSeek可模拟不同的预算分配方案，如图6-1和图6-2所示。

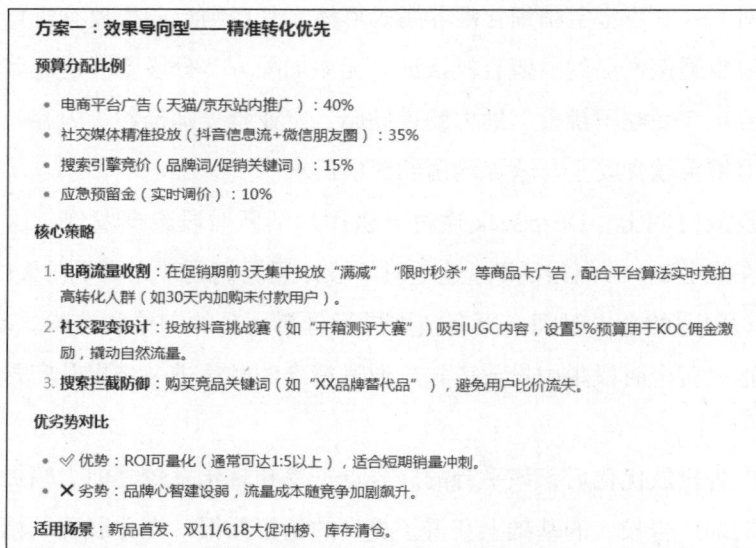

方案一：效果导向型——精准转化优先

预算分配比例

- 电商平台广告（天猫/京东站内推广）：40%
- 社交媒体精准投放（抖音信息流+微信朋友圈）：35%
- 搜索引擎竞价（品牌词/促销关键词）：15%
- 应急预留金（实时调价）：10%

核心策略

1. **电商流量收割：** 在促销期前3天集中投放"满减""限时秒杀"等商品卡广告，配合平台算法实时竞拍高转化人群（如30天内加购未付款用户）。
2. **社交裂变设计：** 投放抖音挑战赛（如"开箱测评大赛"）吸引UGC内容，设置5%预算用于KOC佣金激励，撬动自然流量。
3. **搜索拦截防御：** 购买竞品关键词（如"XX品牌替代品"），避免用户比价流失。

优劣势对比

- ✓ 优势：ROI可量化（通常可达1:5以上），适合短期销量冲刺。
- ✗ 劣势：品牌心智建设弱，流量成本随竞争加剧飙升。

适用场景： 新品首发、双11/618大促冲榜、库存清仓。

图6-1 预算分配方案一

> **方案二：品效协同型——长效曝光+即时转化**
>
> **预算分配比例**
>
> - 短视频内容营销（抖音/快手达人合作）：30%
> - 信息流广告（腾讯优量汇+穿山甲）：25%
> - LBS区域定向（商圈周边朋友圈广告）：20%
> - 电商效果广告：15%
> - 舆情监测与公关预算：10%
>
> **核心策略**
>
> 1. **内容种草蓄水**：提前15天与中腰部达人合作剧情短视频（如"办公室零食解压神器"），埋入促销信息，引导用户收藏商品。
> 2. **线下线上联动**：在商超3公里内投放"扫码领券"广告，线下物料同步促销二维码，实现O2O引流。
> 3. **口碑防御体系**：预留预算用于监测舆情，负面评价超阈值时启动SEO压制和好评冲榜。
>
> **优劣势对比**
>
> - ✅ 优势：兼顾品牌认知与销售转化，抵御竞品截流风险。
> - ❌ 劣势：执行复杂度高，需跨部门协同。
>
> **适用场景**：节日礼盒推广、区域性爆品打造、竞品密集狙击期。

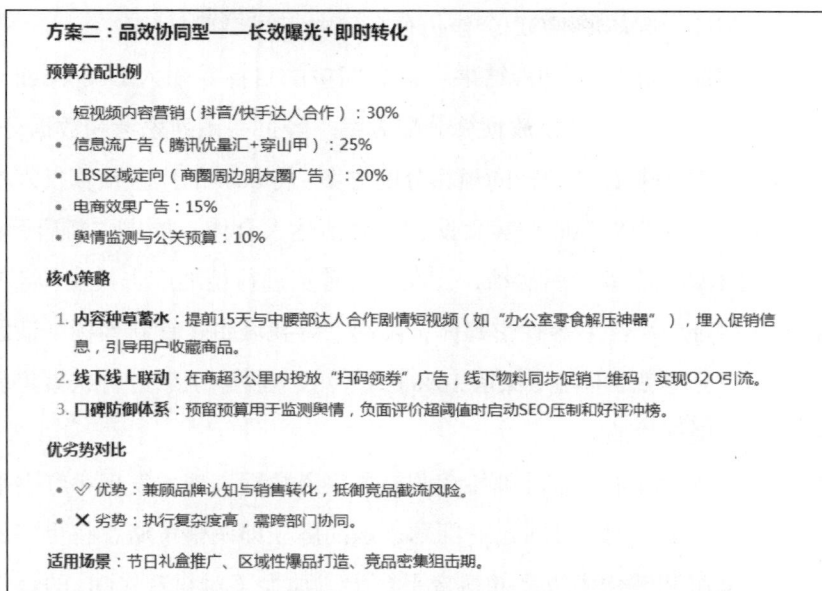

图6-2　预算分配方案二

同时，DeepSeek还能够帮助品牌应对复杂场景下的预算分配挑战，模拟最优投放方案。例如，在多产品组合推广中，DeepSeek能够通过分析不同产品的目标受众重叠度、销售周期及利润空间，为每个产品分配差异化的预算策略；在跨地域投放时，DeepSeek能够结合各地域的消费能力、市场竞争程度，动态调整区域预算占比。

某连锁餐饮品牌计划进军西南某三线城市，该城市人口超300万，年轻消费群体占比达60%，但本地餐饮市场竞争激烈，已有多个知名连锁品牌入驻。面对新市场的挑战，该餐饮品牌携手DeepSeek，期望通过科学的预算分配实现高效市场渗透。

品牌借助DeepSeek对目标城市的消费数据进行深度挖掘。DeepSeek通过整合本地统计局发布的消费报告、第三方数据平台的餐饮消费洞察等，发现当地消费者偏爱高性价比的特色美食，且热衷于通过美团、大众点评等本地生活服务平台和抖音、小红书等社交媒体获取就餐建议。

同时，品牌借助DeepSeek分析当地竞品的广告投放策略，发现多数品牌将大量预算投入搜索引擎广告，导致关键词竞价成本居高不下，而本地生活服务平台和社交媒体的 KOL 合作仍存在较大空间。

随后，该品牌将以上分析结果、自身期望的目标等输入 DeepSeek，让 DeepSeek 给出合适的广告投放预算分配方案。经过一系列思考和数据分析，DeepSeek 为该品牌制订了独特的预算分配方案：将 60% 的广告预算投入本地生活服务平台，与当地 100 位美食博主、生活达人合作，推出"新店开业 5 折优惠""打卡赠菜"等专属活动，并在平台首页进行精准广告投放；将 30% 的预算投入抖音、小红书等社交媒体，发起"寻找城市美食新地标"话题挑战，鼓励用户分享就餐体验；保留 10% 的预算投入搜索引擎广告，聚焦品牌词和高转化长尾词投放。

在广告投放过程中，该品牌持续监控各渠道数据表现，发现小红书平台的用户互动率低于预期。针对这一问题，该品牌立即调整策略，将更多的预算投入到互动率和转化率更高的抖音平台上，加大了对抖音 KOL 的合作投入，并优化视频内容。经过一个月的运营，新市场首月客流量超出预期，线上订单量大幅增长，品牌在当地的知名度迅速提升，成功在竞争激烈的市场中站稳脚跟。

DeepSeek 通过对市场数据的深度分析和精准预算分配，能够帮助品牌在新市场拓展中快速找到突破口，避免预算浪费，实现高效的市场推广。未来，DeepSeek 的智能预算分配能力将进一步赋能更多品牌，助力它们在竞争中脱颖而出。

6.5 跨渠道归因：破解"最后点击"迷思

在广告效果评估方面，传统广告效果评估常依赖"最后点击"归因模型，即简单地将转化功劳全部归于促成交易前的最后一个接触点。这种方式虽操作简便，却忽视了其他渠道、触点在用户决策过程中的潜在影响，容易导致品牌对投放效果产生误判。事实上，广告投放往往横跨多渠道，涉及多个触点，这些都会对广告效果产生影响。

DeepSeek 为跨渠道归因提供了更为科学的解决方案，成功破解了"最后点击"迷思。DeepSeek 具备强大的数据整合能力，能够从多个维度收集数据，除了传统的广告点击、展示、转化数据，还能整合用户在不同渠道的浏览轨迹、停留时长、互动行为等数据。例如，用户购买一款电子产品时，可能先在社交媒体上看到产品推荐广告，随后在搜索引擎上搜索相关评测，最后在电商平台下单。DeepSeek 可以将这些分散在不同渠道的数据完整地串联起来，构建出用户从认知、产生兴趣到购买的全链路行为图谱。

在数据整合的基础上，DeepSeek 运用先进的机器学习算法和复杂的数学模型，对用户行为进行深度分析。它不再局限于单一的最后接触点，而是综合考虑用户整个购买旅程中各个接触点的贡献。通过对大量历史数据的学习，DeepSeek 能够识别出不同渠道在不同阶段对用户转化的影响模式。

随着营销场景日益复杂，结构化数据优化成为关键。DeepSeek 进一步拓展能力，引入多模态数据，突破了传统数据类型的限制。除整合基础行为数据外，DeepSeek 还将图像、视频、音频等多模态数据纳入分析范畴。例如，社交媒体上的品牌短视频、直播互动等非结构化数据，能够直观反映用户对品牌的情感共鸣与认知程度。通过对多模态数据的智能解析与融合，DeepSeek 能够构建起更立体的用户认知画像，从单纯的行为归因迈向认知归因，精准捕捉用户从接触信息到形成购买决策过程中的深层心理驱动因素，使跨渠道归因更贴合真实的消费决策逻辑。

DeepSeek 还能够根据不同行业、不同产品及不同的营销目标，动态调整各渠道的归因权重。对于高客单价、决策周期长的产品，如房产、汽车，用户可能需要经过多次不同渠道的信息接触才会做出购买决策，DeepSeek 会提高早期信息传播渠道的归因权重；而对于低客单价、冲动消费型产品，如零食、日用品，促成即时转化的渠道权重则会更高。这种动态调整的归因方式，能够更准确地反映各渠道在用户转化过程中的实际价值。

以一家服装品牌的营销活动为例，该品牌同时在社交媒体、搜索引擎和时尚资讯网站投放广告。按照传统的"最后点击"归因模型，大部分转化功劳被归于用户最终下单前点击的电商平台广告。然而，通过 DeepSeek 的跨渠道归因分析发现，社交媒体上的品牌推广广告虽然没有直接促成购买，但显著提升了用户对品牌的认知度和好感度，为后续的转化奠定了基础；搜索引擎上的关键词广告则在用户产生购买意向后，起到了关键的引导作用。基于 DeepSeek 的归因结果，该品牌重新调整了预算分配策略，增加了社交媒体和搜索引擎广告的投放预算，最终在保持总预算不变的情况下，有效提升了转化率。

DeepSeek 的跨渠道归因分析能为品牌提供更具前瞻性的营销策略建议。通过对用户行为数据的持续监测和分析，DeepSeek 可以预测不同渠道未来的转化潜力，帮助品牌提前布局。例如，当发现某新兴社交媒体平台的用户活跃度和转化率呈现快速上升趋势时，DeepSeek 会建议品牌加大在该平台的投入，抢占市场先机。

DeepSeek 在跨渠道归因领域的应用，打破了传统"最后点击"模型的局限，以更全面的方式评估各营销渠道的价值。它不仅帮助品牌优化预算分配，提升广告投放效果，还为品牌制定科学的营销策略提供了有力的数据支持，使广告投放真正实现降本增效。

6.6 DeepSeek如何实现异常流量识别与反作弊

异常流量与作弊行为如同隐藏在暗处的"黑洞"，吞噬着品牌的广告预算，严重干扰营销效果评估。如果缺乏有效的监测手段，品牌难以准确识别虚假流量，导致大量资金投入到无意义的点击与展示中。而 DeepSeek 可以打造抵御异常流量与作弊行为的"防火墙"，为广告投放的真实性与有效性保驾护航。

DeepSeek 实现异常流量识别与反作弊的第一步，是构建庞大且全面的数据采集体系。它能够接入广告投放平台、第三方监测工具等多源数据，收集海量数据。这些数据不仅包含广告投放过程中的基础数据，还包括用户在广告落地页的操作细节，如滚动距离、点击热图、停留时长等。通过对这些数据的全方位采集，DeepSeek 可建立起丰富的样本库，为后续的分析与识别提供坚实的数据基础。

在数据采集的基础上，DeepSeek 运用先进的机器学习算法，构建起复杂的异常流量识别模型。它通过对大量历史数据的学习，总结出正常流量与异常流量的行为模式与特征差异。例如，正常用户的点击行为通常具有一定的时间间隔和规律性，而作弊流量可能会在短时间内大量高频点击；正常用户的浏览轨迹符合自然的逻辑顺序，而异常流量的操作可能呈现出不连贯、跳跃式的特征。DeepSeek 利用这些特征，训练出能够精准识别异常流量的模型，并通过不断优化算法，提高模型的准确性和适应性。

DeepSeek 还具备强大的多维度关联分析能力。它不仅会单独分析每个用户的行为数据，还会将用户的行为数据与设备信息、地理位置、网络环境等多个维度的数据进行交叉比对。例如，当发现多个不同 IP 地址的点击行为均来自同一设备型号、同一网络环境，且操作时间高度一致时，DeepSeek 就能迅速判断出这可能是作弊行为。此外，它还能结合行业数据与历史数据，对广告投放效果进行横向与纵向的对比分析。如果某个广告的点击率远高于行业平均水平，但转化率极低，DeepSeek 也会将其列为异常情况，进一步深入排查。

此外，DeepSeek 还具备动态学习与自我进化的能力。随着作弊手段的不断升级与变化，DeepSeek 能够实时捕捉新出现的异常流量模式，自动更新识别模型和规则库。它会将新发现的作弊案例纳入训练数据，不断优化算法，以适应日益复杂的作弊环境。这种动态学习机制确保了 DeepSeek 始终能够走在异常流量识别与反作弊的前沿，持续为广告投放提供可靠的保障。

DeepSeek 通过全面的数据采集、先进的算法模型、多维度的关联分析及动态学习机制，实现了对异常流量的精准识别与高效反作弊。它帮助品牌有效避免预算浪费，确保广告投放效果的真实性与可靠性，让每一分广告预算都能发挥应有的价值。

6.7 实战演练：用DeepSeek设计牛奶广告投放方案

某乳制品品牌针对市场需求推出了一款全新儿童成长牛奶，并定下了三个月线上销售额突破1000万元的目标。在广告投放方面，该品牌营销人员借助 DeepSeek 优化广告投放全流程，助力品牌达成营销目标。

1. 前期市场调研与受众分析

在项目启动初期，营销人员在 DeepSeek 输入"乳制品市场""儿童牛奶"等关键词，快速获取海量的市场数据。DeepSeek 自动整合了多渠道信息，生成详细的市场分析报告。报告中不仅呈现当前儿童牛奶市场的热门品类趋势，如功能化升级、IP 联名等（如图 6-3 所示），还对竞品的营销活动、定价策略、用户评价进行了全面剖析。其中，报告中以表格形式呈现了不同品牌儿童牛奶的竞争营销策略对比，如表 6-2 所示。

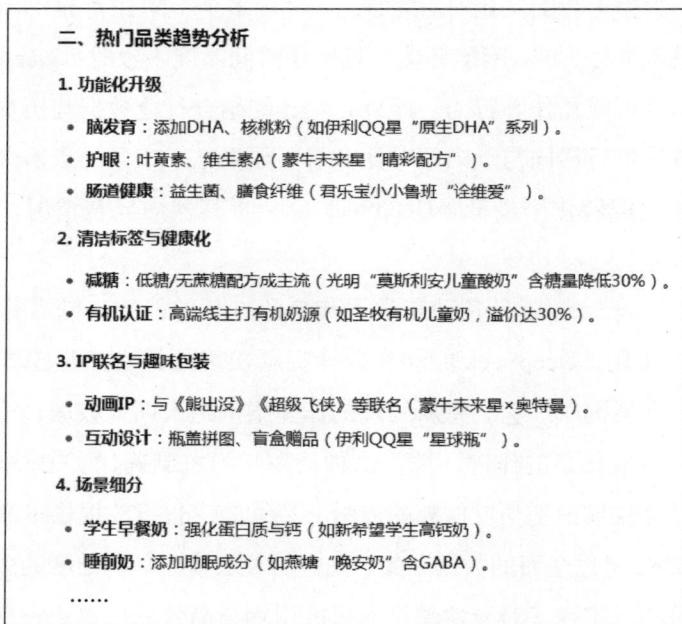

> **二、热门品类趋势分析**
>
> **1. 功能化升级**
> - 脑发育：添加DHA、核桃粉（如伊利QQ星"原生DHA"系列）。
> - 护眼：叶黄素、维生素A（蒙牛未来星"睛彩配方"）。
> - 肠道健康：益生菌、膳食纤维（君乐宝小小鲁班"诠维爱"）。
>
> **2. 清洁标签与健康化**
> - 减糖：低糖/无蔗糖配方成主流（光明"莫斯利安儿童酸奶"含糖量降低30%）。
> - 有机认证：高端线主打有机奶源（如圣牧有机儿童奶，溢价达30%）。
>
> **3. IP联名与趣味包装**
> - 动画IP：与《熊出没》《超级飞侠》等联名（蒙牛未来星×奥特曼）。
> - 互动设计：瓶盖拼图、盲盒赠品（伊利QQ星"星球瓶"）。
>
> **4. 场景细分**
> - 学生早餐奶：强化蛋白质与钙（如新希望学生高钙奶）。
> - 睡前奶：添加助眠成分（如燕塘"晚安奶"含GABA）。
>
> ……

图6-3　热门品类趋势分析

表6-2　不同品牌儿童牛奶的竞争营销策略对比

品牌	核心卖点	营销活动	渠道布局
伊利QQ星	原生DHA、A2奶源	抖音亲子挑战赛、KOL科普短视频	商超+电商
蒙牛未来星	双原生益生元、叶黄素	奥特曼IP联名、线下亲子嘉年华	全渠道覆盖，下沉市场铺货

续表

品牌	核心卖点	营销活动	渠道布局
君乐宝小小鲁班	36种营养元素	教育机构合作、营养专家背书	重点布局母婴店及社区团购
光明优加儿童奶	钙含量高、无添加	小红书素人种草、校园公益计划	华东地区重点，拓展线上营销

在前期市场调研的基础上，营销人员明确了牛奶的核心受众：25～40岁居住在一、二线城市的父母群体。同时，其还借助 DeepSeek 挖掘出这些受众的行为特点：他们经常在晚上浏览母婴类 App，周末活跃于社交媒体平台，并且对孩子的健康成长话题十分关注，热衷于分享和收藏育儿经验与推荐优质产品。

2. 关键词筛选与广告素材设计

在关键词筛选环节，营销人员向 DeepSeek 输入产品核心卖点，得到了包含"儿童牛奶推荐""适合儿童的成长牛奶"等主关键词及众多长尾关键词的列表。同时，DeepSeek 还提供了不同关键词的搜索量、竞争度等数据，帮助营销人员判断关键词的价值。营销人员根据产品推广阶段和预算，优先选择搜索量适中、竞争相对较小的关键词组合。

对于广告素材设计，营销人员将目标受众的特点和关键词需求输入DeepSeek。经过分析，DeepSeek 为营销人员提供了设计方向建议：采用亲子互动的温馨家庭场景，突出儿童饮用牛奶后的活力表现；文案上强调产品的专业认证、科学营养配方及对儿童成长的助力。营销人员根据这些建议制作了多版广告，通过 DeepSeek 的 A/B 测试功能模拟不同广告在目标受众中的反响，最终确定了最佳的广告视觉和文案方案。

3. 制定广告投放策略

在选择广告投放平台时，营销人员参考 DeepSeek 的平台分析报告，结合目标受众的活跃习惯，确定了微信朋友圈、抖音、小红书和母婴类 App 作为主要投放渠道。在预算分配方面，营销人员向 DeepSeek 提供了各平台的历史投放数据、预期目标和总预算，得到了详细的预算分配方案：抖音短视频广告占 40%，微信朋友圈广告占 30%，小红书种草笔记占 20%，母婴类

App 开屏广告占 10%。

同时，DeepSeek 根据目标受众的上网时间规律，为营销人员规划了广告投放时段：建议在工作日晚上 7—10 点集中投放微信朋友圈和抖音广告，周末全天增加小红书和母婴类 App 广告的曝光频率，确保广告能在受众注意力最集中的时段展示。

4. 投放过程的监控与优化

广告投放后，营销人员对广告投放效果进行实时监控，发现抖音短视频广告的点击率低于预期。营销人员利用 DeepSeek 从广告素材吸引力、投放时间、受众匹配度等方面进行排查。分析结果显示，部分广告的前 3 秒画面不够吸睛，导致用户快速划走。营销人员根据 DeepSeek 的分析和优化建议，更换了更具冲击力的开场画面，并重新投放测试，点击率得到了显著提升。

5. 投放效果评估

3 个月的广告投放结束后，营销人员利用 DeepSeek 对整个投放过程进行了全面复盘。DeepSeek 生成的报告显示，产品线上销售额实现了大幅增长，超额完成目标；品牌在社交媒体上的曝光量和话题讨论度大幅提升。通过对数据的深入分析，营销人员发现，DeepSeek 筛选的关键词为广告带来了高质量的流量，优化后的广告有效提升了用户的点击和转化意愿，合理的投放策略和实时优化措施确保了广告预算的高效利用。

这次借助 DeepSeek 设计牛奶广告投放方案的实战经历，让营销人员深刻体会到 AI 技术在数字营销中的巨大价值。它不仅帮助营销人员更精准地制定营销策略，还能在投放过程中助力营销策略调整和优化，从而实现广告投放的降本增效。

第 7 章

私域流量运营：
从"无脑"群发到高效触达

在 DeepSeek 赋能营销的浪潮中，私域流量运营迎来全新变革。传统粗放的群发模式已无法满足用户日益个性化的需求，精细化运营成为提升转化率的关键。借助 DeepSeek 强大的数据分析与智能洞察能力，品牌能够深入剖析用户行为与偏好，有针对性地推送内容，实现内容的高效触达。本章从用户生命周期价值预测、自动化 SOP、社群运营等多个方面，展示 DeepSeek 在私域流量运营各环节的强大效能，助力品牌实现流量的高效运营。

7.1 开篇案例：某连锁酒店用DeepSeek定制短信，引爆复购

在酒店行业竞争日益激烈的背景下，某连锁酒店品牌遭遇了私域运营瓶颈：会员短信打开率低迷，季度复购率下滑，模板化的促销文案难以触动用户需求，品牌亟须寻找突破口。引入 DeepSeek 后，该品牌通过数据驱动的定制化短信策略，实现私域复购逆势增长，为行业提供了精准营销的新范式。

借助 DeepSeek 的数据分析能力，营销人员对数十万条会员订单及评论进行深度挖掘，精准定位两大核心客群的未满足需求：商务客群更关注商圈便利性、安静客房等出差场景体验，期待差旅专属权益，如附近写字楼折扣、早餐服务等，而传统文案仅聚焦价格优惠，导致需求错位；家庭客群在亲子出行时重视儿童设施、周边游玩推荐，但酒店此前未提供相关信息，错失转化机会。DeepSeek 通过语义关联分析，进一步发现商务客群对停车权益、早餐时段的隐性需求，以及家庭客群对周末套餐、亲子活动的偏好，为分层策略的制定奠定了基础。

基于数据洞察，营销人员利用 DeepSeek，针对不同客群生成专属短信。针对高频出差的商务客群，推送差旅关怀型文案（如图 7-1 所示），提供高效住房方案，传递懂你所需的专属感；对低频商务客群，基于浏览数据触发场景唤醒（如图 7-2 所示），精准激活潜在需求。

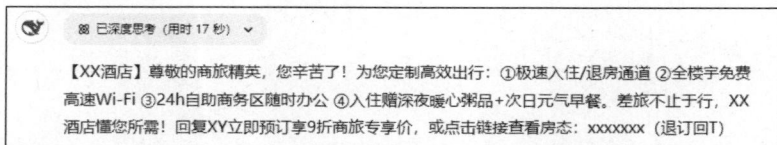

⊗ 已深度思考（用时 17 秒） ﹀

【XX酒店】尊敬的商旅精英，您辛苦了！为您定制高效出行：①极速入住/退房通道 ②全楼宇免费高速Wi-Fi ③24h自助商务区随时办公 ④入住赠深夜暖心粥品+次日元气早餐。差旅不止于行，XX酒店懂您所需！回复XY立即预订享9折商旅专享价，或点击链接查看房态：xxxxxxx（退订回T）

图7-1 针对高频商务客群生成的短信

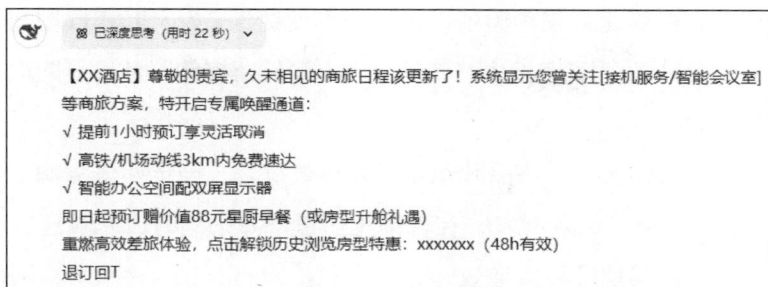

图7-2　针对低频商务客群生成的短信

在家庭客群运营中，营销人员借助 DeepSeek 设计亲子体验型内容（如图 7-3 所示），通过具象化权益直击决策痛点；对历史亲子客群发送成长关怀短信（如图 7-4 所示），以回忆唤醒情感连接，强化品牌黏性。

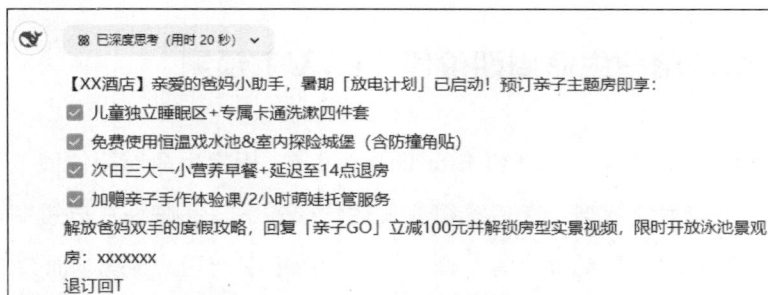

图7-3　针对家庭客群生成的短信

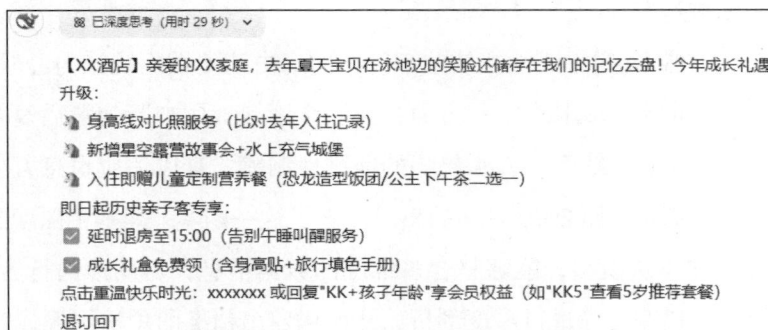

图7-4　针对历史亲子客群生成的短信

通过实时监测核心指标，营销人员发现，分层触达显著提升了客群互动积极性。商务客群短信打开率与家庭客群关注度均远超行业平均水平，亲子套餐转化率显著高于通用折扣。基于数据反馈，营销人员持续微调策略。例如，为商务客群简化行程单验证，提升操作便捷性；为家庭客群增加"生日月亲子房免费升级""家庭纪念日专属礼遇"等长期权益，延长复购周期，持续提升触达效能。

经过两个月的实践，该品牌私域运营成效显著，会员整体复购率大幅提升；精准触达避免了无效群发，在营销短信量下降的同时，私域运营交易额实现增长，真正实现了降本增效。

在以上案例中，该品牌借助 DeepSeek 实现了私域运营的成功突围，为更多品牌的私域运营指明了方向。品牌只有借助 DeepSeek 读懂用户需求，进行有针对性的营销，才能在存量市场中挖掘增量价值，开启私域运营的精准化、智能化新篇章。

7.2 私域用户生命周期价值（LTV）预测

在私域流量运营中，LTV（Life Time Value，用户生命周期价值）预测成为品牌决策的重要依据。在传统粗放式运营模式下，品牌往往以短期转化率为目标，忽视用户长期价值的挖掘，导致资源浪费与用户流失。而 DeepSeek 能够帮助品牌进行 LTV 预测，让品牌从流量收割转向价值深耕，构建可持续增长的私域运营体系。

传统的 LTV 预测方式往往依赖于简单的历史消费数据统计与经验判断，这种方式存在明显的局限性：一方面，无法全面捕捉用户行为背后复杂的逻辑关系；另一方面，缺乏对未来趋势的前瞻性洞察，难以适应瞬息万变的市场环境和用户需求。而 DeepSeek 的出现打破了这一困境。其基于深度学习与大数据分析的算法模型，能够整合多维度的数据信息，对用户的行为模式、消费习惯、兴趣偏好等进行深度剖析，从而构建出精准的用户画像，为 LTV 预测提供了坚实的数据基础。

在私域场景中，用户的每一次点击、每一次浏览、每一次互动，甚至是停留时长、评论内容等数据，都蕴含着丰富的信息。DeepSeek 通过多触点连通，实时采集与整合这些分散在各个渠道、各个触点的数据，形成一个庞大且动态的用户数据库。无论是用户在品牌小程序上的购物记录，还是在社群中的发言频率与内容，都能被精准记录并纳入分析范畴。

数据整合完成后，DeepSeek 能够运用先进的机器学习算法，对数据进行深度挖掘与分析。它能够识别出数据中隐藏的模式和规律，例如，发现某些用户在购买特定产品后，往往会在一定周期内再次购买相关联的产品；某些用户在参与特定活动后，活跃度会显著提升等。通过对这些规律的总结与归纳，DeepSeek 可以预测用户未来的行为趋势，进而评估用户在整个生命周期内可能为品牌带来的价值。

此外，DeepSeek 还能够考虑到外部因素对 LTV 的影响。市场环境的变化、竞争对手的策略调整、社会热点事件等，都可能改变用户的消费决策和行为习惯。DeepSeek 通过实时监测外部数据，将这些动态因素纳入 LTV 预测模型中，使预测结果更加贴近实际情况。

精准的 LTV 预测结果为品牌的私域流量运营带来了多方面的价值。

首先，在资源分配上，品牌可以根据用户的 LTV 高低，合理分配营销资源。对于 LTV 较高的用户，品牌可以投入更多的人力、物力和财力，提供个性化的服务与专属的优惠活动，增强用户的黏性与忠诚度，进一步提升其价值贡献；而对于 LTV 较低的用户，则可以采取针对性的激活策略，尝试挖掘其潜在需求，提高其消费频次和消费金额。

其次，LTV 预测有助于品牌优化产品与服务。通过分析不同用户群体的需求差异，品牌可以了解到哪些产品或服务更受高价值用户的青睐、哪些方面还存在改进空间，从而有针对性地进行产品研发与服务升级，满足用户日益多样化的需求，提升用户的满意度。

最后，在用户留存与召回方面，LTV 预测也发挥着重要作用。品牌可以根据预测结果，提前识别出有流失风险的用户，并采取相应的挽留措施。例如，对于活跃度逐渐下降的高价值用户，品牌可以通过个性化的推送、专属的关怀活动等方式，重新激发用户的兴趣，防止用户流失；而对于已经流失的用户，也可以根据其历史数据，制定精准的召回策略，提高召回成功率。

在 DeepSeek 的帮助下，LTV 预测不再是模糊的估算，而是基于数据与算法的精准判断。它为品牌的私域流量运营提供了清晰的方向指引，帮助品牌在激烈的市场竞争中实现资源的高效利用和用户价值的最大化挖掘，推动私域流量运营迈向新的高度。

7.3 自动化SOP：用户分层+个性化文案生成

在过去的私域流量运营中，"无脑"群发是基本操作。很多用户会因为频繁收到不相关的群发信息而选择退群，消息打开率和转化率较低。这种粗放的运营模式不仅浪费了大量的资源，还严重透支了用户信任。在 DeepSeek 赋能营销的时代，自动化 SOP（standard operating procedure，标准作业程序）成为破局利器，通过精准的用户分层与智能的个性化文案生成，为私域流量的精细化运营提供了助力。

DeepSeek 为自动化 SOP 带来两大助力：一大助力是精准的用户分层。私域流量池中用户的需求、消费能力、行为偏好千差万别，传统单一维度的用户分类方式难以满足精细化运营的需求。DeepSeek 依托其强大的数据分析能力，能够整合用户的基础属性、消费行为、互动数据等多源信息，实现精准的用户分层。

例如，在电商私域场景中，DeepSeek 不仅能够分析用户的年龄、性别、地域等基础信息，还会深度挖掘用户的历史购买品类、客单价、复购频率、加购与收藏行为，以及在社群内的发言次数、参与活动类型等数据。通过机器学习算法，DeepSeek 能够对海量用户数据进行聚类分析，将用户精准划分为高价值 VIP 用户、潜力增长用户、活跃但低消费用户、低频沉默用户等多个层级，甚至可以基于用户特征构建更细致的分层，如母婴用品高频囤货用户、美妆新品尝鲜用户等。

完成用户分层后，DeepSeek 对自动化 SOP 的另一大助力——个性化文案生成便能够发挥作用。传统的群发文案往往因缺乏针对性，难以引起用户共鸣，导致打开率和转化率低下。而 DeepSeek 基于对用户分层的深度理解，结合自然语言处理技术，能够根据不同用户群体的特点、需求和场景，自动生成契合其偏好的个性化文案。

对于高价值 VIP 用户，DeepSeek 生成的文案会突出专属服务与稀缺权益，如"尊贵的 ×× 会员，限量新品已为您预留专属购买通道，点击即可优先体验"；针对潜力增长用户，文案则侧重于引导其尝试新品与提升消费频次，如"根据您的购物偏好，为您推荐这款口碑爆款，首次购买立享 8 折优惠"。在节日营销场景中，DeepSeek 还能结合节日氛围，为不同用户群体生成差异化的节日祝福与促销文案，让用户感受到品牌的关怀。

DeepSeek 与自动化 SOP 的结合，使得私域流量运营更加智能。当新用户进入私域流量池，DeepSeek 会自动采集其初始数据并进行初步分层，随即推送对应的欢迎文案与引导信息。随着用户与品牌的互动增多，DeepSeek 将持续更新用户数据，动态调整用户层级，并及时更换更适配的个性化文案。这种自动化、智能化的运营流程，大幅减少了人工干预，提升了运营响应速度。

7.4　社群运营：让DeepSeek帮你自动回复常见问题

在私域流量运营的核心阵地社群中，客服响应效率往往决定着用户体验的优劣。通常，营销人员需要花费大量时间回复重复性问题，真正用于深度需求挖掘的精力被严重压缩。而引入 DeepSeek 后，营销人员可以借助 DeepSeek 打造智能自动回复系统，让 DeepSeek 帮助自己回复常见问题，在提升回复效率的同时释放运营压力。

在 DeepSeek 介入前，社群运营普遍面临服务效能瓶颈，主要体现在以下 3 个方面。

（1）应答滞后性。一些品牌社群高峰期往往每分钟产生数十条咨询，人工客服平均响应时间较长，导致部分用户因等待超时而转向竞品。

（2）信息碎片化。不同客服对待同一问题的回复可能存在差异，产生不同的回复版本，导致用户对品牌专业性产生质疑。

（3）需求错配。客服难以实时调取用户购买历史、明确不同用户的购物偏好等，因此往往难以做到精准营销。

这些问题体现了标准化服务与个性化需求的冲突，而依托 DeepSeek 的智能回复系统正是破解这一矛盾的有效解决方案。

系统可以通过自然语言处理技术抓取企业历史客服对话、产品说明书、常见问题库等数据源，构建包含海量词条的基础知识库。在充分学习这些知识的基础上，系统能够根据用户提出的问题给出个性化的回答。

在给出准确回复的同时，系统能够对接用户分层数据，根据用户标签给出更合适的回答。例如，当一位被标注"高价值用户 + 敏感肌"的美妆社群成员询问"精华液是否含酒精"时，系统不仅会回复成分信息，还会追加"已为您备注专属护肤顾问，24 小时内将为您定制敏感肌护理方案"这类个性化内容。这种"基础解答 + 增值服务"的模式，能够有效提高高价值用户的满意度和复购率。

此外，在 DeepSeek 的赋能下，系统能够与用户进行自然的多轮对话，化身处理复杂咨询的智能助手。例如，面对需要多步引导的问题，如"如何申请退换货"，系统会分解为"确认订单信息—指导拍照上传—推送物流地址—跟踪处理进度"四个环节，通过拟人化对话逐步引导用户完成操作。这能够减少人工介入并提升问题解决率。

DeepSeek 赋能的智能回复系统存在三大应用场景，可多方面提升社群服务效率，如图 7-5 所示。

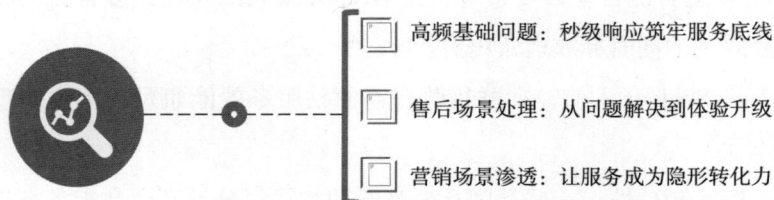

高频基础问题：秒级响应筑牢服务底线

售后场景处理：从问题解决到体验升级

营销场景渗透：让服务成为隐形转化力

图7-5　DeepSeek赋能的智能回复系统的三大应用场景

1. 高频基础问题：秒级响应筑牢服务底线

针对发货时间、优惠券使用、售后服务等基础问题，系统可实现"关键词触发—语义解析—精准应答"的毫秒级响应。用户在晚上发送订单信息并询问物流进度，系统可迅速调取物流数据，给出实时物流进度和预计送达时间。这能够大幅缩短基础问题响应时间，缓解用户等待焦虑。

2. 售后场景处理：从问题解决到体验升级

在退换货、质量投诉等敏感场景，系统通过"情绪识别＋流程引导"双机制化解矛盾。当用户发送"衣服有色差，要求退货"时，系统能够解析文本中的色差、退货等关键词，判断为投诉类问题，并迅速给出回复"非常抱歉给您带来不好的体验，请您拍摄一张色差对比照片，我们会优先为您安排顺丰上门取件，退货邮费由品牌承担"。同时，系统同步标记该用户为"需重点安抚"，触发客服人工跟进流程。这能够缩短售后问题处理周期，提升客诉转化率（投诉用户再次购买率）。

3. 营销场景渗透：让服务成为隐形转化力

在 DeepSeek 的赋能下，系统能够巧妙将产品卖点植入智能回复，实现服务与营销的无缝融合。当用户咨询"防晒霜适合什么肤质"时，除了给出合适的回答，系统还会顺势询问用户的肤质，并在其后追加回答，如"针对您的混合型肤质，我们的水感防晒乳特别添加了玻尿酸保湿成分，点击社群专属链接可领取试用装，下单即赠防晒冰袖"。这能够大幅提升咨询用户的转化率。

在 DeepSeek 智能能力的赋能下，智能回复系统在解决用户咨询问题的同时，还能够预判用户的需求。通过用户行为数据分析，系统可提前识别潜在问题：当某用户多次浏览产品详情页却未下单，系统自动发送"检测到您关注的面霜即将缺货，是否需要为您预留？"的主动关怀；当会员用户生日临近，系统触发"专属生日礼券已发放，点击领取"的个性化祝福。这种服务前置化的模式，使社群从信息接收端口转变为价值创造中心。

在智能回复系统的协助下，营销人员可以将更多标准化、重复性工作交给系统去做，自己则专注于与用户的情感连接与创意互动，与系统共同打造效率与温度并存的私域服务生态。

7.5 沉默用户唤醒：DeepSeek生成挽回话术

在社群中，沉默用户蕴藏着巨大价值。许多品牌社群中都有一定数量的沉默用户，他们或是因接收过多无效信息选择"潜水"，或是因需求未被满足而逐渐疏离。传统的群发唤醒消息往往收效甚微，在这方面，营销人员可以借助 DeepSeek 生成挽回话术，让沉默用户重新焕发活力。

想要唤醒沉默用户，需要精准定位他们。营销人员可以设定一套沉默用户识别体系，如将 30 天内未在社群发言、未点击群内链接、未参与群内活动的用户标记为沉默用户，并深入分析其以往的消费数据、浏览行为等。

以某美妆品牌为例，该品牌的营销人员经过统计发现，在其 5000 人的品牌社群中，有 800 余名用户属于沉默用户。这些用户中，有的曾是高价值客户，购买过品牌的高端护肤套装，但最近半年未再有消费行为；有的是新用户，在加入社群领取新人优惠券后，便再无动静；还有部分用户虽然偶尔浏览品牌的产品页面，但从不参与社群互动。随后，营销人员根据这些用户的特征，将用户分为"高端护肤弃用者""新人券沉默者""页面浏览潜水员"等，为后续的精准唤醒奠定基础。

识别出沉默用户并做好分类后，营销人员便借助 DeepSeek 生成挽回话术。针对不同的沉默用户群体，DeepSeek 可以生成个性化的挽回话术。

对于"高端护肤弃用者"这类曾经的高价值沉默用户，DeepSeek 分析其过往购买记录和浏览偏好，生成挽回话术，如图 7-6 所示。这种话术既唤起了用户的品牌记忆，又精准针对其需求提供福利，激发用户兴趣。

> "亲爱的[用户昵称]，您是我们尊贵的VIP客户！我们留意到您曾选购的[具体产品名]已推出全新升级版，特别为您保留首发体验资格。现在下单可享专属8折+肌肤顾问1v1服务（价值299元）。您的肌肤近况如何？专属顾问[姓名]随时待命为您定制护理方案，点击预约：【短链接】"

图7-6　DeepSeek针对"高端护肤弃用者"生成挽回话术

面对"新人券沉默者"，DeepSeek 则以降低用户决策门槛为切入点，生成挽回话术，如图 7-7 所示。这种话术通过营造紧迫感和实惠的引导，促使新用户完成首次消费。

"Hi [昵称]！您的新人专属福利正在倒计时~我们发现您账户中还有1张未使用的[券名称]，特别为您叠加10元无门槛券！现在购任意正装产品即可获赠[明星单品旅行装]，戳这里马上兑换：【短链接】。有任何选品问题欢迎随时@小美顾问哦~"

图7-7　DeepSeek针对"新人券沉默者"生成挽回话术

而对于"页面浏览潜水员"，DeepSeek 根据其浏览过的产品页面，生成相关挽回话术，如图 7-8 所示。其目的在于通过精准的产品推荐和丰富的内容，吸引用户参与互动。

"[昵称]同学，您关注的[浏览过的产品类目]有重大更新啦！根据您的浏览偏好，我们特别推荐这三款人气单品：【产品A】+【产品B】组合立减150元，独家社群福利加赠[定制化妆包]。现在点击解锁隐藏优惠：【短链接】。悄悄说：今晚8点前下单还能抢限量试用套装哦~"

图7-8　DeepSeek针对"页面浏览潜水员"生成挽回话术

生成挽回话术后，营销人员通过社群私信、微信群公告、短信等方式，将这些内容传递给沉默用户，有效提升了用户互动率，不少沉默用户都产生了购买行为。

营销人员需注意，唤醒沉默用户的行动并非一蹴而就，需要持续进行。每一次唤醒后，营销人员都需要对活动进行全面复盘，通过分析一系列数据指标，如打开率、点击率，评估活动效果，关注用户回复内容的情感倾向、用户后续的消费行为等。如果唤醒活动的成效没有达到预期，营销人员就需要借助 DeepSeek 调整话术策略，如增加产品成分解析、购买优惠等内容，以提升唤醒结果。

随着 DeepSeek 不断学习和积累数据，其对沉默用户的唤醒能力将不断提升。未来，其有望能够结合用户的长期行为趋势，预测用户可能沉默的时间点，提前进行干预，将用户流失扼杀在摇篮中。这有助于品牌将更多沉默用户转化为活跃用户甚至忠实用户，为品牌的持续发展注入动力。

7.6 忠实用户关怀：DeepSeek设计粉丝关怀方案

在私域流量运营过程中，忠实用户是品牌最坚实的后盾。他们不仅是高频次消费的主力，还是品牌口碑传播的核心力量。传统的"一刀切"式关怀策略难以满足高价值忠实用户日益多元化的需求。在这方面，营销人员可以借助 DeepSeek 定制精细化的忠实用户关怀方案，深化品牌与用户之间的情感纽带。

某咖啡品牌在这方面做出了探索。该咖啡品牌通过对用户消费行为、互动偏好、社交属性等多个维度数据的分析，绘制了完善的忠实用户立体画像。通过分析发现，该品牌忠实用户存在明显的特征：这些忠实用户平均每月消费 4 ~ 6 次，偏爱购买限量款咖啡豆；在社群中，他们经常分享咖啡制作心得，参与话题讨论的频率远超普通用户；通过对其社交数据的挖掘，还发现部分用户热衷于在小红书、微博等平台发布品牌相关内容，具有较强的社交影响力。

基于这些数据，该品牌为每个忠实用户贴上专属标签，如"限量款收藏达人""社群意见领袖""咖啡文化传播者"等，同时构建用户兴趣图谱，详细记录用户对咖啡产地、烘焙程度、制作器具等方面的偏好，为后续的关怀方案设计提供精准指引。

在以上充分准备的基础上，该品牌借助 DeepSeek 为这些忠实用户打造了个性化的关怀方案，如图 7-9 所示。

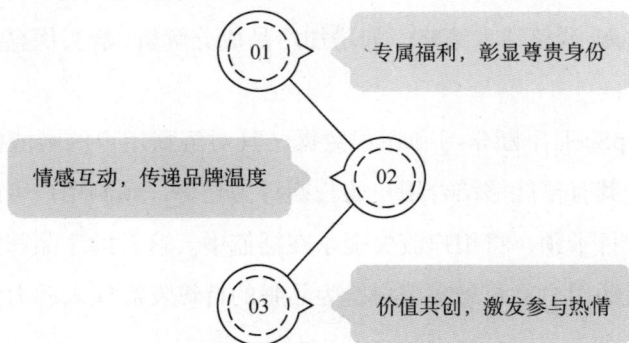

图7-9　个性化的关怀方案

1. 专属福利，彰显尊贵身份

对于忠实用户而言，物质层面的回馈不仅是一种奖励，还是身份的象征。该品牌借助 DeepSeek 对忠实用户的分析和建议，为不同类型的忠实用户设计专属福利。例如，针对"限量款收藏达人"，该品牌在新品发布时，向其发送专属购买链接，赋予他们优先抢购权，并附赠限量版咖啡杯；对于"社群意见领袖"，该品牌定期赠送新品试喝装，邀请他们参与产品测评，并给予丰厚的积分奖励；而对于"咖啡文化传播者"，该品牌则向其发放品牌联名周边、线下咖啡沙龙的 VIP 邀请函等福利。这些专属福利让忠实用户感受到被重视，进一步强化了他们与品牌的连接。

2. 情感互动，传递品牌温度

除了物质奖励，情感层面的关怀同样不可或缺。该品牌借助 DeepSeek 打造智能客服系统，分析用户在社群中的发言内容，捕捉其情感倾向和潜在需求，从而生成个性化的情感互动方案。

例如，当发现忠实用户在社群中表达对某款咖啡的喜爱时，智能客服会自动发送暖心私信："感谢您对 [咖啡名称] 的喜爱！您的认可让我们倍感温暖，特意为您准备了同款咖啡买一赠一的专属福利，期待与您分享更多美味！"在用户生日、纪念日等特殊节点，智能客服还会自动生成定制化祝福消息，搭配专属优惠券或赠品，让用户感受到品牌的贴心关怀。

3. 价值共创，激发参与热情

忠实用户往往对品牌有着深厚的情感，渴望参与到品牌的发展中来。在这方面，该品牌借助 DeepSeek 筛选出对咖啡品质有独到见解的忠实用户，组建"产品体验官"社群，定期向他们征集新品创意，并对采纳的建议给予高额奖励和署名权。这种深度参与不仅让用户获得了成就感，也为品牌带来了宝贵的创意灵感，实现了用户与品牌的双赢。

通过以上一系列的忠实用户关怀方案，该品牌沉淀了海量忠实用户，并提升了忠实用户的复购率。同时，在这些忠实用户的口碑传播下，该品牌获得了大量新用户。在有效关怀方案的激励下，忠实用户成为该品牌持续发展的重要驱动力。

7.7 实战演练：设计一个DeepSeek驱动的会员激活流程

会员是品牌的核心资产，也是品牌进行私域运营需要重点关注的对象。

在吸纳了会员之后，随着时间推移，部分会员会进入沉睡状态，活跃度和消费意愿大幅下降。面对这一问题，品牌需要通过有效的方法唤醒这些沉睡会员。借助 DeepSeek，品牌可以构建一套科学、高效的会员激活流程，让沉睡的会员重新焕发生机。

接下来，我们以某运动服饰品牌为例，深入探讨 DeepSeek 驱动的会员激活流程的具体实践。该品牌选择以 API 接入的方式在云端部署 DeepSeek，以此接入 DeepSeek 的智能能力。

第一步，数据整合与会员分层，精准定位沉睡会员。

通过多方数据接入，DeepSeek 对该品牌的会员数据进行全面整合，涵盖线上商城购买记录、线下门店消费数据、会员社群互动信息、App 使用行为等多维度数据。通过深度分析，DeepSeek 识别出符合沉睡标准"6 个月内无消费、3 个月内未参与社群活动"的会员群体，并进一步将其细分为不同层级。

第一层级是潜在复购型会员，他们过往有较高的消费频次和金额，但近期因竞品活动或自身需求变化而暂时沉寂；第二层级为互动缺失型会员，他们近期虽未消费，但偶尔会浏览品牌商品页面，对品牌仍有关注；第三层级是流失高危型会员，他们不仅长时间未消费，还取消了消息推送，流失风险较高。DeepSeek 为每个层级的会员贴上专属标签，并构建详细的会员画像，为后续激活策略的制定提供精准依据。

第二步，个性化激活策略制定，直击会员需求痛点。

针对潜在复购型会员，DeepSeek 基于其历史购买偏好，能够生成个性化的专属福利方案。例如，对于曾多次购买品牌跑步系列产品的沉睡会员，DeepSeek 驱动的智能客服会向其发送定制化信息："亲爱的 [会员昵称]，您最爱的跑步系列产品上新啦！为您预留了专属 8 折优惠券，还有机会赢取限量版跑步背包，点击链接即可查看新品详情。"同时搭配跑步训练知识、赛事资讯等内容，激发会员的运动热情，进而促进消费。

对于互动缺失型会员，DeepSeek 设计了一系列趣味互动活动。例如，在会员社群中发起"运动穿搭挑战赛""运动打卡挑战赛"等，并自动生成邀请信息："[会员昵称]，快来展示你的运动时尚态度！参与穿搭挑战赛，就有机会获得品牌定制运动水壶，还有专业造型师为你点评哦！"这一系列低门槛、趣味性强的活动，吸引了不少会员的参与，逐步建立起沉默会员与品牌的情感连接。

面对流失高危型会员，DeepSeek深入分析会员的消费历史和流失可能原因，为人工客服提供详细的沟通指南，指导客服以关怀的口吻致电会员："您好，[会员昵称]，发现您最近很少关注我们了，是对我们的产品或服务有什么意见吗？为了感谢您一直以来的支持，我们为您准备了一份特别的回归礼包，期待您再次选择我们。"这种真诚的沟通和专属福利，能够挽回一些即将流失的会员。

第三步，效果监测与动态优化，持续提升激活效能。

在会员激活流程执行过程中，该品牌实时监测各项数据指标，包括信息打开率、活动参与率、优惠券使用率、复购转化率等，并借助DeepSeek分析某个激活策略效果不佳的原因，参考DeepSeek给出的优化建议。例如，某批次优惠券使用率较低，DeepSeek分析后发现原因在于优惠券使用门槛过高，建议降低门槛，并重新推送优化后的优惠券。该品牌通过采取这一建议，有效提升了优惠券的使用率。

此外，该品牌还对激活成功的会员进行后续行为跟踪，将复购周期、消费金额变化等数据上传至DeepSeek，让DeepSeek提供长期的会员运营策略参考。通过持续监测与动态优化，该品牌的会员激活流程逐渐完善，激活效率和质量持续提升。

经过三个月的实践，该品牌借助DeepSeek驱动的会员激活流程，成功唤醒了30%的沉睡会员，会员复购率提升了20%。这一案例充分证明，DeepSeek能够帮助品牌打破传统会员激活的困境，通过精准的数据分析、个性化的策略制定和持续的优化迭代，实现私域流量池中会员价值的深度挖掘，在激烈的市场竞争中赢得优势。

第 **8** 章

数据驱动决策：
用"人话"问出关键信息

在不断变化的市场环境中，数据驱动决策已成为品牌营销成功的关键。然而，对于许多品牌来说，从海量的数据中提取有价值的信息并非易事。DeepSeek 在营销领域的应用为品牌提供了高效的解决方案。其能够以自然语言交互的方式，帮助品牌轻松获取关键数据洞察，让数据驱动决策变得简单而直观。

8.1 开篇案例：某服装潮牌通过DeepSeek发现滞销品真相

在竞争激烈的快时尚行业，某知名服装潮牌在快速发展的过程中遇到了一个难以解决的问题。该品牌凭借敏锐的潮流嗅觉和强大的供应链能力，每个季度都会推出数百款新品，以满足年轻消费者对个性穿搭的追求。然而，随着产品数量的激增，滞销问题也日益凸显。2025年第一季度，该品牌新推出的30款卫衣中，有12款在首月销量不足预期的40%，库存积压严重，这不仅占用了大量资金，还可能因产品过季而贬值。

以往，品牌需要组建跨部门小组专门解决滞销问题。小组中，市场调研人员负责收集消费者反馈，数据分析师从ERP（enterprise resource planning，企业资源规划）系统导出销售数据并进行分析，营销人员负责研究竞品动态。整个流程耗时至少两周，分析结果往往滞后于市场变化。而此次，该品牌决定尝试借助DeepSeek来破解困境。

该品牌营销人员上传了三个月以来该品牌旗下卫衣的样式特点、销售数据、价格、用户评价等数据，并提出问题："为什么我们最近推出的几款街头风卫衣销量不佳？"DeepSeek迅速响应，整合了品牌提供的一系列数据并结合行业报告中的流行趋势数据，给出了全面的分析结果。

分析结果显示，卫衣的滞销原因源自多个方面。在产品设计方面，DeepSeek通过分析近三个月社交媒体上的潮流关键词发现，消费者偏好简约、复古的卫衣，传统街头元素逐渐失去吸引力（如图8-1所示），而该品牌推出的几款卫衣仍延续以往的街头元素风格，与当下流行趋势脱节。

在价格策略方面，DeepSeek将该品牌产品与竞品的定价进行了对比，指出该品牌旗下系列卫衣定价普遍高于同类型产品且缺乏促销活动的支持，导致消费者购买意愿降低。在推广渠道方面，DeepSeek对该品牌的投放数据进行拆解，发现其大部分广告预算集中在短视频信息流领域，却忽略了小红书、微博等长尾流量渠道，使得产品曝光集中在小众圈层，未能触达更广泛的目标用户。

- **极简解构**崛起：消费者更青睐无Logo、不对称剪裁、可拆卸部件（如袖子、帽子）的设计，反映"少即是多"的审美转向。
- **复古未来融合**：Y2K风格升级，出现"透明PVC拼接＋金属反光面料"、"低像素印花＋AR互动"等创新组合。
- **传统街头元素退潮**：大Logo、夸张涂鸦等经典街头符号声量下降，需警惕设计同质化风险。

图8-1　DeepSeek给出的卫衣潮流分析

基于DeepSeek的分析结论，该品牌迅速调整策略。一是对滞销款式进行降价，结合剩余库存数量和成本，通过直播带货、社群拼团等方式进行限时促销。二是在新产品开发方面，该品牌加强了对市场潮流趋势的监控，及时了解市场中的时尚博主动态、秀场信息等，并提取用户喜欢的颜色、图案、面料等关键内容，辅助设计师进行款式设计。此外，在营销推广方面，该品牌将抖音、小红书作为重点运营平台，与平台中的中腰部KOL合作，打造具有吸引力的营销文案、视频等，实现精准种草。

一个月后，该品牌的滞销卫衣库存消化率达到70%，实现了大量资金回笼。同时，该品牌推出的新品也获得了良好反响，避免了滞销。这一案例表明，在DeepSeek的赋能下，数据驱动决策不再是复杂的技术命题，品牌可以用通俗易懂的语言提问，快速获取答案。这能够帮助更多品牌实现从经验驱动到数据驱动的转型。

8.2 数据采集自动化：智能全网抓取

在当前信息爆炸的时代，品牌营销面临的挑战不是数据匮乏，而是数据过载。电商平台的交易记录、社交媒体的用户评论、行业媒体的趋势报告、竞品官网的动态信息……这些分散在全网的海量数据，蕴含着消费者偏好、市场趋势、竞争态势等关键信息。以往，品牌需要花费大量时间进行数据采集，且容易出现遗漏和偏差。而 DeepSeek 可以实现海量数据的智能全网抓取，让品牌能够快速、全面、精准地获取所需数据。

以某美妆品牌为例，该品牌计划推出一款全新的精华液产品。在产品研发前期，品牌需要了解市场上现有精华液产品的成分、功效、价格区间，以及消费者对精华液的需求痛点和使用偏好等信息。以往，品牌市场调研团队需要安排专人采集各大电商平台的相关产品数据，并将其整理成表格；在社交媒体平台上，要浏览用户评论和讨论帖子，提取有效信息。这样的工作往往需要数周时间，且由于人力有限，难以覆盖全网所有相关信息。

在使用 DeepSeek 进行数据采集后，这一工作变得简单而高效。该品牌营销人员在 DeepSeek 输入指令："采集近一年淘宝、京东、拼多多等主流电商平台上销量排名前 10 的精华液产品数据，包括品牌、产品名称、价格、核心成分、主打功效、用户评价数量及评分；同时，抓取小红书、微博、抖音等社交媒体平台上关于精华液的热门话题、用户讨论内容、高赞笔记及评论，重点关注消费者提及的使用痛点、期望功效和品牌推荐。"

DeepSeek 接到指令后，立即启动自动化数据采集程序。凭借其强大的网络爬虫技术和智能识别算法，DeepSeek 能够突破平台限制，在电商平台上快速浏览目标产品页面，精准提取所需数据；在社交媒体平台根据话题标签、关键词等条件，筛选出相关度最高的内容，同时自动排除无效信息。在采集过程中，DeepSeek 还会对数据进行初步的结构化处理，将内容整理成表格并汇总重点内容。

以下为 DeepSeek 在海量信息抓取的基础上整理的电商平台精华液销量Top10 分析（如图 8-2 所示），以及社交媒体上精华液热门话题分析（如图 8-3所示）。

DeepSeek 可以在短时间内完成数据采集任务，为品牌提供大量有效数据。这些数据不仅涵盖了主流电商平台上精华液产品的详细参数，还包括社交媒体上消费者真实的使用体验和需求反馈。通过对这些数据的分析，该品牌发现在精华液功效方面，除了传统的保湿、美白需求，消费者对抗初老、修复屏障等新兴功效的关注度大幅增长。

排名	品牌	产品名称	价格区间（元）	核心成分
1	可复美	胶原棒次抛精华	358～450	重组胶原蛋白、透明质酸
2	润百颜	玻尿酸次抛精华	300～399	5D玻尿酸、神经酰胺
3	夸迪	悬油次抛精华	350～420	玻尿酸、角鲨烷
4	珀莱雅	双抗精华2.0	250～300	麦角硫因、虾青素
5	欧莱雅	黑精华青春密码	300～350	二裂酵母、酵素
6	薇诺娜	舒敏保湿精华	200～250	青刺果油、马齿苋
7	赫莲娜	绿宝瓶精华	1200～1500	海茴香提取物
8	雅诗兰黛	小棕瓶精华	700～900	二裂酵母、红没药醇
9	兰蔻	小黑瓶精华	800～1000	二裂酵母、透明质酸
10	伊丽莎白雅顿	时空胶囊精华液（金胶）	600～750	神经酰胺、视黄醇

图8-2　电商平台精华液销量Top10分析

热门话题与讨论焦点

小红书：#早C晚A精华搭配、#次抛精华测评、#敏感肌修护精华 ⑥。
抖音：#精华液抗皱挑战、#国货精华液推荐、#以油养肤 ②。

图8-3　社交媒体上精华液热门话题分析

基于以上数据洞察，该美妆品牌明确了产品研发方向，将抗初老和修复屏障作为新品核心功效，并计划推出"肌肤检测＋定制精华液"的创新服务模式。由于紧密贴合市场消费者的需求，该产品在推出后一炮而红，受到用户的广泛青睐。

DeepSeek的数据自动采集和全网数据抓取功能，让品牌拥有了一双洞察市场的"千里眼"，能够在瞬息万变的市场中快速获取关键信息，进而做出科学决策。

8.3 自然语言分析数据：直接提问，获取分析结果

在品牌营销中，数据分析往往是技术人员的专长，缺乏技术背景的营销人员对数据分析望而却步。而DeepSeek可以用自然语言分析数据，打破技

术壁垒，营销人员可以通过自然语言提问，直接获取分析结果。

某母婴品牌营销人员王某对此深有体会。在策划营销活动时，王某面临着一个复杂难题。品牌方计划开拓新的产品线，需要精准把握不同年龄段宝妈对于新兴母婴产品的潜在需求及消费倾向，同时还要了解不同区域、消费能力层级的宝妈在购买既有核心产品（纸尿裤、奶粉、婴儿车）时的组合购买模式，以此为依据合理规划新老产品的推广资源与渠道策略。

以往，要解决这类复杂问题，王某需要与技术团队频繁沟通，获得对方的数据分析解读。而这次，王某直接将品牌过去 6 个月详细到区域、消费能力等多维度的销售数据上传至 DeepSeek，并进行提问：

"分析过去 6 个月内，购买过我们品牌纸尿裤、奶粉、婴儿车的用户数据，按 25 ～ 30 岁、31 ～ 35 岁、36 岁以上三个年龄段划分，同时考虑一线城市、二线城市及三线以下城市的区域差异，以及高、中、低不同消费能力层级，找出每个细分群体消费金额较高的两类产品，以及购买时最常搭配的其他商品组合。另外，针对目前市场上新兴的智能哄睡设备、可监测健康指标的婴儿穿戴设备等新兴母婴产品，分析各细分群体的搜索热度、浏览时长与加购意向数据。"

在了解王某的意图后，DeepSeek 迅速调取品牌相关数据，凭借强大的自然语言处理与数据分析能力，在短时间内完成了对复杂数据的整理和分析，并给出了可视化表格及详细数据报告，其中部分关键数据如表 8-1 所示。

表8-1 DeepSeek给出的分析结果（部分）

年龄段	区域	消费能力层级	消费金额最高的两类产品	最常搭配购买的商品组合	新兴产品加购意向（热度指数）
25～30岁	一线城市	高消费	高端有机奶粉、智能婴儿车	进口辅食+高端婴儿床品套件	智能哄睡设备（8.5）
25～30岁	一线城市	中消费	高性价比入门款纸尿裤、基础配方奶粉	婴儿湿巾+普通婴儿床品	智能哄睡设备（6.2）、婴儿健康穿戴设备（5.8）
……	……	……	……	……	……

根据分析结果可知，25 ~ 30 岁的年轻宝妈在不同区域和消费能力下呈现出多样消费偏好。一线城市高消费能力的年轻宝妈更关注高端有机奶粉和智能婴儿车，搭配购买进口辅食等；而中低消费能力的年轻宝妈则偏爱高性价比产品，搭配基础婴儿用品。同时，对于新兴产品，年轻宝妈整体对智能哄睡设备兴趣较高。31 ~ 35 岁、36 岁以上的宝妈群体在不同区域和消费能力下也各有独特消费模式与新兴产品关注倾向。

基于这些深入洞察，王某设计了新的促销策略与产品推广方案：针对一线城市 25 ~ 30 岁高消费能力宝妈，在高端母婴线下门店举办智能婴儿车与进口辅食联合体验活动，并通过高端母婴线上平台精准推送定制化广告；对于同年龄段中低消费能力宝妈，在主流电商平台推出"纸尿裤＋湿巾"实惠组合套餐，并利用社交媒体平台进行性价比导向的产品种草。

针对 31 ~ 35 岁、36 岁以上宝妈群体，王某也依据其各自消费特点，在线上线下不同渠道开展相应促销与推广活动。对于新兴产品，则针对不同群体兴趣程度，分阶段、有重点地进行预热推广。

值得一提的是，DeepSeek 不仅能给出数据结论，还支持追问式分析。王某发现 31 ~ 35 岁二线城市中消费能力宝妈对新兴的婴儿健康穿戴设备加购意向低于预期，她再次用自然语言提问："为什么 31 ~ 35 岁二线城市中消费能力宝妈对婴儿健康穿戴设备加购意向不高？"

DeepSeek 随即自动调取用户评论、竞品对比数据及行业报告等数据，分析得出该群体认为产品价格超出预算，且功能宣传不够清晰，对实际使用效果存疑。针对这一分析结果，王某对婴儿健康穿戴设备的产品详情页进行了优化，突出性价比优势与功能使用场景展示，同时在线上平台推出限时折扣与用户分享赢好礼活动，有效提升了产品关注度与加购率。

此次营销活动结束后，品牌整体销售额大幅增长，精准营销为品牌带来了高转化，新开拓的产品线也获得了良好的市场反馈。

通过自然语言分析数据，DeepSeek 让数据分析回归营销本质。品牌无须投入大量资源培养技术团队，营销人员可以像与同事对话一样，随时提出数据问题，即时获取洞察，真正实现了数据驱动决策的敏捷化与大众化。无论是制定活动策略、优化产品组合，还是挖掘潜在市场需求，DeepSeek 都能够为营销人员的数据分析助力，根据营销人员的需求给出科学的分析结果。

品牌需要注意，在与 DeepSeek 交互中，为了让 DeepSeek 更精准地理解自身业务数据，品牌需要做好结构化标记。例如，母婴品牌在上传数据时，可通过结构化标记明确字段含义，将产品名称、购买时间、年龄段等数据标注为特定类型，如将产品名称标记为商品类别，将购买时间标记为日期时间。这样一来，当营销人员提问"分析最近 3 个月各年龄段宝妈购买热门商品的趋势"时，DeepSeek 能够快速定位相关数据，高效完成分析。

此外，对于复杂数据关系，如商品关联销售，通过结构化标记构建关系图谱，可使 DeepSeek 更清晰地解读数据逻辑，让自然语言提问与分析更加高效、准确。

8.4 生成数据报告：趋势、结论、建议一键输出

数据报告是数据洞察与高效决策的重要依据。以往，营销人员需要开展数据收集、整理与分析工作，在报告撰写方面花费大量时间，同时，报告内容也可能因为人为分析局限而存在偏差。DeepSeek 能够打破这一困境，实现数据报告一键输出，为品牌营销决策装上"加速器"。

某新兴智能家居品牌近期推出了一款智能窗帘产品，旨在通过便捷的语音控制、定时开合等功能抢占市场。然而产品上市三个月后，销量远低于预期，且在社交媒体上的讨论热度平平。品牌市场团队急需找出问题根源，调整营销策略。在这样的背景下，市场团队放弃了人工收集数据与撰写报告，转而借助 DeepSeek 生成数据报告。

市场团队将智能窗帘产品的销售数据、用户评价等信息上传至 DeepSeek，并输入指令："分析智能窗帘产品上市三个月以来在京东、天猫、苏宁易购等电商平台的销售数据，包括销量、销售额、用户评价，同时汇总抖音、小红书、微博等社交媒体上关于该产品的讨论内容、传播热度及用户情感倾向，并与行业内同类畅销智能窗帘产品进行对比，最后给出提升产品

销量和品牌影响力的建议。"

DeepSeek迅速响应指令，整合多维度数据，在短时间内生成了一份全面、直观的数据报告。报告给出了以下多方面分析结果。

（1）通过对用户评价的分析发现，用户普遍反馈产品安装步骤烦琐，且与部分智能音箱的兼容性存在问题。

（2）社交媒体传播数据显示，产品相关话题大多集中在品牌官方账号发布的内容中，用户自发讨论较少，传播范围有限。

（3）在竞品分析方面，DeepSeek指出，同类畅销产品不仅强调功能，还通过场景化营销，展示智能窗帘与全屋智能家居系统联动的便捷生活画面，引发用户共鸣，而该品牌的宣传内容则更侧重于产品参数罗列。

基于上述分析，DeepSeek给出了以下针对性的解决方案。

（1）优化产品安装流程，制作简易安装视频教程，随产品附赠。

（2）与主流智能音箱品牌开展技术合作，解决兼容性问题，同时在产品宣传中突出优化后用户的使用体验。

（3）在营销推广方面，邀请家居领域的KOL拍摄智能窗帘融入日常生活场景的短视频，在抖音、小红书等平台进行投放，发起"智能生活新体验"话题活动，鼓励用户分享使用场景，提升产品曝光度和用户参与度。

该品牌根据这份报告迅速调整策略，一个月后，产品销量开始回升，社交媒体上的用户自发讨论量大幅增长，产品口碑和市场影响力得到显著提升。DeepSeek一键生成数据报告的能力，让品牌能够快速把握市场反馈，及时优化策略，在瞬息万变的市场中赢得先机。

8.5 决策模拟器：通过DeepSeek预测营销结果

在品牌营销过程中，每一个决策都可能影响品牌的市场表现和发展走向。无论是调整产品定价、策划促销活动，还是改变广告投放策略，品牌都希望能预判决策带来的效果，降低试错成本。在这方面，DeepSeek能够凭借强大的模拟能力，通过模拟不同营销决策场景，帮助品牌预知结果，实现科学决策。

某知名运动品牌计划在夏季推出新款跑鞋，这款跑鞋采用最新的透气科技和轻量化设计，在研发阶段就备受关注。然而，在营销方面，该品牌却面临选择难题。

在营销策略设计初期，该品牌构思了多个营销方案。

方案一：邀请顶流明星代言，进行线上广告投放，主打高端市场。

方案二：联合健身达人，开展线下体验活动，以高性价比吸引大众消费者。

方案三：聚焦社交媒体种草，通过KOC进行口碑传播，主打年轻潮流群体。

不同方案各有优劣，品牌难以判断哪种方案更能契合市场需求，达到预期的营销目标。

为选择最优方案，该品牌借助DeepSeek对不同方案的营销结果进行了模拟预测。该品牌将相关品牌信息、新款跑鞋产品信息、消费者信息、营销预算等信息上传至DeepSeek，同时将三种方案分别输入DeepSeek，让DeepSeek对不同方案的营销效果进行预测。

接到指令后，DeepSeek整合品牌相关销售、营销与用户数据，同时结合行业趋势、竞品动态等外部数据，构建出高精度的预测模型，并对不同方案进行模拟推演，分析不同决策变量对营销结果的影响。

模拟结果显示：方案一虽然能大幅提升品牌知名度，但由于明星代言费用高昂，利润率增长幅度有限，且可能因价格偏高导致年轻消费者购买意愿下降；方案二通过线下体验活动能够有效提升大众消费者的购买意愿，市场份额预计可大幅增长，但对品牌高端形象塑造作用较小；方案三在年轻潮流群体中效果显著，互动率和转化率预计可实现大幅提升，且营销成本相对较低。

综合考虑品牌的长期发展战略和短期销售目标，该运动品牌最终选择以方案三为主，结合方案二的部分元素，推出"线上KOC种草＋线下快闪体验店"的组合营销模式。

在线上，该品牌筛选出数百位在运动、潮流领域有影响力的KOC，为他们提供新款跑鞋以供试用，并鼓励其创作真实有趣的内容进行分享。这些KOC通过短视频、图文等形式，从不同角度展示跑鞋的特色，在社交媒体上掀起讨论热潮。

在线下，该品牌在各大城市的潮流商圈开设快闪体验店，店内设置了趣味跑步挑战、跑鞋科技展示区等，吸引大量消费者前来体验。

活动实施后，效果远超预期。新款跑鞋在年轻消费群体中的销量同比增长60%，社交媒体互动量突破千万次，品牌成功地在潮流运动市场占据了一席之地。更重要的是，通过此次营销活动，该品牌在年轻消费者心中的形象得到大幅提升。许多消费者表示，KOC推荐和线下体验相结合的方式，能够让他们更全面、真实地了解产品，对品牌的信任也随之增强。同时，该品牌还通过活动收集到大量消费者反馈，为后续产品研发和营销策略优化提供了宝贵的数据支持。

DeepSeek对营销结果的有效模拟，让品牌能够以数据为依据，预知不同营销方案的潜在结果。无论是新品推广、市场拓展，还是竞争策略调整，品牌都能通过模拟分析，做出最佳决策，在激烈的市场竞争中赢得主动权，实现营销效果最大化。

8.6 商业智能（BI）与DeepSeek的协同工作流

在数字化营销时代，BI（business intelligence，商业智能）系统已成为企业进行数据管理与分析的重要工具。它能够将分散的数据整合为可视化报表和仪表盘，帮助企业快速了解经营状况。传统BI系统往往存在交互门槛高、深度分析能力不足等问题，面对复杂的业务问题，营销人员常常需要依赖IT部门协助来调取数据、制作报表。DeepSeek的应用解决了这些问题，BI系统与DeepSeek协同工作，二者优势互补，能够大幅提升企业营销决策的效率。

某知名3C数码品牌在全球拥有庞大的销售网络和复杂的产品线，其内部 BI 系统每天处理来自线上电商平台、线下门店、售后反馈等多渠道的海量数据，能够生成销售额、库存周转率、用户地域分布等基础数据报表。随着市场竞争加剧，品牌市场部需要更深入的市场洞察，例如，"如何针对不同年龄层消费者制定差异化的产品推广策略""某款新品销量未达预期的深层原因是什么"，这些问题超出了 BI 系统常规分析的范畴。

为解决这一难题，该品牌引入 DeepSeek，构建了 BI 与 DeepSeek 的协同工作流。BI 系统作为数据中枢，持续整合和存储全渠道数据，并通过标准化的数据接口与 DeepSeek 连接。市场部人员在日常工作中，可通过 BI 系统的可视化仪表盘快速查看销售、库存等核心指标。当遇到复杂分析需求时，其无须编写代码或依赖 IT 部门支持，可以直接在 DeepSeek 的交互界面用自然语言提出问题。例如，"结合 BI 系统中过去半年的销售数据、用户年龄分布数据以及社交媒体评论数据，分析不同年龄层消费者对我们品牌手机的功能偏好和购买决策影响因素"。

DeepSeek 接收到指令后，自动从 BI 系统调取相关数据，同时凭借其全网数据采集能力补充外部市场趋势、竞品动态等信息。通过先进的自然语言处理和数据分析模型，DeepSeek 可以对数据进行深度挖掘。例如，在分析消费者对手机功能的偏好时，DeepSeek 不仅梳理了 BI 系统中各型号手机的销售数据，还从抖音、微博等平台抓取用户评论，通过语义分析发现：18 ~ 25 岁的年轻群体更关注手机的拍照像素和外观设计，且对网红推荐较为敏感；26 ~ 35 岁的职场人士则更看重手机的续航能力和办公软件兼容性；而 35 岁以上消费者对价格和售后服务更加关注。

分析完成后，DeepSeek 将结论与可视化图表反馈至 BI 系统，与原有的数据报表进行整合。市场部人员在 BI 系统中可直接查看这些分析结果，并通过 DeepSeek 进行追问式分析，如"针对年轻群体的拍照功能偏好，我们的竞品有哪些优势功能？"DeepSeek 再次调取数据，对比分析后指出，某竞品推出的 AI 人像追焦功能在社交媒体上获得大量好评，建议品牌在下一代产品中增加类似功能，并在推广时突出该卖点。

基于这一协同工作流提供的洞察，该品牌针对性地调整了营销策略。

（1）针对年轻群体，推出"拍照达人挑战赛"。在活动策划阶段，该品牌与抖音、小红书等年轻用户聚集的平台合作，邀请100位粉丝量10万以上的KOL作为活动发起人，拍摄创意拍照视频，展示手机拍照功能。同时，设置丰厚奖品，包括品牌最新款手机、摄影器材等。活动执行过程中，该品牌根据DeepSeek给出的建议，新增了剧情化任务、组队PK等新玩法，提升了活动的吸引力。

（2）针对职场人士，该品牌推出"手机高效办公7日实战营"，将手机办公功能拆解为日程管理、移动会议、文档协作等场景化课程，搭配时间管理工具包、办公软件快捷键手册等实用资料，以"课程＋工具"组合提升吸引力。这样既讲解了干货知识，又强化了手机的功能优势，突出了手机在办公方面的卖点。

（3）聚焦用户对价格和售后服务的关注，该品牌推出以旧换新活动，并优化售后服务流程。在以旧换新活动中，该品牌根据DeepSeek给出的竞品补贴政策，制定了更具竞争力的补贴标准。同时，通过BI系统中的用户购买历史数据，筛选出潜在用户，进行精准短信营销。在售后服务方面，该品牌利用DeepSeek分析用户售后反馈数据，及时发现服务流程中的问题并进行改进，实现了售后服务优化。

三个月后，该品牌整体销售额实现了有效提升，不同类型手机的销售量均实现了显著增长。

BI系统与DeepSeek的协同，让品牌既保留了BI系统在数据整合与基础分析上的稳定性，又借助DeepSeek的自然语言交互和深度分析能力，突破了传统数据分析的瓶颈。这种强强联合的工作流，使品牌能够快速响应市场变化，真正实现从数据到洞察、从洞察到行动的高效转化。

8.7 实战演练：在DeepSeek上收集竞品数据

随着宠物经济的蓬勃发展，宠物食品市场日益火热。某新兴宠物食品品牌计划推出一款主打功能性营养的新品狗粮，旨在满足宠物在关节养护、肠胃调理等方面的特殊需求。为了在市场中找准定位，该品牌决定借助 DeepSeek 全面收集竞品数据，深入分析市场现状与趋势。

该品牌营销人员在 DeepSeek 中输入指令："收集近半年内，国内外知名宠物食品品牌（渴望、皇家、比瑞吉等）推出的功能性狗粮产品数据，包括产品名称、核心功能（如美毛、护肠、补钙等）、主要成分、规格、价格区间、适用犬种及年龄段；同时，抓取淘宝、京东、拼多多等电商平台的用户评价、销量数据，以及小红书、抖音、微博等社交媒体上的产品讨论热度、热门话题和 KOL 推广内容，分析竞品的优势、用户痛点和营销策略。"

DeepSeek 迅速响应，凭借强大的数据采集能力，迅速抓取全网相关数据，生成了详细的竞品分析报告，如图 8-4 所示。

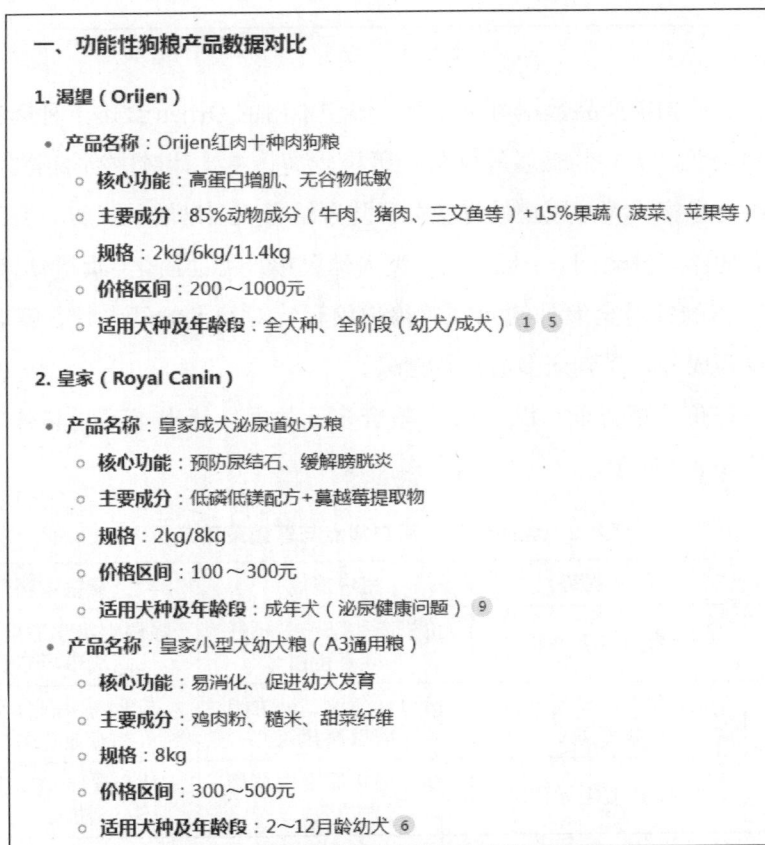

一、功能性狗粮产品数据对比

1. 渴望（Orijen）

- **产品名称**：Orijen红肉十种肉狗粮
  - **核心功能**：高蛋白增肌、无谷物低敏
  - **主要成分**：85%动物成分（牛肉、猪肉、三文鱼等）+15%果蔬（菠菜、苹果等）
  - **规格**：2kg/6kg/11.4kg
  - **价格区间**：200～1000元
  - **适用犬种及年龄段**：全犬种、全阶段（幼犬/成犬）[1] [5]

2. 皇家（Royal Canin）

- **产品名称**：皇家成犬泌尿道处方粮
  - **核心功能**：预防尿结石、缓解膀胱炎
  - **主要成分**：低磷低镁配方+蔓越莓提取物
  - **规格**：2kg/8kg
  - **价格区间**：100～300元
  - **适用犬种及年龄段**：成年犬（泌尿健康问题）[9]
- **产品名称**：皇家小型犬幼犬粮（A3通用粮）
  - **核心功能**：易消化、促进幼犬发育
  - **主要成分**：鸡肉粉、糙米、甜菜纤维
  - **规格**：8kg
  - **价格区间**：300～500元
  - **适用犬种及年龄段**：2～12月龄幼犬 [6]

图8-4　DeepSeek给出的竞品分析报告

```
3. 比瑞吉（BRJ）

 • 产品名称：比瑞吉元气鸭鸭狗粮
     ◦ 核心功能：低脂高蛋白、护肠（含5种益生元）
     ◦ 主要成分：71%鸭肉＋鸭肝冻干＋益生元（低聚果糖等）
     ◦ 规格：1.5kg/6kg
     ◦ 价格区间：100～400元
     ◦ 适用犬种及年龄段：全犬种、成犬 ③
 • 产品名称：比瑞吉幼犬粮
     ◦ 核心功能：促进幼犬免疫力（含中草药成分）
     ◦ 主要成分：深海鱼肉＋枸杞＋野菊花
     ◦ 规格：1.5kg/3kg
     ◦ 价格区间：80～200元
     ◦ 适用犬种及年龄段：幼犬 ⑩
     ……
```

图8-4 （续）

在功能性狗粮产品数据对比方面，渴望推出的 Orijen 红肉十种肉狗粮具备高蛋白增肌、无谷物低敏等优势，价格较高，主要针对中高端消费群体。皇家推出的皇家成犬泌尿道处方粮可预防尿结石、缓解膀胱炎等，有助于解决成年犬的泌尿健康问题；推出的小型犬幼犬粮，可助消化、促进幼犬发育。比瑞吉推出的针对全犬种的元气鸭鸭狗粮和针对幼犬的幼犬粮，富含益生元、中草药成分，受到众多消费者青睐。

用户评价分析方面，DeepSeek 整合多元数据，给出了不同品牌的对比图表，如表 8-2 所示。

表8-2　竞品优势、用户痛点与营销策略分析

品牌	产品优势	用户痛点	营销策略
渴望	高蛋白、无谷物	价格高、部分犬不适应高蛋白	强调生物学适配性，高端市场定位
皇家	科学配方、针对性健康管理	适口性争议、处方粮需兽医建议	与宠物医院合作，专业背书
比瑞吉	中草药＋益生元创新	部分用户质疑中草药功效	社交媒体KOL实测推广

根据以上表格可知，部分消费者反馈一些高端功能性狗粮价格过高，性

价比不足，同时，消费者对产品成分的安全性和透明度关注度较高。在营销策略分析上，DeepSeek 指出，渴望以高蛋白、无谷物优势吸引高端消费者；皇家深耕处方粮；比瑞吉聚焦"益生元＋中草药"实现差异化。在营销趋势方面，KOL 实测、社交媒体话题营销成主流。

基于 DeepSeek 的分析结果，该品牌明确了新品功能性狗粮的定位：价格适中、主打"全面营养＋关节养护"，采用天然食材，添加高含量的硫酸软骨素和氨基葡萄糖，并在包装上详细标注成分来源和检测报告，提升产品透明度。在营销推广上，该品牌计划与宠物医生、宠物行为专家合作，在抖音和小红书发布专业科普内容，强调产品的科学性和有效性；同时，开展"免费试吃＋消费者反馈有奖"活动，吸引潜在消费者尝试新品。

通过这次在 DeepSeek 上的实战操作，该宠物食品品牌高效获取了全面且精准的竞品数据，为新品的研发、定价和推广提供了有力依据。这也充分体现了 DeepSeek 在竞品数据收集与分析上的巨大价值。

第 9 章

全渠道营销协同：
打赢这场 AI 内容战役

当用户的注意力被抖音的短视频、微信的朋友圈/公众号、淘宝的直播、小红书的种草笔记等切割成碎片时，品牌如何在保持统一调性的同时实现跨平台精准触达？本章将从实战视角分析 DeepSeek 如何破解全渠道营销的三大核心难题：内容生产的多而不精（批量生成适配各平台的优质内容）、渠道分发的散而不焦（让内容找到最合适的土壤生根发芽）、资源配置的粗而不细（用数据智能实现预算的最优解），并通过真实案例讲解 DeepSeek 如何像数字营销指挥官般统筹全局——从内容风格的统一到风险控制的闭环，构建起全渠道协同的营销新模式。

9.1 开篇案例：某茶饮品牌用DeepSeek统一跨平台内容风格

在小红书、抖音、公众号等不同平台上，营销人员输出的内容一定是有差异的：小红书的种草笔记强调视觉美学；抖音的短视频侧重场景化体验；微信公众号的深度文章则偏向品牌故事叙述。目前，大多数用户会用 3 个或以上平台获取信息，因此，如何输出符合平台要求又能保持品牌个性的内容，成为品牌亟待解决的问题。

传统内容生产模式已显疲态。据调查，头部品牌均需维护多个平台，而且每个平台都要输出个性化内容，这导致人力成本占营销预算的比例居高不下。而且，人工创作难以规避主观偏差，营销人员往往会在小红书的精致感、抖音的网感化、公众号的严谨性，以及 B 站的"二次元梗文化"间顾此失彼。这种割裂不仅会稀释品牌价值，还会造成用户认知混乱。面对这种情况，某茶饮品牌借助 DeepSeek 的 AI 之力，重构内容生产的底层逻辑，打造出贯穿全域的一致性叙事场域。

传统营销往往陷入两难：要么机械复制内容导致"水土不服"，要么过度迎合平台丧失品牌独有风格。DeepSeek 的解决方案是通过迁移学习框架实时抓取各平台的热点趋势与用户偏好。例如，当小红书突现"多巴胺穿搭"风潮时，DeepSeek 能在几秒内将该品牌原有的产品文案自动优化为"多巴胺奶茶与夏日撞色"的视觉化表达，同时保持"东方茶学"的品牌风格不变。这种"形变神不变"的能力，使该品牌在抖音挑战赛期间获得百万次曝光，UGC 与官方内容的风格适配度高达 89%。

DeepSeek 还具备动态激活机制，该机制基于对各平台用户数据的分析，可以辅助营销人员自动调整内容。例如，在微博平台，DeepSeek 会自动强化热点关联和话题性，将产品与"春天第一杯奶茶"等热搜词结合，生成具有争议性和高关注度的短平快内容；而在 B 站，DeepSeek 则侧重硬核拆解，即通过 3D 渲染模拟茶叶发酵过程，制作知识科普类视频。

在实施过程中，该茶饮品牌首先进行品牌基因解码与数字化建模，提取品牌 LOGO、包装、线下门店的视觉元素，建立包含上百个可复用模块的素材库，如水墨晕染、赛博青渐变等；分析品牌历史文案，提炼高频词汇（如自然、治愈）和句式结构，训练出符合品牌风格的语言模型；将品牌核心理念转化为可量化的标签体系。

针对不同平台的特点，该品牌制定了差异化的内容适配策略。例如，针对小红书的种草逻辑，生成包含成分党、开箱测评等关键词的内容；针对抖音的算法推荐机制，优化视频前 3 秒的黄金场景设计。同时，根据用户画像（如都市白领、Z 世代学生），生成差异化内容，如为职场人群提供办公室茶饮指南、为学生群体设计宿舍自制奶茶教程等。

在创作模式上，该品牌采用人机协同的模式——由 DeepSeek 承担大约 80% 的标准化内容生产，包括产品参数解析、基础文案生成、素材剪辑等，创意团队则在此基础上加入个性化元素，如方言梗、文化彩蛋等。创意团队曾在小红书笔记中植入创始人的家乡方言，增强地域认同感。他们还通过情感分析模型，识别用户评论中的情感倾向，有针对性地优化内容情感表达。例如，基于用户对健康的关注，生成 0 糖 0 卡、冷泡茶等细分场景内容。

在这个内容过剩的时代，品牌的核心竞争力已从产品功能转向叙事能力。DeepSeek 为该品牌提供了一个高效、智能的内容生成工具，但其价值远不止于提升效率。通过统一跨平台内容的风格，该品牌得以构建连贯的叙事体系，强化用户认知；通过多模态生成与动态适配，该品牌能在不同场景中与用户建立深度连接；通过人机协同与持续优化，该品牌在保持风格一致性的同时，保留了人性化的温度。而这些，正是 DeepSeek 的强大魅力所在。

9.2 从朋友圈到抖音：批量生成适配各平台的内容

从开篇案例不难看出，当品牌需要在抖音、小红书、微博、知乎等平台同步发声时，传统人工创作模式面临效率低下、风格割裂、用户触达不精准等问题。DeepSeek的内容生成技术通过动态风格迁移与全链路数据闭环，为这些问题提供了系统性解决方案。

DeepSeek通过情绪量化表实现平台特性的精准解构，其核心公式为：平台特性＝情绪颗粒度 × 信息密度。例如，小红书上的内容需遵循"80% 共情 +20% 干货"的情绪配比，而知乎则要求"30% 权威 +50% 数据 +20% 争议"的信息结构。这种量化模型使DeepSeek能根据各平台的用户数据动态输出内容，而无须营销人员费心费力地对内容进行反复调整。

实现跨平台内容适配的技术关键在于混合专家架构（MoE）与多模态对齐的协同设计。DeepSeek的上百亿参数模型，将任务拆解为动态激活的专家网络集群：当处理朋友圈的长图文时，系统优先调用擅长情感叙事与视觉美学的子模型；生成抖音短视频脚本时，则激活擅长节奏把控与热点追踪的模块；而在小红书场景中，强调场景化叙事与视觉符号设计的专家网络将主导输出内容。这种分治策略不仅可以提升内容生成效率（响应速度较传统模型更快），还通过跨模态对齐技术，确保图文、视频、互动H5等内容共享同一组语义向量。

某美妆品牌的新品发布会主题为"自然之美"，经DeepSeek深入分析后，可以同步生成朋友圈的九宫格美学解析、小红书带有emoji（表情符号）和话题标签的种草文案；抖音的15秒成分展示动画、B站的科普向长视频大纲，实现"一源多形"的生态级内容矩阵。

在操作层面，DeepSeek通过API与浏览器插件构建自动化工作流。营销人员只需输入核心观点，选择多平台分发模式，DeepSeek即可在几分钟内完成以下动作：为微博生成带话题标签的140字精华文案并提供3张配图；为知乎输出5000字深度解析并嵌入数据可视化图表；为抖音设计包含反转剧情与热门BGM的15秒脚本；甚至将行业白皮书转化为微信公众号的互动投票图文与小众平台的定制化内容。这种工业化内容创作模式，使营销人员从人工创作中解放出来，转而专注于 IP 定位、粉丝运营等更重要的工作。

更深层的变革在于，DeepSeek 实现了数据驱动的内容输出闭环。DeepSeek 的实时监测系统可以捕捉多项营销效果指标，从点击率、完播率到情感倾向与二次传播路径，形成动态反馈机制。例如，当 DeepSeek 发现某篇朋友圈长图的互动率低于预期时，会自动启动语义诊断：若关键词密度不足，则强化核心卖点；若视觉元素吸引力弱，则调整配色方案与构图比例。这种"生成—测试—迭代"的闭环，使跨平台内容的用户认知变得统一，单条内容从策划到发布的周期缩短至小时级，单条爆款内容的生命周期也更长。

值得关注的是，技术赋能的边界正向认知前沿拓展。DeepSeek 的深度思考功能已经能通过全网语义场分析，提前 6 ~ 8 个月预测文化趋势，辅助营销人员抢占营销先机。某饮料品牌的营销人员曾借助 DeepSeek 的情绪疗愈需求预警，在产品研发阶段便构建起适配失眠人群、加班族、学生党的内容体系，待竞品跟风时，已经建立起认知壁垒。

随着深度学习、AI 等技术越来越成熟，DeepSeek 将实现更深层次的人机互动。例如，通过 AI Agent 实时分析用户地理位置与情绪状态，动态调整内容风格。同时，多模态生成将从内容适配走向场景重构，通过 AR/VR 技术构建虚拟空间，用户可以参与虚拟游戏并获得数字藏品等奖励。这种沉浸式体验无疑会极大地提升用户黏性。

在营销领域，DeepSeek 的价值不仅在于提升内容生产效率，更在于重构了品牌与用户的连接方式。当技术深度融入创意流程，跨平台内容不再是简单的形式转换，而是成为品牌价值的动态载体。未来，这种技术赋能创意的模式将开启品牌叙事的无限可能，推动数字营销从单向传播逐渐进化为共创共生的新生态。

9.3 AI推荐官：根据内容智能推荐分发平台

现代营销面临一个悖论——平台生态的碎片化与用户注意力的粉尘化，

使精准投放成为一项很难完成的任务。而且，人工决策极易陷入经验陷阱，即过度依赖过往经验而忽视趋势变化，盲目追逐热点却割裂品牌调性。某美妆品牌就曾因将实验室成分讲解视频误投到抖音娱乐板块，导致视频被海量搞笑内容淹没，十万级制作费仅换来不到 0.7% 的转化率。

当营销人员仍在为"应把内容投给抖音的算法流量池，还是微信的私域生态，抑或其他平台"这个问题举棋不定时，DeepSeek 已经可以通过深入分析内容，自动生成平台分发建议——从内容形态适配、用户画像分析到传播节奏优化，形成全链路的智能决策闭环。这不仅颠覆了传统人工试错的投放模式，还重新定义了"内容—平台—用户"的分发逻辑。

DeepSeek 构建了"内容—平台—用户"三维映射模型，如图 9-1 所示。

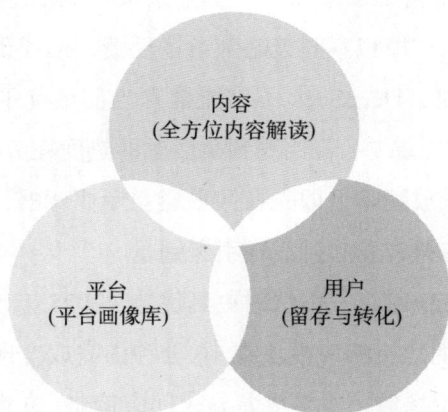

图9-1　"内容—平台—用户"三维映射模型

通过多模态语义理解技术，DeepSeek 能将任意形式的内容（图文、视频、直播脚本）解构为多维的特征向量。这些向量不仅包含显性的关键词与视觉元素，还能捕捉潜藏的情感倾向、叙事节奏与文化隐喻等。例如，一篇讲述碳中和的科普文章，人工分析可能止步于环保、技术等标签，而 DeepSeek 能识别出内容中"未来感叙事占比 62%""情感唤起强度评级 B+"等深层特征，为内容与平台的适配提供精细依据。

基于对各平台的持续扫描，DeepSeek 构建起动态更新的平台画像库。每个平台的描述维度超过 200 项，既包括显性指标（用户日均使用时长、内容消费偏好），也涵盖隐性特征（算法推荐机制的倾向性、亚文化圈层的活跃度）。例如，当小红书上轻知识内容爆发时，DeepSeek能在24小时内捕捉到其算法权重的变化，并自动调整分发策略。

借助混合专家模型与强化学习等技术，DeepSeek能够实时计算内容特征与平台生态的最优适配路径。其决策逻辑并非简单的内容分类，而是通过动态权重调节实现精准适配：对知识密度高的内容，优先推荐知乎、B站等长视频平台，并自动生成配套的章节标记与互动问答；对情绪感染力强的素材，则定向分发至抖音、快手，同步优化视频节奏与BGM适配度。某家电品牌的实测显示，DeepSeek推荐的内容，"平台—内容"适配精准度提升80%以上，用户停留时长增加2倍，销售转化率也有很大提升。

DeepSeek构建了营销领域的数字孪生系统——通过实时追踪"10万+"品牌的内容投放数据，模拟不同策略的市场反馈，形成预测性决策模型。某品牌计划推广新品时，DeepSeek不仅能推荐当前最优平台组合，还能预测未来3个月的舆情演变趋势：若检测到某话题的热度在豆瓣小组呈上升趋势，便自动生成分阶段投放策略，即先在知乎建立专业背书，再通过小红书进行场景化种草，最终在抖音发起挑战赛引爆销量。

这种预测能力在应对突发舆情时更具优势。2025年，某汽车品牌遭遇安全质疑，DeepSeek的危机响应模块在10分钟内完成全网语义扫描，精准锁定32个高影响力讨论场域，并生成差异化回应策略：在虎扑等社区发布技术解析长图，在微博用KOL口碑证言，在抖音以工厂探访视频重塑信任。最终，该品牌的舆情正向率大幅度回升。

营销人员一定要明白，DeepSeek不是替代自己思考的工具，而是让自己有更多时间解决真正重要的问题——如何让技术赋能人性，而非让人性臣服于技术。当DeepSeek将平台推荐从经验博弈转化为科学决策，带来的不仅仅是效率革命，更是营销本质的回归。

未来的赢家，必将是那些善用AI洞察营销本质，且能以人性温度锚定价值的品牌。

9.4 资源分配：DeepSeek明确资源分配优先级

很多 CMO(chief marketing officer，首席营销官) 都曾抱怨 "营销预算不够用"，很多营销支出因为决策偏差而沦为沉没成本。在此背景下，DeepSeek 为营销人员打造了一套资源导航系统——不仅能精准地定位高价值战场，还能实时优化资源投入节奏，让每一分预算都成为打开用户认知的利刃。

传统资源分配模式存在以下三个问题。

（1）数据过载下的决策瘫痪：营销人员日均处理多个平台的指标、用户数据，但人类大脑的认知带宽难以承载多维变量的动态博弈。

（2）营销模式依赖导致的创新盲区：某快消品巨头连续 3 年将 60% 预算投入电商大促，却未察觉小红书带来的大规模流量与品牌曝光度。

（3）长短期目标的结构性冲突：追求即时转化的效果广告与品牌资产积累的内容营销，经常在资源争夺中陷入零和博弈。

头部企业有大量的资源消耗在低效的营销渠道中，而中小企业的试错成本更高。这种系统性损耗的本质，是人力决策难以突破经验茧房。当市场变化速度超越人脑处理极限时，再资深的营销老手也会沦为 "拿着旧地图找新大陆" 的探险者。

DeepSeek 可以构建 "动态价值评估—资源弹性分配—效果实时校准" 的三位一体资源管理决策系统，辅助营销人员实现从经验驱动到数据驱动的跃迁。

1. 动态价值评估

DeepSeek 通过融合文本、图像、视频、用户行为日志等多维度数据，构建起立体的价值评估体系。与传统 ROI 模型仅关注转化率不同，DeepSeek 引入认知资产沉淀度、心智占领强度、生态协同效应等多项隐性指标。例如，在评估小红书种草笔记时，DeepSeek 不仅计算点击转化，更会量化内容中情感唤起指数、文化符号渗透率对品牌资产的长期增益。某美妆品牌借助该功能，发现其明星单品在抖音的即时 ROI 虽高于 B 站，但后者用户产出的二创内容带来持续 3 个月的长尾流量，最终将 B 站预算占比从 8% 提升至 22%。

2. 资源弹性分配

基于强化学习与博弈论模型，DeepSeek 能模拟不同资源分配策略的市场响应，自动生成最优方案。其核心创新在于引入资源流动性系数——当检测到某平台出现指数级增长信号时，可以动态抽调其他渠道的冗余预算进行闪电战式投放。

在 Meta 发布 VR 新品期间，某 3C 品牌的系统捕捉到知乎 VR 话题讨论量 24 小时内暴涨 300%，于是立即将知乎资源占比从 5% 调至 35%，并借助 DeepSeek 自动生成 20 篇技术解析文章、策划 8 场 AMA（ask me anything，可以问我任何问题）直播，抢占了一部分市场份额。

3. 效果实时校准

通过连接 DSP（demand side platform，需求方平台）、CRM（customer relationship management，客户关系管理）、舆情监测系统等多个数据源，DeepSeek 每 15 分钟便能更新一次资源分配权重。这种高频迭代能力使营销策略具备环境适应性。某汽车品牌在新车上市期间遭遇竞品截流，DeepSeek 在监测到对方抖音信息流投放加码后，12 分钟内完成以下动作：将百度 SEM（search engine marketing，搜索引擎营销）预算降低 7%，转而增加懂车帝垂类内容曝光；暂停朋友圈品牌广告，将资源倾斜至车友群 KOC 培育；同步生成 35 条反击话术库供销售团队使用。最终，该车型的首月市场占有率超过预期目标。

DeepSeek 带来的不仅是效率提升，还是战略层级的认知革命。

（1）隐性机会市场的捕捉。DeepSeek 通过语义场分析，能识别尚未被商业化的潜在需求场景。某宠物食品品牌通过分析豆瓣科学养宠小组的"10 万 +"帖子，发现用户对宠物情绪健康的关注度很高，便立即调整资源重点：削减传统功效宣传预算，转而与动物行为学专家合作输出专业内容，在知乎、播客等平台建立品类标准，开辟出 20 亿元规模的新细分市场。

（2）资源效能的链式反应。DeepSeek 擅长发现资源协同的化学反应。某奢侈品品牌原计划单独投放"618"电商广告，但 DeepSeek 通过分析历史数据，提出"线下快闪店 + 小红书打卡 + 抖音开箱"的方案：将 20% 的线上预算转为线下体验打造，引导用户自发产生内容，再通过 AI 工具优化内容，并将优化过的内容分发给目标人群。该策略使单店获客成本降低 60% 以上，同时 UGC 内容还为品牌带来额外上百万次曝光。

（3）营销资产的指数增值。传统资源分配往往陷入"投放—失效—再投放"的循环，而 DeepSeek 通过知识图谱技术，将每次投放积累的数据转化为可复用的战略资产。某母婴品牌在 3 年间积累的 20 万条用户咨询数据，经 DeepSeek 整理后形成育儿焦虑图谱，指导营销部门生产精准缓解不同阶段焦虑的文章，使单篇内容的生命周期极大地延长。

不过，为了降低风险，营销人员在应用 DeepSeek 的同时也要注意一些问题。例如，必须确保 DeepSeek 的每个决策都可以追溯至原始数据节点，杜绝"算法黑箱"；防止资源过度集中导致营销预算失衡；保留人工干预权限，避免推荐逻辑僵化等。

DeepSeek 为营销人员提供了可复制的资源分配模式。随着量子计算、情感计算等前沿技术的融合，DeepSeek 有望引领下一轮营销变革，真正实现资源精准配置、营销价值倍增。

9.5 多渠道营销中的AI知识库建设

多渠道营销是品牌触达更多用户、提升影响力的重要战略，但数据割裂、管理效率低下等问题，严重制约着营销效果。跨渠道数据无法实现有效整合，不仅会导致资源浪费，还会让企业错失用户旅程中的关键决策点。

DeepSeek 凭借强大的数据处理与分析能力，可以进行多渠道的营销 AI 知识库建设，辅助营销人员打破营销困境，实现精准营销。在实际应用场景中，营销 AI 知识库展现出惊人的适应能力。当某教育机构遭遇暑期招生瓶颈时，DeepSeek 自动识别出知乎问答场景与微信私域社群的协同效应缺失，通过生成 2000 条定制化内容素材，使转化率提高 68%。还有某奢侈品牌的案例，在巴黎时装周期间，该品牌利用知识库的实时反馈机制，动态调整 Instagram、抖音海外版、线下快闪店三端的内容策略，实现品牌声量同比大幅度增长。

接下来，我们就深入地探讨如何通过 DeepSeek 系统性地打造一个功能强大、灵活高效、随取随用的营销 AI 知识库。其步骤如图 9-2 所示。

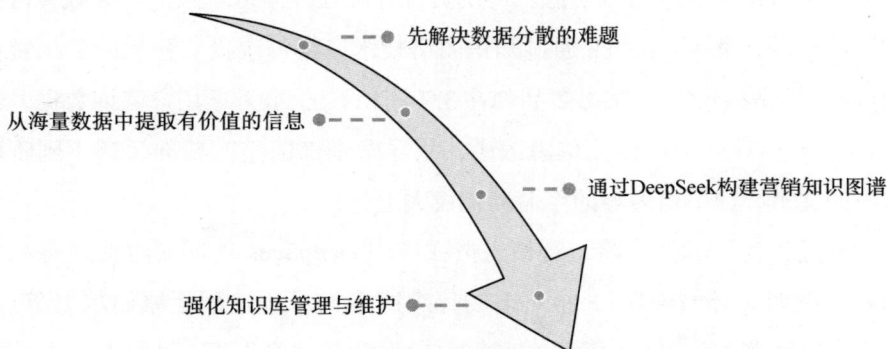

先解决数据分散的难题

从海量数据中提取有价值的信息

通过DeepSeek构建营销知识图谱

强化知识库管理与维护

图9-2　营销AI知识库建设步骤

第一步，先解决数据分散的难题。

与营销相关的数据往往广泛分布在电商平台、社交媒体、线下门店、电子邮件营销系统等各渠道。DeepSeek 拥有丰富的数据接口与强大的数据采集能力，能与各类渠道进行无缝对接，实时抓取并汇总分散在各处的结构化与非结构化数据。无论是电商平台的销售数据、用户评价，社交媒体上的用户互动信息、热门话题，还是线下门店的客流数据、交易记录，DeepSeek 都能高效获取。

在数据采集完成后，DeepSeek 内置的智能数据清洗算法还能自动对数据进行筛选与优化，去除重复、错误的数据，统一数据格式，规范数据标准，确保进入知识库的数据是真实、准确、完整的。

第二步，从海量数据中提取有价值的信息。

DeepSeek 的自然语言处理与数据分析技术在这一步中发挥关键作用。

对于大量的文本数据，如用户评论、社交媒体帖子、客服聊天记录等，DeepSeek 能深入理解其中的语义与情感，通过情感分析判断用户对产品或服务的态度是满意、中立还是不满，精准提取用户关注的重点问题与潜在需求。某手机品牌借助 DeepSeek 从用户评论中分析用户对手机拍照效果、电池续航、系统流畅度等方面的具体反馈与期望，并据此进行产品迭代。

针对销售数据、用户行为数据等结构化数据，DeepSeek 可以用统计学方法与机器学习算法进行深度挖掘。DeepSeek 能分析用户的购买历史、浏览行为、消费金额等数据，描绘详细的用户画像，清晰地呈现用户的年龄、性别、地域、消费习惯、兴趣爱好等特征，以便营销人员能深入了解目标群体。DeepSeek 甚至还能基于历史数据预测产品的销售趋势、市场需求变化、消费者偏好转移等，让营销人员能提前布局，抢占市场先机。

第三步，通过 DeepSeek 构建营销知识图谱。

知识图谱将实体（如产品、用户、渠道、品牌）和实体之间的关系（如用户购买产品、产品在某渠道销售、品牌与产品的从属关系）以可视化的方式呈现出来，清晰地展示不同产品在各渠道的销售表现、不同用户群体在不同渠道的购买偏好、品牌在市场中的竞争态势等信息。

DeepSeek 可以发现数据之间的潜在联系，自动更新和完善知识图谱。在推出新产品时，营销人员可以通过知识图谱快速查看同类产品在各渠道的销售情况、用户反馈及市场竞争格局，从而制订更科学的营销方案。在进行市场推广时，营销人员能借助知识图谱了解用户在各渠道的活跃时间与行为习惯等，以此优化广告投放策略，提高资源利用率。

第四步，强化知识库管理与维护。

随着营销活动的持续开展，数据不断积累，知识库中的内容日益丰富。此时，必须有完善的知识库管理机制：制定严格的知识审核流程，确保进入知识库的数据都有价值；开发知识版本管理系统，记录数据的更新历史，方便后期随时追溯与查询；定期对知识库进行清理与优化，删除过时、无用的数据，提升知识库的运行效率；加强知识库的安全管理，采取数据加密、访问控制、备份恢复等措施，防止数据泄露与丢失。

要充分发挥知识库的价值，离不开团队的支持与配合。营销人员要说服领导为员工开展系统培训，让他们掌握从知识库中获取数据并用数据解决实际问题的方法。同时，建立跨部门协作机制，打破部门之间的壁垒，促进信息共享与交流也很重要。员工应共同参与知识库的建设与应用，这样才能真正提升品牌的整体营销能力。

9.6 风险控制：DeepSeek自动检查品牌调性一致性

从社交媒体的图文输出到线下门店的视觉呈现，从产品包装设计到客服沟通的话术体系，品牌调性贯穿于所有用户触点，是影响用户形成品牌认知的关键。品牌调性通常包括以下三个维度。

（1）语言风格：正式、活泼、专业、亲和等。

（2）视觉规范：主色调、字体、构图原则等。

（3）价值主张：环保理念、科技感、性价比定位等。

品牌调性一致性需渗透所有用户触点：当用户在抖音刷到短视频时，画面色调应与官网首页保持统一；客服在处理售后问题时，话术语气需契合品牌年轻化的定位；促销活动的文案，在强调优惠力度的同时，要避免偏离品牌的高端质感形象。

传统品牌调性管理存在以下三大痛点。

（1）人工审核效率低下。某快消品集团数据显示，单条营销内容的人工调性审核平均耗时8分钟，面对日均新增的2000多条内容，企业需组建专职团队，人力成本很高。

（2）主观判断标准模糊。品牌调性通常是定性化表述，如传递温暖感等，不同审核人员对同一标准的理解存在差异，导致同类型内容出现部分通过、部分驳回的情况。某美妆品牌因为小红书种草文案的活泼度判定分歧，导致新品上线时间延误3天。

（3）跨模态一致性失控。在多渠道传播中，图文、视频、音频等不同模态内容的调性管理缺乏统一标准。某3C品牌的线下发布会视觉设计突出极简科技感，但同期社交媒体发布的短视频，其背景音乐却偏向流行风格。这种不一致导致用户感知出现割裂，进而使品牌好感度下降。

DeepSeek 则能很好地实现品牌调性一致性的自动化审核，其技术架构如下所示。

1. 多模态语义理解

要解决如何让 DeepSeek 理解品牌调性的问题，需要建立品牌调性知识库，将品牌手册中的文字描述、视觉规范文件、历史优质内容案例转化为可计算的数字资产。

（1）语言维度：通过自然语言处理技术提取品牌专属词汇、句式结构、情感倾向等。

（2）视觉维度：用计算机视觉技术分析品牌视觉要素，建立包含主色调 RGB 值、字体库、构图规则的视觉特征向量。

（3）价值维度：通过知识图谱关联品牌核心主张与具体内容元素。

在处理新内容时，DeepSeek 会自动提取文本的词向量、图像的视觉特征、视频的音频频谱，并将这些特征与知识库中的调性模型进行匹配。某运动品牌上线新品宣传视频时，DeepSeek 检测到画面中出现不符合品牌调性的霓虹灯光效（该品牌视觉规范要求以自然光线为主），便立即触发预警并标注具体帧画面，其审核效率较人工提升 5 倍。

2. 动态权重匹配

不同渠道对品牌调性的敏感度存在差异，DeepSeek 通过渠道权重模型实现差异化检测。

（1）高敏感度渠道（如官网、品牌旗舰店等）：严格匹配所有品牌调性要素，语言风格偏离度超过一定标准即触发红色预警。

（2）中等敏感度渠道（如社交媒体、短视频平台）：允许一定程度的创意发挥，视觉规范匹配度需 ≥ 80%，语言风格需保留核心调性关键词。

（3）低敏感度渠道（如促销活动页、工具类 H5）：重点检测价值主张一致性，允许语言风格根据场景调整（如促销文案可更侧重利益点表达，但必须包含品牌核心价值词）。

3. 跨时空一致性追踪

品牌调性在时间维度上具有延续性，DeepSeek能够通过历史内容库进行比对，确保其长期一致性。

（1）纵向追踪：分析新内容与过去12个月内品牌内容的调性偏移度。某白酒品牌2024年中秋文案被检测出传统节日元素占比较往年同期有所下降，且未出现品牌标志性的"家国情怀"等关键词，DeepSeek建议补充相关内容以强化品牌记忆点。

（2）横向关联：监测同一时期不同渠道的内容调性协同度。某美妆品牌在抖音直播中使用的促销话术被判定为过度娱乐化，与同期微信公众号发布的专业成分解析文章产生调性冲突，DeepSeek生成跨渠道对比报告，辅助营销人员快速调整直播脚本。

营销人员若希望通过DeepSeek自动检查品牌调性一致性，需经历三个关键部署阶段。

第一阶段，完善基础建设。

（1）全域数据采集：接入过往3~5年的品牌内容资产，包括但不限于广告片、产品详情页、客服对话记录、线下物料图等，总量建议不低于10万条，形成初始训练数据集。

（2）专家知识注入：邀请品牌管理者、资深文案策划师、设计师组成专家团队，对内容进行调性标注，形成初始标注体系。

（3）模型训练优化：通过半监督学习算法，让DeepSeek在人工标注数据与海量未标注数据中自动学习调性特征。

某轻奢女装品牌将历年新品宣传册、官网文案、门店陈列照片等资料导入DeepSeek，建立了包含优雅、简约、高级感三个核心调性维度的数字模型，成功解决了不同设计师在视觉表达上的风格分歧，新品视觉方案的通过率从65%提升至91%。

第二阶段，全触点内容自动化审核。

（1）实时生产监控：在内容创作工具中嵌入DeepSeek API，当文案编辑输入关键词时，系统实时提示是否符合调性。例如，某快消品牌的小编在撰写微博时，输入"甩卖"一词，系统立即弹出提示：该词汇与品牌品质生活的调性冲突，建议替换为"限时特惠"。

（2）批量内容筛查：对已经发布内容进行周期性巡检。某连锁餐饮品牌每周自动扫描美团、大众点评、抖音等平台的门店图片，检测到23家门店的菜单设计未使用品牌标准字体，及时通知整改，避免了品牌视觉形象的碎片化。

（3）危机预警响应：当检测到某条内容的调性偏离度超过阈值且传播量快速增长时，系统立即向营销人员发出红色预警，并附带影响范围分析与补救建议。

第三阶段，品牌调性管理的动态迭代。

（1）用户反馈闭环：将用户评论中的相关反馈，如"这次的广告太生硬，不像以前的风格"自动导入知识库，指导DeepSeek进行内容调整。

（2）跨部门协同优化：打通市场、设计、客服等部门的数据。某零售品牌发现客服话术的亲和力得分低于品牌标准，便联动市场部更新客服培训手册，3个月内客户满意度提升了9%。

DeepSeek能极大地推动品牌管理的底层逻辑变革，主要体现在以下几个方面。

（1）从结果管控到过程赋能：传统内容审核聚焦于内容是否符合平台或企业标准，DeepSeek则在创作阶段提供实时调性建议，实现边创作边合规的沉浸式内容优化。

（2）从经验传承到智能进化：营销人员不再只依赖自己积累的个人营销经验，而是通过DeepSeek将品牌调性转化为可复用的数字资产。

（3）从内部管控到用户共创：DeepSeek可以分析用户反馈中的感知数据，辅助营销人员更精准地调整品牌表达。某美妆品牌根据小红书用户对成分党内容的偏好，在DeepSeek中增加专业成分术语的权重，实现了品牌调性与用户期待的统一。

在内容即品牌的时代，DeepSeek已成为守护品牌"灵魂"的智能卫士。它不仅解决了多渠道内容的调性一致性问题，还把碎片化的用户触点凝聚成统一的品牌认知，让每次传播都成为品牌价值的累加，进而在用户心中形成难以复制的认知壁垒。

9.7 实战演练：策划一个AI辅助的"618"营销计划

在电商行业年度大考——"618"来临之际，某头部家电品牌的营销专员李某加班熬夜辛苦策划营销计划，但领导总是觉得计划不尽如人意，要求他反复修改。很长一段时间里，李某都处于焦虑状态，既费神费力，又伤感失落。

DeepSeek的火热，让李某仿佛抓住了救命稻草。于是，他借助DeepSeek策划"618"营销计划。具体操作如图9-3所示。

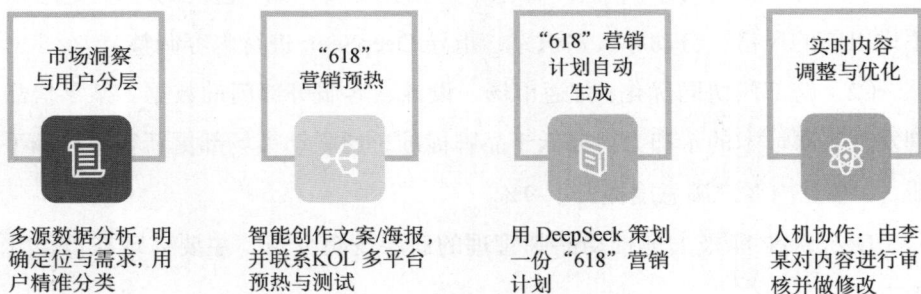

图9-3　DeepSeek辅助策划"618"营销计划

1. 市场洞察与用户分层

（1）他用DeepSeek抓取并分析社交媒体、电商平台等多源数据，识别消费趋势，发现2024年"618"期间，健康家电、智能家居等品类呈现爆发式增长。同时，DeepSeek还分析竞品策略，辅助他找到品牌差异化定位，挖掘用户目前的刚需。

（2）他基于RFM（recency、frequency、monetary，最近消费、消费频率、消费金额）和情感倾向分析，用DeepSeek将用户分为以下四大类：

高价值忠诚用户：占比约15%，贡献60%以上营收，需通过专属权益提升复购率；

潜力增长用户：占比30%，通过个性化推荐加速转化；

沉默用户：占比40%，需通过唤醒活动激活；

流失用户：占比15%，分析流失原因并制定挽回策略。

2."618"营销预热

他在DeepSeek上生成多条符合不同平台调性的文案，创作50多组创意海报，并与5位KOL达成合作意向，以带动自然流量GMV增长。他还在抖音、小红书等平台进行了小范围投放测试，收集数据反馈，然后根据DeepSeek分析结果，调整广告素材、资源分配策略等。

3."618"营销计划自动生成

他向DeepSeek输入了以下指令："我是一名家电品牌营销专员，正在为淘宝'618'大促备战，现在我希望你提供一个清晰、实用且极具针对性与差异化的'618'营销计划，目标用户为28～35岁的一线城市白领与25～30岁的下沉市场新婚家庭。"

DeepSeek为他生成了以下"618"营销计划。

××家电品牌"618"营销计划

一、项目背景与目标拆解

（一）目标用户深度画像

用户群体	一线城市白领	下沉市场新婚家庭
核心需求	智能便捷（45%） 健康品质（30%）	性价比（50%） 空间适配（35%）
消费场景	加班后高效家务 周末精致生活	婚房家电采购 亲友来访高频使用
决策因子	生态联动 （如接入米家/华为HiLink）	本地售后服务 （配送、安装等环节的效率）
价格敏感度	客单价承受力800～3000元， 注重消费与产品使用体验	客单价核心区间500～1500元， 关注显性折扣

（二）核心营销目标

销售目标：淘宝平台"618"期间GMV突破1500万元，新客占比≥40%（其中一线城市白领30%、下沉市场新婚家庭70%）。

效率目标：支付转化率提升至 4.5%（行业均值 3.2%），获客成本控制在 75 元内。

品牌目标：目标人群品牌认知度提升 25%，NPS（net promoter score，净推荐值）达 48 分。

二、产品策略：双人群定制化产品组合

（一）一线城市白领专属产品线

1. 智能健康套装（客单价 2500 ~ 4000 元）

组合方案：智能变频空调（新一级能效）+除菌嵌入式洗碗机+空气净化器（母婴级认证）。

核心卖点：

场景化联动：回家前 1 小时 App 远程启动空调+净化器，进门即享 24℃ 洁净空气。

数据化说服：洗碗机 72℃ 高温除菌，宝宝奶瓶也能放心洗，年均节省 400 小时家务时间。

差异化设计：提供免费上门勘测+全屋智能方案设计服务（限北上广深）。

2. 精致生活单品（客单价 800 ~ 1500 元）

迷你复古小冰箱（100L，占地面积 < 0.3m²）：主打"办公室下午茶保鲜+租房便携"。

无线手持吸尘器（续航 60 分钟）：强调地毯/地板双模式，周末清洁 30 分钟搞定。

（二）下沉市场新婚家庭特供组合

1. 高性价比基础套装（客单价 1200 ~ 2500 元）

组合方案：定频节能空调（三级能效，符合地方补贴政策）+8kg 波轮洗衣机+基础款净水器（滤芯寿命 1 年）。

核心卖点如下。

政策红利：以旧换新抵现 200 元+乡镇补贴 15%，三件套到手价直降 800 元。

实用设计：洗衣机桶自清洁功能，3年不用花钱找人洗内桶。

增值服务：提供乡镇地区免费送货入户＋安装调试（覆盖全国2000多个县域）。

2. 空间大师单品（客单价500 ～ 1000元）

嵌入式微波炉（深度≤30cm）：解决小户型厨房空间紧张痛点。

双开门小冰箱（180L）：强调容量大过同类产品20%，价格低15%。

三、内容策略：双场景精准触达

（一）淘宝站内内容矩阵

1. 详情页差异化设计

模块	一线城市白领版	下沉市场新婚家庭版
首屏海报	"996" 打工人的治愈家电场景（深夜厨房洗碗机工作画面）	婚房必备家电清单（红底白字＋补贴信息突出）
核心卖点	用时间成本换算：每天多睡30分钟＝拥有更多自己的阅读/休闲/娱乐时间	用价格对比表：比线下店便宜300元，再省200元补贴
服务模块	24小时极速达＋免费折旧（北上广深专属）	乡镇配送点查询安装师傅资质公示

2. 直播策略（每日 19:00—22:00）

（1）白领专场（每周二 / 四）

场景化演示：用加班回家动线直播（进门开空调→放包用吸尘器→洗碗机启动）。

互动设计：晒工位 / 租房照片抽送迷你冰箱，实时解答小户型安装可行性。

（2）新婚家庭专场（每周三 / 五）

本地化直播：在三、四线城市门店实景直播，展示乡镇"配送车辆＋安装工具"。

政策解读：现场计算旧冰箱抵现200元＋店铺满减300元＋地方补贴15%的叠加优惠。

（二）站外引流内容

1. 小红书种草（侧重白领）

家电选购冷知识系列：《为什么洗碗机要选嵌入式？看完这3张图就

懂了》。

打工人自救指南合集：《"618"必囤家电！让我从家务中解放的3件神器》。

执行细节：与100多家居博主合作，要求笔记中必须包含淘宝搜索路径（如打开淘宝→搜索××洗碗机→领取800元专属券）。

2. 抖音短视频（侧重下沉市场）

新婚家电开箱剧情：小夫妻拆箱洗衣机，婆婆担心农村路不好送，镜头切到京东物流三轮车送货上门。

补贴计算器工具类视频：用动画演示旧空调抵现流程，结尾引导点击购物车预约免费上门评估。

投放策略：针对河南、山东、四川等人口大省，定向投放25～30岁已婚且关注家居人群。

四、促销活动：双阶梯优惠体系

（一）一线城市白领专属权益

1. 套购阶梯优惠

2件9折（智能空调＋吸尘器）；3件8折（加购洗碗机），额外赠送全屋智能联动调试服务。

触发机制：购物车同时存在2件及以上智能家电时，自动弹出优惠弹窗。

2. 以旧换新升级

旧家电不限品牌/品类，统一抵现200元（高于行业平均150元）。

加赠服务：换新用户额外享受"3年延保＋每年1次家电清洗服务"。

（二）下沉市场新婚家庭专属福利

1. 低价秒杀专场

每日10点/16点：波轮洗衣机秒杀价699元（限购10台/场，需填写乡镇地址）。

满减叠加：满1000元减150元，满2000元减350元，可与地方补贴同时使用。

2.新人礼包设计

9.9元锁定3大权益：免费上门测量＋优先配送＋安装时赠送龙头／插座（价值199元）。

裂变机制：邀请3位亲友关注店铺，额外获得50元无门槛券（仅限新婚家庭用户，需上传结婚证照片验证）。

五、渠道策略：全域流量精准收割

（一）淘宝站内渠道

1.搜索流量拦截

关键词包如下。

白领定向：智能家电套装、嵌入式洗碗机推荐、办公室小冰箱。

下沉定向：乡镇家电补贴、新婚家电清单、波轮洗衣机性价比。

出价策略：早8—10点（白领通勤时段）提高50%出价，晚8—10点（新婚家庭网购高峰）提高30%出价。

2.推荐流量渗透

猜你喜欢素材：针对浏览过竞品的用户，投放××空调比××品牌多省10%电费＋送拆旧服务。

购物车营销：对加购超24小时未下单用户，推送专属客服1对1设计家电方案链接。

（二）站外引流链路

1.微信生态裂变

小程序"家电顾问"：输入户型面积／家庭人数，自动生成专属家电组合方案，分享得50元券。

社群运营：建立一线城市家电交流群、新婚家电团购群，每日发放群专属满减券（限群内用户领取）。

2.本地生活联动（下沉市场）

县域合作：与2000多家乡镇家电门店达成线上下单、线下体验合作，用户到店可领取20元无门槛券。

婚博会地推：在三、四线城市婚博会设置家电体验区，扫码关注店铺送厨房三件套，现场下单额外补贴100元。

六、执行节奏：三阶段精细化运营

（一）预热期（5月20日—5月31日）

1.蓄水动作

预售开启：5月25日零点上线1元预约锁定优惠，预约用户可享"618"当天保价30天。

人群蓄水：通过DMP（data management platform，数据管理平台）圈选近期浏览过家电/搜索结婚相关关键词的用户，投放新人专属福利短信（发送时间：5月28日18点，文案：您的新婚家电礼包已到账，点击领取"618"专属补贴）。

2.内容种草

小红书/抖音集中爆发：5月25日—5月31日，每天投放500多篇腰部博主笔记/短视频，重点推产品对比表（如《"618"买空调怎么选？看这5个参数就够了》）。

（二）爆发期（6月1日—6月20日）

1.节点冲刺

6月1日开门红：0—2点设置前100名下单送扫地机器人，客服同步发送专属家电管家添加链接（企业微信）。

6月18日巅峰夜：19—24点开启总裁直播，现场抽取免单名额，同时推出整点抢1000元大额券。

2.动态优化

每小时监控：当某SKU在下沉市场转化率＞5%时，自动追加乡镇配送极速达标签；若白领群体加购率＜12%，触发详情页卖点替换（如将智能改为健康相关表述）。

（三）长尾期（6月21日—6月30日）

1.返场收割

推出"618"返场补贴：针对未下单用户，发放满500元减80元限时券

（有效期3天）。

晒单有礼：用户上传家电安装照片＋好评，赠送滤芯/空调清洗剂（成本
＜20元，提升复购触点）。

2. 用户沉淀

建立白领家电社群：邀请购买智能套装的用户加入社群，定期分享智能
家居使用技巧。

新婚家庭专属服务：发送家电保养手册（电子版），附乡镇售后网点查询
链接。

七、风险控制与资源保障

（一）风险预案

风险场景	应对措施	责任部门
预售超预期导致库存不足	启动周边仓库调拨+紧急生产加急，优先保障人口大县	供应链部
直播过程中政策解读错误	提前准备政策问答手册，安排专员实时监控弹幕，5分钟内响应	市场部+客服部
竞品突然降价冲击	触发价格保护机制，自动匹配竞品价格并额外优惠50元（限3天）	电商运营部

（二）资源配置

人力：成立专项小组（15人），含用户运营（4人）、内容创作（3人）、
直播运营（2人）、数据监控（2人）、客服支持（4人）。

预算：总预算800万元，其中广告投放500万元（站内350万元＋站外
150万元）、活动补贴200万元、内容生产50万元、物流保障50万元。

八、效果评估与复盘

（一）核心监控指标

维度	一线城市白领专属策略	下沉市场新婚家庭策略	整体指标
流量指标	搜索转化率≥3.5%	推荐转化率≥4.2%	日均PV（page view，页面浏览量）≥80万
转化指标	套购率≥25%	新人礼包购买率≥18%	支付转化率≥4.5%
成本指标	获客成本≤85元	获客成本≤70元	ROI≥3.8
品牌指标	社群留存率≥60%	乡镇门店自提率≥35%	NPS≥48

（二）复盘机制

每日晨会：10分钟快速复盘前24小时数据，调整当日投放策略。

节点复盘：6月1日、6月18日、6月30日分别进行深度复盘，输出《用户分层转化漏斗报告》《渠道ROI明细分析表》。

长效沉淀：将本次营销中的场景化详情页模板、直播政策解读话术纳入企业营销知识库，用于"双11"等大促复用。

通过以上策略，项目将实现从产品同质化竞争到用户需求精准满足的升级，为后续新品推广和用户复购奠定基础。

4. 实时内容调整与优化

实时监测社交媒体热点，捕捉用户情绪变化。例如，当李某发现"价格焦虑"话题升温时，他迅速在"618"营销计划中加入低价/高性价比产品组合，并要求直播、淘宝客服等向用户强调此类信息，结合产品功能进行软性植入。当然，若DeepSeek生成的"618"营销计划有与品牌定位不相符或不符合淘宝营销规范的地方，他也会及时进行相应的调整。

在这个AI重塑商业的时代，李某抓住了DeepSeek的技术红利，将DeepSeek深度融入营销全链路，实现数据驱动的精准决策与动态优化，最终在"618"战场中大获全胜。

相信未来随着各项技术的持续进化，"618"营销将不只是简单的促销狂欢，而是品牌智能化水平与技术能力的终极较量。

DeepSeek 营销行业宝典

——5 大行业 N 种玩法

AI

第 10 章

电商零售：
从选品到客服的 AI 全链路

　　过去要团队合作耗时数天才能完成的选品策划，如今 DeepSeek 在 30 分钟内就能输出包含市场分析、竞品拆解、爆款预测的完整方案；曾依赖主播临场发挥的直播带货，现在 DeepSeek 能实时推送精准的直播脚本；即使是最易引发客诉的退货环节，DeepSeek 也能预判风险并自动触发挽留策略。

　　DeepSeek 的出现，让电商零售从"盲人摸象"走向全链路透视。本章将解码 DeepSeek 如何在电商零售领域实现全链路渗透：从生成直击痛点的产品描述，到构建动态选品模型；从为主播定制直播脚本，到解答常见的客服问题；在跨境电商的深水区，DeepSeek 能突破语言壁垒，让中国货以本土用户熟悉的表达方式触达全球。这是一场关于效率的变革，更是一次对人、技术、商业关系的重新定义。

10.1 开篇案例：某淘宝商家用DeepSeek写产品描述

在杭州余杭区的一个电商产业园里，某淘宝店的老板陈某正盯着电脑屏幕上的销售数据。这家主营家居产品的淘宝店，刚刚经历了"618"大促的首轮预售，但转化率比预期低了12%。最让陈某头疼的是，团队花费两周时间精心打磨的产品描述，在不同平台上的表现差异显著：小红书的种草笔记互动率尚可，淘宝详情页的跳出率却高达60%以上。

抱着试试看的心态，她让技术人员接入了DeepSeek的API接口。最初的尝试是从爆款产品竹语系列开始的，这个系列有窗帘、桌布、抱枕等十余款产品。

在传统产品描述中，团队通常围绕环保、自然、国风等关键词展开，但缺乏具体场景的代入感。所以，团队使用DeepSeek的第一步是设计精准的提示词。团队中的营销人员设计了这样的指令："以新中式家居美学为核心，结合现代都市人的生活痛点，撰写竹语系列产品描述。要求包含：①材质工艺的诗意化表达；②多场景应用示例；③情感共鸣点；④文化内涵延伸。"这个提示词既明确了内容框架，又为DeepSeek留出了创意空间。

在输入提示词后1分钟，DeepSeek便生成了长达800字的产品描述。以窗帘产品为例，DeepSeek写道："当清晨的第一缕阳光透过竹纤维窗帘，那斑驳的光影恰似文人笔下的水墨画卷。每根竹丝都经过72小时的天然晾晒，在保持韧性的同时，更将负氧离子释放于室内空间，让都市人在钢筋水泥中也能呼吸到竹林的清新。"这段文字不仅精准地传递了产品的物理特性，还通过水墨画卷、负氧离子等意象为用户构建了沉浸式的场景体验。

淘宝店还有一款爆款产品——餐桌。原始产品描述枯燥地罗列"北美白橡木＋亚克力桌腿"，DeepSeek则生成："当晨光穿过亚克力桌腿的22°斜角，在橡木纹路上投下几何光影，这张桌子便成了早餐时的艺术展。加厚的5cm桌沿，恰好托住你工作时的手肘，那些灵光乍现的瞬间都被木质温柔承托。"产品描述的优化使产品加购率翻倍提升。

为了验证 DeepSeek 的内容生成效果，团队选择了 3 款产品进行 A/B 测试。A 组用传统文案，B 组用 DeepSeek 生成的内容。测试结果是：B 组产品的点击率提升 60%，转化率提升 40%，其中一款竹制抱枕的转化率从 1.5% 上涨到 4.7%，销售额增长了两倍。

这些数据背后是 DeepSeek 的智能优化机制。通过分析用户浏览行为和购买数据，DeepSeek 会自动调整文案的关键词权重。例如，当发现年轻女性用户对 ins 风、网红同款等词汇更敏感时，DeepSeek 会在产品描述中增加相关表述；而对于注重品质的用户，则强化工艺传承、母婴级环保认证等信息。

随着 DeepSeek 的技术越来越成熟，团队开始探索 DeepSeek 在更复杂场景中的应用。在开发屏风系列产品时，团队尝试将 DeepSeek 生成的内容与产品设计结合。DeepSeek 不仅提供了层峦叠嶂、流水潺潺等视觉化描述，还通过分析故宫博物院的文物数据库，为屏风的图案设计提供了历史依据。最终，由 DeepSeek 辅助设计的产品不仅在淘宝获得了 98% 的好评率，还被当地某杂志评为年度创新设计。

如今，在淘宝平台上，很多店铺都开始用 AI 工具优化产品描述，这大幅节省了人力成本。不过这也带来了新的挑战。

首先是内容同质化问题。当越来越多的淘宝店依赖 DeepSeek 生成内容时，如何保持品牌的独特性成为关键。陈某和团队通过建立专属的文化语料库，将品牌理念和设计哲学融入 AI 训练数据，有效避免了 DeepSeek 生成千篇一律的内容。

其次是伦理和法律风险。虽然 DeepSeek 的商用开源模式降低了操作门槛，但生成内容的版权归属存在争议。为此，陈某专门聘请专业的法律顾问，在 DeepSeek 生成的内容中加入原创标识，并建立了内容审核机制，确保内容合规、合法。

陈某的案例只是电商智能化与数字化转型的一个缩影。在这场来势汹汹的转型大潮中，那些能将技术与行业深度融合的淘宝店将脱颖而出。正如陈某在实践中所总结的经验：AI不是替代品，而是创意放大器。当算法邂逅家居美学，当数据读懂用户的需求和痛点，传统的电商运营模式正在被重新定义。而这一切，其实才刚刚开始。

10.2 智能选品：生成市场分析报告+调查竞品+预测爆款

在电商领域从流量争夺转向留量深耕的今天，选品能力逐渐成为决定一个品牌生死存亡的核心竞争力之一。传统选品模式大多依赖人工经验和直觉，存在三大致命缺陷。

（1）人工分析往往局限于平台公开的销量、评价等表层数据，难以洞察用户的真实需求。

（2）市场变化迅速，人工调研周期长达数周甚至数月。例如，2025年3月，某母婴品牌通过DeepSeek提前两周预判恐龙主题育儿用品热潮，而传统团队此时还在筹备展会样品。

（3）红海市场竞争激烈，人工选品难以精准定位蓝海市场。

随着生成式AI的成熟，DeepSeek正重塑选品的全链路。

1. 智能数据分析：让数据自己说话

DeepSeek内置的语义理解等技术可以处理非结构化数据，包括社交评论、行业报告、测评文章等。例如，营销人员上传某品牌行业调研PDF，DeepSeek能自动提取出产品类型、用户评价、高频问题、功能诉求等信息，为选品提供精准的依据。

2. 多维标签生成：解码用户的深层需求

与传统的蓝牙、防水等硬件标签不同，DeepSeek构建的语义标签体系包括缓解父母焦虑、解决碎片场景需求等更抽象的特征。某品牌曾通过DeepSeek分析海量社媒数据，提前38天捕捉到"气味记忆"话题的爆发，从而推动香味手环成为爆款。这使商家的选品不再停留在"什么好卖选什么"

上，而是跃迁至"未来18个月可能流行什么"的预测层面。

3. 深度语义匹配：动态优化选品策略

DeepSeek 将用户需求标签与供应链资源进行高维匹配，生成可执行的选品推荐列表。某 DTC（direct to consumer，直接面向消费者）品牌通过借助 DeepSeek 分析 Reddit"极简生活"板块热词，发现模块化可拆卸家具可能成为爆款。最终，该品牌上线首月 ROI 即达到 500%，充分体现了 DeepSeek 动态优化选品策略的能力。

在操作层面，从市场分析到竞品调查，再到爆款预测，DeepSeek 都可以为商家提供数据驱动的决策支持，并依托深度思考等能力为商家解锁增量可能。

1. 市场分析：绘制需求图

DeepSeek 通过抓取全球多个国家的搜索词波动、社交媒体话题热度和行业报告，构建需求图。例如，在分析露营装备市场时，DeepSeek 能聚类出轻量化徒步装备、家庭露营套装、宠物户外用品等细分需求，并标注各层级市场的竞争饱和度和增长潜力。这种全景式分析帮助商家精准地定位蓝海市场。某跨境电商在借助 DeepSeek 捕捉到海外"宠物瑜伽"相关标签的热度后，立刻推出定制化宠物用品，首月销量即突破万件。

2. 竞品调查：构建动态竞争模型

传统竞品分析往往局限于价格、销量等显性指标，而 DeepSeek 通过逆向工程，抓取竞品详情页的隐藏参数，如主图点击热区、QA（question and snswer，问答）关键词密度等，然后用对抗生成网络模拟优化自身产品详情页。

例如，针对小红书上某二手奢侈品账号，DeepSeek 监测 10 个头部账号的笔记关键词，对比主推品类、价格区间和互动率，帮助商家快速识别可替代的库存款，并调整定价策略（将 Gucci Jackie 定价从 1.2 万元改为 1.18 万元并强调同期日本售价）。

3. 爆款预测：算法驱动的爆品制造机

DeepSeek 的预测模型整合了边缘计算、IoT（internet of things，物联

网）、区块链溯源等技术。例如，通过工厂 IoT 设备实时监测产能波动，结合物流时效预测，动态调整选品优先级；用区块链计算碳足迹，结合消费者环保偏好推荐低碳商品。例如，深圳某跨境电商使用 DeepSeek 预测智能美妆镜的需求爆发，商家准备的 2000 件产品在 14 分钟内售罄。这种预测能力使商家备货周期从传统的 30 天左右缩短至 72 小时，库存周转率提升 25% 以上。

DeepSeek 不仅体现了技术的进步，还是对商业逻辑的彻底重构。传统选品依赖"赌爆款"的运气，而 DeepSeek 通过"算爆款"的智能决策，将"踩坑率"从 50% 降至 10% 以下，"中标率"从 20% 提升至 70% 以上。这种变革的本质，是将分散的市场洞察、孤立的数据分析、滞后的决策流程，整合成一个动态的智能生态系统。

对于电商从业者而言，现在需要思考的已不是"是否采用 AI"，而是"如何让 AI 更懂自己的业务"。在这个算法驱动的新时代，只有将选品感觉升级为算法直觉，才能让每一次决策都精准命中消费者尚未察觉的需求。

10.3 直播带货：设计直播脚本+智能提词+话术优化

直播间前 3 秒的留存率在很大程度上决定流量转化效率。直播时，主播既要精准把控黄金话术，又要实时应对突发状况，传统人工策划模式已难以应对这种高强度的直播需求。

DeepSeek 重构了直播流程——从脚本设计阶段的热点预埋，到直播中的智能提词辅助，再到话术的实时优化，形成"预判—执行—进化"的闭环。不夸张地说，有了 DeepSeek，新手也能从容地进行直播。

1. 智能脚本设计：从经验驱动到数据驱动

（1）动态热点捕捉。DeepSeek 能够实时抓取微博、抖音等平台的热搜数据，通过 Transformer 架构生成贴合热点的脚本框架。例如，在露营经济爆发期，DeepSeek 为某户外品牌生成星空露营装备清单主题脚本（如图 10-1 所示），带动相关产品点击量大幅度增长。

✎【星空露营装备清单】直播脚本

主播人设： 资深露营达人「星河」（户外经验5年+天文爱好者）
核心目标： 清单化装备解析+场景化使用技巧+高转化商品组合

开场热场（开播—开播后5分钟）

1. **视觉开场**
   ○ 背景：星空延时视频+帐篷暖光画面
   ○ 主播动作：头戴露营头灯手持星图APP出场
2. **话术锚点：**

   "今晚带大家用专业装备解锁星空露营！无论你是想拍银河还是安全过夜，这份NASA级清单能避开90%新手坑！"

模块一：睡眠系统（开播后5-20分钟）

装备	演示重点	话术技巧
四季帐篷	展示防风绳扣+透气窗设计	"高原露营选穹顶帐！看这个抗风骨架，8级大风照样稳如天文台"
羽绒睡袋	展开温标标签+压缩演示	"-10℃温标≠舒适温度！真实体验要减5℃，拍星轨必选鹅绒填充"
自充气防潮垫	按压回弹测试+厚度测量	"R值≥3.8才能隔绝地寒！别让湿气毁了你的银河之夜"

互动： 投票"你曾被哪种睡眠问题困扰？"（选项：冷醒/潮湿/地面硌）

模块二：星空拍摄（开播后20-35分钟）

1. **关键装备**
   ○ 三脚架：展开云台演示长曝光模式
   ○ 红光头灯：对比白光破坏夜视效果
   ○ 手机星轨APP：实时投屏星座识别
2. **神转折：**

   "没单反也能出大片！教你们用手机+这个20元蓝牙快门拍出同款银河（举设备演示）"

模块三：安全装备（开播后35-50分钟）

必带品	场景化演示
急救包	展开展示卫星定位仪+止血带
防熊罐	对比普通食物袋气味密封测试
营地斧	劈柴演示+安全锁扣强调

干货： 播放夜遇野猪的应对录音（制造紧张感引出装备必要性）

图10-1　DeepSeek生成的星空露营装备清单主题脚本

（2）个性化场景设计。DeepSeek 能够基于用户画像（年龄、地域、消费习惯）生成差异化脚本。它甚至可以根据历史直播数据，构建"话术强度—观众反馈—转化率"的关联模型。同时，通过 LSTM（long short term memory，长短时记忆）网络模拟观众注意力曲线，自动生成高潮点分布方案：在开播前30秒部署悬念钩子，每5分钟设置价格刺激点，在结尾阶段触发稀缺性话术。

（3）跨平台自适应。对抖音、淘宝、TikTok等平台的差异化规则进行分析，DeepSeek可以在内容生成阶段预埋平台特色元素：抖音侧重剧情化冲突设计，淘宝强调参数对比可视化，跨境场景则融入文化符号转译，确保直播脚本与平台流量算法的深度契合。

2. 智能提词系统：从机械播报到智能交互

（1）语音—文字同步映射。通过语音识别技术实时解析主播话术，动态调整提词内容。某食品主播在直播中临时增加食材溯源环节，工作人员立刻用DeepSeek生成相关提词，使观众互动率实现了极大提升，也避免了潜在的直播事故。

（2）观众情绪实时响应。结合弹幕关键词和停留时长，自动优化提词优先级。某美妆直播间通过捕捉"敏感肌"等高频词，即时推送"产品无添加成分"提词，获得观众的信任。

（3）上下文感知型语义网络。基于深度语义理解等技术，DeepSeek在一定程度上突破了传统提词模式的局限。当主播讲解产品功能时，自动关联使用场景的可视化素材；在回答用户提问时，实时调取FAQ(frequently asked questions，常见问题）知识库与售后政策；当互动热度下降时，迅速推送促单三板斧话术包，形成"需求识别—内容匹配—行动引导"的认知增强闭环。

（4）三级风险过滤机制。基础层通过正则表达式拦截违禁词，中间层用BERT模型识别隐性违规表述（如绝对化用语），顶层接入监管政策动态数据库。在直播过程中，DeepSeek也能实时标注风险语句，并提供合规化表达建议。

3. 话术优化：从经验模仿到算法进化

（1）情感化表达生成。DeepSeek能生成"深夜追剧零食"等沉浸式话术。

（2）实时A/B测试优化。通过分析弹幕关键词和转化数据等，自动淘汰低效话术。某食品直播间将限时折扣相关话术改为家庭分享装，促进了转化率提升。

（3）多语言适配。DeepSeek 支持多种方言和外语的自然语音生成，可以直接为主播提供适配不同地区和国家的话术，避免因语言差异导致理解困难或产生歧义。

（4）跨周期知识迁移机制。每场直播数据自动沉淀为优化依据。DeepSeek 通过对比不同时段的话术效果，提炼出早间流量偏好权威话术、夜间时段适合娱乐化表达等规律；分析爆款产品的表达逻辑，构建垂直领域知识库（如家电类需强化安全背书、美妆类侧重情感共鸣与成分介绍等），实现经验资产的持续积累与复用。

DeepSeek 对直播的赋能，其实是在重构"人—货—场"的关系。DeepSeek 接管脚本架构、提词响应、话术优化等基础任务后，主播得以挣脱重复性工作的枷锁，回归更具价值的角色——情感连接者、场景构建者、价值传递者。这种变革不是用机器取代人类，而是通过技术放大人类的创造力，在直播过程中重建有温度的连接。

10.4 智能客服：让AI处理80%的常见问题

在电商蓬勃发展的时代，客服工作的重要性越发凸显。几乎所有商家每天都要处理大量的用户咨询，其中大多是重复性高、规律性强的常见问题，如售前咨询、订单状态查询、产品退换货政策咨询等。面对这些问题，传统人工客服处理模式存在效率低下、响应延迟、人力成本高昂等诸多弊端。而 DeepSeek 为解决这些问题提供了创新性的解决方案。

1. 常见客服问题的自动化高效处理

（1）快速识别与标准回复。在日常客服工作中，如何注册账号、产品价格是多少等常见问题频繁出现。DeepSeek 凭借对问题模式的精准识别，能在瞬间判断问题所属类别。一旦识别为常见问题，它会立即从预先构建的知识库中调取对应的标准回复模板。

例如，当用户咨询退货流程是什么，DeepSeek 可以迅速给出包含退货申请步骤、退货时效、退货地址、注意事项等完整信息的回复，且整个过程仅需短短数秒，相比人工客服查找资料、组织语言的过程，效率得到极大提升，用户也无须长时间等待。

（2）多轮对话中的连贯解答。有些常见问题并非一次询问就能解决，用户可能会基于初次回复继续追问细节。DeepSeek 在多轮对话场景下表现出色，它利用深度学习模型的记忆机制，能牢牢记住上下文信息，保持对话的连贯性。

某用户想知道某款电子产品的使用方法，先询问如何开机，在得到解答后又问开机后设置网络连接的步骤是什么。DeepSeek 可以根据前面的对话记录，准确识别用户所询问的型号，进而针对性地给出准确的网络连接设置步骤，整个对话过程自然流畅。

2. 智能辅助复杂问题处理

（1）政策法规与业务知识的即时获取。客服工作中难免会遇到涉及复杂政策法规或专业业务知识的问题，例如，金融行业用户咨询理财产品的税收政策、通信行业用户询问套餐变更后的扣费规则等。

DeepSeek 接入企业的政策文档、产品手册、业务指南等资料后，能将其中关键信息结构化存储。当客服人员面对此类复杂问题时，只需输入用户提出的问题，DeepSeek 便能快速检索知识库，提供相关政策解读、业务逻辑、具体计算方法等内容，辅助客服人员准确回复用户，避免了人工手动翻查资料的烦琐过程，提升了复杂问题的处理效率。

（2）基于数据的问题预测与引导。通过对海量历史用户咨询数据的深度挖掘与分析，DeepSeek 还具备预测用户常见问题的能力。

某淘宝服装店借助 DeepSeek 分析发现，大约 25% 的用户咨询集中在产品尺码选择问题上，这就为商家优化产品详情页尺码说明、增加尺码推荐功能提供了有力依据。同时，DeepSeek 还能分析用户的情绪，判断用户对服务的满意度，如通过对用户用词、语气的情感分析，发现某类问题回复后用户满意度较低，客服人员便可针对性地优化回复。

在客服人员处理问题时，DeepSeek 还能持续提供辅助信息，如相似案例解决方案、相关知识链接等。同时，DeepSeek 会完整记录整个团队协作处理问题的过程，形成经验案例库，方便客服人员日后学习参考，从而持续提升团队解决问题的整体能力。

在这个用户体验为王的时代，企业的服务能力成为一项核心竞争力。DeepSeek 在客服工作上的实践表明，当技术深度融入客服场景，常见问题处理不再是机械重复的劳动，而是成为企业洞察客户需求、优化产品设计、提升品牌价值的重要入口。

10.5 用DeepSeek进行退货预测并挽留

对于用户退货，商家不仅要承担物流成本的损失，还可能面临口碑受损和用户信任流失的风险。传统的运营模式往往在退货发生后才采取补救措施，而在竞争激烈、瞬息万变的市场环境下，这种事后"灭火"的模式显然已难以满足企业发展的需求。

DeepSeek 的迅猛发展，为解决退货问题提供了新思路和新方法。它凭借强大的数据分析和机器学习能力，通过以下几个步骤实现对退货的精准预测，如图 10-2 所示。

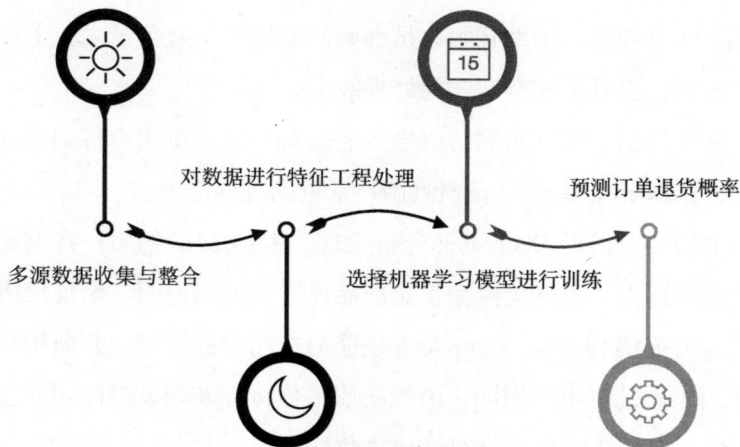

对数据进行特征工程处理

预测订单退货概率

多源数据收集与整合

选择机器学习模型进行训练

图10-2　DeepSeek退货预测步骤

DeepSeek 需要收集大量的相关数据，包括产品信息、用户信息、购买行为数据、物流信息及用户评价等，并对其进行整合，构建起一个全面、丰富的数据集，为后续的分析和预测提供充足的数据支持。

在收集到多源数据后，DeepSeek要对数据进行特征工程处理。特征工程是退货预测中的关键环节，旨在从原始数据中提取出对退货预测有显著影响的特征。

接下来，DeepSeek会选择合适的机器学习模型进行训练，如决策树、随机森林、支持向量机、神经网络等。在实际应用中，考虑到退货率受多种因素影响，如产品属性、用户特征、购买行为等，DeepSeek可能会选择多元线性回归模型、逻辑回归模型或深度学习模型作为预测模型。这些模型能有效地处理多因素对退货率的影响。

DeepSeek用历史退货数据对模型进行训练，通过交叉验证、网格搜索等方法调整模型参数，优化模型性能。同时，结合市场趋势和消费者行为变化，对退货率预测模型进行动态调整，以适应不断变化的市场环境。

经过训练和优化后的模型，能根据商家输入的产品、用户和购买行为等特征，预测出订单的退货概率。DeepSeek会为每个订单计算一个退货概率值，并构建起四级退货风险预警机制，根据预测概率将订单划分为以下四种。同时，结合退货原因分析、客户行为分析、供应链风险评估及产品生命周期管理等多个维度，对退货风险进行量化评估。

安全级（$P < 0.1$）：常规售后保障

关注级（$0.1 \leq P < 0.3$）：自动触发智能客服关怀

预警级（$0.3 \leq P < 0.5$）：启动定制化挽留方案

高危级（$P \geq 0.5$）：人工干预优先处理

当DeepSeek预测某订单存在较高的退货风险时，商家需及时采取有效的用户挽留措施，以降低退货率，提高用户的满意度和忠诚度。

（1）精准推送信息。DeepSeek可以辅助客服人员向潜在退货客户推送个性化的信息。例如，用户因为对产品的某一功能不太了解而退货，DeepSeek会生成："尊敬的用户，检测到您对购买的××产品在使用方面可能存在疑问，我们已为您推送专属操作视频，点击链接即可查看。如有其他需求，我们的客服将 24 小时为您服务。"

（2）主动沟通关怀。对于退货风险较高的用户，客服人员可以主动与其沟通，通过电话、短信或即时通信工具，询问客户对产品的使用感受、是否遇到问题需要帮助等。在沟通中，客服人员要展现出真诚的关怀和专业的态度，让用户感受到商家对他们的重视。

（3）延长售后服务期限。对可能退货的用户，商家可以主动为其延长产品的售后服务期限，如延长质保期、退换货期限等。

（4）提供免费的增值服务。根据产品的特点和用户的需求，商家可以为用户提供一些免费的增值服务。例如，为购买服装的用户提供免费的服装清洗或熨烫教程；为购买电子产品的用户提供免费的软件升级服务或在线技术支持等。

（5）提供换货选择。对一些并非对产品不满意，只是在尺寸、颜色等方面存在特殊需求的用户，客服人员可以引导客户选择换货而非退货。通过 DeepSeek 对用户购买历史和偏好的分析，客服人员可以为用户推荐更合适的产品选项，并由商家承担换货的物流费用。

（6）针对性的优惠与补偿。为了鼓励用户保留产品，DeepSeek 会推荐商家根据用户的购买金额和退货风险程度，向其发放一定金额的优惠券。例如，"专属优惠已送达！鉴于您本次的购物体验不佳，我们为您准备了满 200 元减 50 元的优惠券，有效期 30 天。期待与您的再次相遇"。优惠券可用于下一次购买，有助于刺激用户再次消费。

在一些情况下，用户可能对产品存在一定的不满，但并非完全不能接受。客服人员将此情况输入到 DeepSeek，DeepSeek 会建议客服人员与用户协商，提供部分退款或赠品作为补偿。例如，用户购买的产品存在一些小瑕疵，但不影响正常使用，商家可以向客户提供商品价格 10% 的部分退款，或者赠送一些小礼品，以弥补客户的心理落差。

DeepSeek 打破了事后处理的被动局面，建立起"数据预测—智能决策—精准应对"的主动服务模式。这种模式正从大型电商平台向全零售行业渗透，成为数字化转型的标配能力。

10.6 跨境电商的海外流量获取方案

在全球化趋势愈演愈烈的当下，跨境电商已成为国际贸易的重要增长引擎。全球跨境电商市场规模已达上万亿美元，其中东南亚、中东等新兴市场增速迅猛。然而，随着市场竞争加剧、需求多样化及文化差异复杂性，如何高效获取海外流量并实现精准转化，是跨境电商商家必须应对的挑战。

DeepSeek 横空出世，正在重构跨境电商的流量获取逻辑。

在搜索引擎流量优化方面，DeepSeek 可以通过深入分析目标市场的搜索习惯，精准筛选出高价值关键词，并为商家提供详细的关键词布局策略。若结合 GEO 策略，商家还可以通过在跨境平台的标题、产品描述中合理布局关键词，提升自己在跨境平台上的排名，吸引更多流量。例如，用户希望了解东南亚地区有哪些高性价比的智能穿戴设备，GEO 策略可以让商家的产品出现在相关推荐榜单的前列，从而提升曝光率与用户购买率。

在社交媒体流量方面，DeepSeek 能根据不同社交媒体平台的用户特征与行为数据，制订个性化的内容发布与推广计划。例如，在 Facebook 上，DeepSeek 分析出目标受众在特定时间段对生活类、故事性内容兴趣浓厚，商家便据此在 DeepSeek 上创作相关服装搭配故事、时尚生活小贴士等内容，并在合适的时间发布，以提升用户的互动率与关注度。

在 Instagram 上，DeepSeek 根据平台以图片和短视频为主的特点，结合热门话题与流行趋势，为商家生成吸引人的视觉内容创意，并指导图片拍摄与视频制作；在 TikTok 上，DeepSeek 分析热门视频的创意元素、节奏特点与话题趋势，为商家生成适合短视频传播的创意脚本，如以有趣的挑战形式展示产品的独特功能，或者通过生活场景短剧植入产品等。

此外，DeepSeek 在内容生成上还展现出卓越的语言翻译能力。它能深入理解产品的特点、优势与使用场景，结合海外用户的语言习惯与文化背景，生成吸引人且符合 GEO 优化规则的多语言内容。

例如，针对一款智能手表，DeepSeek 生成的英文产品描述不仅准确地传达了产品的功能特性，如精准的运动追踪、长时间的续航能力、时尚的外观设计等，还巧妙融入了当下流行的科技词汇与用户关注的热点话题，如"smart health tracking"（智能健康追踪）、"long - lasting battery life for all-day use"（电池续航时间长，适合全天使用）等，同时满足了英语国家用户的语言习惯与搜索偏好。对于其他语言版本的内容，DeepSeek同样能考虑到不同国家的文化差异与语言风格，确保内容能吸引当地人。

某3C产品跨境商家引入DeepSeek后，先部署GEO策略进行关键词研究与优化，使产品在DeepSeek中的排名显著提升；然后通过DeepSeek制定了个性化的内容策略，根据不同国家用户的文化差异和语言习惯生成个性化内容。例如，在德国市场，DeepSeek生成的广告文案强调产品的严谨工艺和高品质；在法国市场，则突出产品的时尚设计和浪漫元素。同时，DeepSeek还指导该商家选择合适的营销渠道，如在德国重点投放Google Ads和专业的3C产品电商平台广告，在法国则加大在Facebook和Instagram上的推广力度。

最后要注意的是，商家在部署GEO策略时，需对员工进行全面培训，使其全面熟悉GEO策略，或者邀请技术专家进行讲解与效果演示。同时，商家也要鼓励员工在实际工作中积极探索DeepSeek的应用场景，不断总结经验，提高工作效率与创新能力。

10.7 实战演练：用DeepSeek策划一场爆款直播

2025年3月，某3C品牌借助DeepSeek的技术支持，创下单日销售额记录并引发行业震动。下面我们便来深度拆解该品牌是如何在DeepSeek上完成从0到1的爆款直播策划。

第一阶段，直播前准备。

1. 目标拆解与竞品扫描

营销团队在DeepSeek上构建项目档案，输入智能手表新品推广的核心目标，系统自动生成三维度拆解模型。

用户目标：触达 25 ~ 35 岁都市白领（占比 45%）、运动爱好者（30%）、科技尝鲜者（25%）。

数据目标：直播间转化率≥3%，GMV 突破千万，新增粉丝 1 万多。

DeepSeek 实时抓取近 30 天同类产品直播数据，发现竞品普遍存在技术讲解过于晦涩、女性用户互动不足的痛点，这为制定差异化策略提供了依据。

2. 用户画像的深度解构

DeepSeek 输出用户洞察报告（核心内容如下所示），成为直播策划的核心依据。

需求热力图：续航焦虑、操作便捷性、穿搭适配位列前三痛点。

决策因子排序：第三方检测报告（权重 35%）> 真实用户证言（权重 28%）> 限时赠品（权重 22%）> 主播人设（权重 15%）。

时段偏好：核心用户活跃高峰为 20:00—22:30。

3. 智能选品与组合策略

基于 DeepSeek 的三维选品模型，团队完成产品矩阵构建，如表 10-1 所示。

表10-1 直播产品矩阵

品类	角色定位	产品选择	策略设计	数据依据
引流款	流量入口	基础款智能手环	99元秒杀（限量500件）	低价产品引流效率提升40%
主推款	利润核心	星环Pro智能手表	1299元套餐（手表+表带）	竞品同价位转化率最高
搭配款	客单提升	磁吸快充底座	买手表加购99元（原价199元）	关联购买率预测达65%
形象款	品牌标杆	限量版太空礼盒	2999元（附赠航天联名周边）	高净值用户占比12%

DeepSeek 的爆款潜力评分体系显示，搭配款的用户痛点匹配度达 92 分，促使团队增加其备货量，最终实际关联购买率达 50% 以上，远超预期。

第二阶段，直播方案生成。

1. 脚本的精准定制

DeepSeek 在 30 分钟内输出直播脚本，团队在此基础上进行二次创作。

直播时段划分（总时长 4 小时）如表 10-2 所示。

表10-2　直播时段划分

时段	核心目标	内容设计	技术支持	数据埋点
20:00—20:30	流量破冰	明星开箱 福袋抽奖	虚拟观众弹幕预热	实时在线人数 互动率
20:30—21:30	产品种草	工程师拆解电池 技术用户Vlog	3D投影演示芯片 架构	停留时长
21:30—22:30	转化攻坚	阶梯价促销 限量秒杀	库存预警系统 自动触发	下单转化率 客单价
22:30—24:00	长尾收割	虚拟主播接力 次日福利预告	声纹克隆技术 无缝衔接	夜间时段留存率

话术体系（三大核心模块）如下。

痛点唤醒话术："每天充电烦不烦？上周调研显示，62% 的用户因为续航放弃智能手表。"（配合后台实时滚动的调研数据弹窗）

信任构建话术："这是国家钟表质量检测中心的报告，我们的续航能力比标注值高出 15%。"（自动调取权威机构数据）

促单转化话术："现在下单的前 100 位用户，将获得价值 499 元的运动耳机，当前已下单 87 件。"（库存动态计数系统）

2. 全域引流的精准触达

DeepSeek 生成三维度预热方案。

（1）内容引流：自动生成 3 种短视频模板进行 A/B 测试。

痛点共鸣型：每天充电 3 次，你真的需要智能手表吗？

福利驱动型：直播间抽 10 台手表免费送，点预约解锁专属福利。

人设种草型：运动博主的 24 小时，全靠这块手表续命。

（2）私域激活：针对不同用户分层发送个性化邀请。

新用户：点击领取 100 元直播专享券，首单再赠表带。

沉睡用户：您关注的续航升级款来了，直播间揭秘实验室数据。

高价值用户：专属客服为您预留限量礼盒，直播当天优先发货。

（3）跨界联动：通过合作匹配算法，筛选运动App、职场KOL、科技媒体进行全域预热，实现300万精准流量导入，其中运动App导流转化率达到4.2%。

第三阶段，实战执行。

1. 动态调优的黄金法则（直播进行时）

（1）流量承接策略：当在线人数低于预期值的80%时，自动触发三重钩子。

视觉钩子：直播间背景切换为红色促销主题，弹出限时加赠升级动态横幅。

利益钩子：福袋发放频率从15分钟/次提升至8分钟/次，奖品升级为搭配款产品。

内容钩子：切换至引流款秒杀，配合话术"刚进来的朋友，现在下单享双重福利"。

（2）转化攻坚策略：针对不同用户分层实时调整话术。

价格敏感型用户：强调保价"618"、30天无理由退换，展示与竞品的价格对比图。

品质导向型用户：调取第三方检测机构的直播连线，展示暴力测试视频。

社交分享型用户：推出分享3人得50元券活动。

2. 人机协同的效率革命

（1）虚拟主播接力。在真人主播中场休息时，虚拟主播无缝接棒，延续主播的语言风格和肢体动作，承接夜间23:00—1:00的流量。

（2）实时话术辅助。DeepSeek辅助推送弹幕关键词对应的最优回复，当"老人能用吗"的提问频次超过5次/分钟时，推送包含"长辈模式操作演示"的视频链接，主播只需点击即可播放，响应时效从人工处理的10秒缩短至1.5秒。

第四阶段，直播后复盘。

三维度数据复盘（直播结束2小时内）

DeepSeek生成的复盘报告包含多项数据指标，团队重点关注三大维度。

（1）用户洞察层。发现女性用户占比从策划时的 35% 提升至 48%，主要得益于"职场健康管理"模块的场景设计；主推款产品转化率 4.8%（行业均值 2.5%），搭配款关联购买率 71%，客单价提升 35%；限量秒杀的库存释放节奏过快，导致 21:00—21:15 出现流量真空期，建议下次采用阶梯式库存释放。

（2）技术应用层。虚拟主播时段 GMV 贡献占比达 18%，智能话术使问题响应效率提升 60%；将直播的 200 多个用户互动标签、30 多个场景转化数据、10 多个话术优化方案录入专属数据中台，构建品牌直播知识库；根据直播中"表带材质不透气"的高频反馈，推动研发部门在 2 周内推出透气款表带，预售量达到上千件。

（3）基于本次直播的成功，顺势在 DeepSeek 上生成"双 11"直播预案。

从用户画像的毫米级分析，到直播脚本的智能生成；从实时流量的动态调优，到数据资产的持续沉淀，DeepSeek 带来的不仅是一次直播的成功，还是一套可复制、可迭代的增长体系。对营销人员而言，这意味着从经验主义到数据主义的思维跃迁——每个决策都应有数据支撑，每个环节都可以被智能优化。在这个 AI 重构商业的时代，掌握 DeepSeek 的实战密码，就相当于掌握了打开直播增长新空间的钥匙。

第 11 章

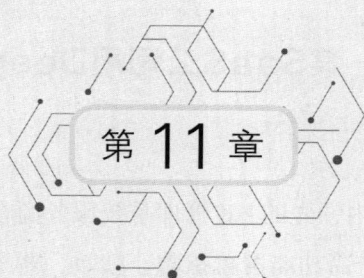

B2B 业务：
高效订单线索挖掘与培育

在数字化浪潮席卷全球的今天，B2B 业务面临着新的机遇与挑战。市场竞争日益激烈，客户需求日益复杂多变，传统的业务模式已难以满足企业高效运营与增长的需求。如何快速挖掘潜在订单线索、精准培育客户、提升成交转化率，成为 B2B 企业亟待解决的问题。DeepSeek 在 B2B 领域的应用为 B2B 业务的发展带来新契机，助力 B2B 企业在复杂市场环境中实现破局与突围。

11.1 开篇案例：某SaaS公司用DeepSeek让成交率翻倍

在 SaaS 行业，某国内领先的 HR 管理系统服务商在经过快速发展后逐渐陷入增长瓶颈。尽管其产品功能覆盖招聘、绩效、薪酬等全场景，且拥有超过 10 万家企业注册用户，但付费转化率长期徘徊在 15% 的低位。销售团队每日需处理数百条线索，却难以精准识别高价值客户，市场活动 ROI 持续走低。在人工筛选模式下，销售人员将大量的精力用于无效的客户沟通中，平均成交周期不断拉长，严重制约了业务扩张速度。

转机出现在 2025 年初，该企业引入了 DeepSeek。通过对接官网、CRM、客服系统等多个数据源，DeepSeek 在短时间内完成了近三年交互数据的结构化处理。同时，DeepSeek 识别出客户行为轨迹中隐藏的决策信号：当企业客户在两周内连续查阅薪酬模块说明文档超过 5 次时，其采购概率较普通客户提升 4.8 倍；而下载白皮书后 7 天内未发起咨询的客户，流失风险高达 90%。这些洞察重构了线索评分体系，使得优质线索识别准确率大幅提升。

在客户培育环节，DeepSeek 展现出颠覆性价值。其通过自然语言处理技术，实时解析客户在官网、邮件、在线咨询中的提问关键词，自动生成个性化内容方案。例如，某制造业集团在咨询中频繁提及跨地区考勤，DeepSeek 触发包含多分支机构管理案例的视频教程，并推送同行业客户的 ROI 分析报告。

更关键的是，DeepSeek 能够根据对话情绪波动动态调整沟通策略：当客户对价格敏感度升高时，DeepSeek 会优先推荐阶梯式付费方案；当客户对技术存在疑虑时，DeepSeek 会自动安排技术顾问介入。这种智能交互使客户响应速度大幅提升，同时压缩了客户培育周期。

在销售赋能方面，DeepSeek 重构了整个转化链条。销售人员获取的线索清单不再是无序的客户列表，而是附带详细销售信息的销售指导，包括客户最近关注的产品功能、可能存在的核心痛点，甚至预测对方在议价阶段可能提出的主要异议。这有助于销售人员提前准备合适的方案与对策，成功与客户达成合作。最终，这种预见性销售策略使得销售人员的月度成交客户数量得到提升。

在引入 DeepSeek 两个月后，该企业的业务数据发生了巨大变化。在线索转化率提升、销售周期缩短的前提下，月度成交率实现了翻倍增长。特别是客单价 20 万元以上的大客户，由于 DeepSeek 能够精准识别出目标客户，该层级客户贡献率占比大幅提升。最终，该企业形成了"精准获客—高效转化—持续增值"的增长飞轮。

这个转型案例揭示了 DeepSeek 驱动 B2B 营销变革的本质：DeepSeek 不仅是一个技术工具，还是重塑商业逻辑的战略基础设施。它能够整合碎片化数据，并生成决策建议与指导，对客户生命周期的每个触点进行赋能，推动企业从经验驱动模式转向数据驱动模式。当大量 B2B 企业还在为线索质量苦恼时，率先引入 DeepSeek 的企业能够借助 DeepSeek 优化线索、提高成交率，在红海市场中实现超车。

11.2 白皮书/行业报告自动摘要+客户痛点分析

在 B2B 营销领域，白皮书与行业报告被视为建立专业权威、触达决策层的重要工具。然而，随着信息爆炸时代的到来，B2B 企业面临双重困境：一方面，市场部门耗费数月制作的百页行业报告，实际阅读完成率难以提高，核心观点淹没在冗长文本中；另一方面，销售团队在浩如烟海的客户资料中，难以快速锁定决策链关键角色。在这种情况下，B2B 企业耗费大量精力产出白皮书，但转化率较低。

DeepSeek 为这些痛点带来了新的解决方案。某全球工业设备制造商的探索实践十分典型。该企业的技术团队每年产出数十份白皮书，但销售转化率极低。面对这一困境，该企业引入了 DeepSeek。

该企业将过去积累的数百份技术白皮书、行业分析报告导入 DeepSeek，得到了处理后的结果。DeepSeek 从这些内容中提取出数百个关键技术参数和数十个行业趋势预测节点，构建起"设备能效—政策法规—供应链成本"的关联网络。

此外，DeepSeek 还根据指令对这些文件进行了整理并自动生成摘要，在整合重点内容的同时将复杂技术路径转化为商业术语。在东南亚某智慧港口项目中，客户通过阅读 DeepSeek 生成的摘要，发现该企业早在两年前就预测到了技术发展趋势，并进行了相关技术探索，于是将该企业纳入其供应商名单。该企业也因此成功吸引了更多客户。

更深层的变革发生在客户痛点解析维度。在传统销售模式下，客户需求洞察依赖问卷调查或访谈，客户可能说不清真实痛点。DeepSeek 通过跨源数据分析，建立起"显性需求—隐性痛点—决策障碍"的三层解析模型，助力该企业解析客户痛点。

例如，某客户企业在公开招标文件中强调设备故障率低于 0.5%，而 DeepSeek 却从客户企业相关的数据中，解析出其核心痛点是设备停机导致的碳配额损失远超采购成本。基于此，该企业在针对该客户设计提案时，不再堆砌技术参数，转而聚焦预防性维护如何避免碳交易亏损，最终成功中标。

这种智能化的痛点分析能力，正在重塑 B2B 企业的内容生产逻辑。该企业在引入 DeepSeek 后，白皮书创作流程发生根本性变革。DeepSeek 可以检测不同行业的政策变化、技术专利、事故案例等数据流，自动生成包含热点、痛点与解决方案的内容框架。在最新发布的白皮书中，DeepSeek 不仅预测了行业的技术变化趋势，还通过分析客户邮件高频词汇，将老旧设备改造的数据孤岛问题设为核心章节。这份由 DeepSeek 辅助完成的白皮书，下载量比传统白皮书大幅增加，且不少下载者最终进入销售漏斗。

在引入 DeepSeek 三个月后，该企业的市场体系完成蜕变。白皮书转化率较之前大幅提高，单个销售线索获取成本明显下降。

通过对海量专业文档的智能解构，以及对客户多维数据的穿透式解析，DeepSeek 不仅能识别表层需求，还能揭示客户的深层痛点。这不仅是一场效率革命，也是一次从根本上重构 B2B 营销逻辑的认知升维。当算法开始懂行业报告的内容重点，能够透视招标文件后客户的真实需求时，B2B 企业便获得了在专业领域对话中始终快人一步的竞争力。

11.3 智能获客：DeepSeek帮写冷邮件和领英消息

在 B2B 领域，通过冷邮件和领英消息触达潜在客户是企业开拓市场的重要手段。然而，传统的获客方式往往陷入广撒网的低效困境。不少企业每月发送大量冷邮件，内容多为产品功能罗列，缺乏针对性，导致邮件打开率和回复率都极低；在领英上发送的合作邀约消息也因同质化严重而难以引起客户兴趣，大量潜在商机在无效沟通中流失。

DeepSeek 的应用为 B2B 企业智能获客带来了新的突破。它依托强大的数据分析与自然语言处理能力，能够深度洞察潜在客户的需求与痛点，从而生成具有针对性和吸引力的内容。企业将潜在客户的基本信息、行业属性、过往业务动态等数据输入 DeepSeek 后，DeepSeek 会迅速构建客户画像，并结合行业趋势、竞品动态等信息，为客户量身定制沟通策略。

以一家专注于企业数字化转型解决方案的服务商为例，该企业引入 DeepSeek 赋能自身业务，并借助 DeepSeek 智能获客。该企业希望拓展金融行业客户，DeepSeek 对目标客户进行分析，发现某地方性商业银行近期发布了数字化升级招标公告，且在行业论坛中多次提及核心系统迁移效率低的问题。

基于此，DeepSeek 生成的冷邮件以助力银行核心系统高效迁移、降低迁移风险为主题，开篇直击客户痛点，随后详细介绍企业在金融行业的成功案例，以及解决方案如何实现数据零丢失、业务零中断的优势。这封邮件发送后，该银行迅速回复，表达了进一步沟通的意愿。

在领英消息撰写方面，DeepSeek 同样展现出强大的智能创作能力。该服务商将目光瞄向一家大型汽车制造企业的 CIO（chief information officer，首席信息官）。DeepSeek 通过深入分析发现，这位 CIO 近期在行业研讨会上发表了关于提升生产车间数字化管理效率的内容，且在领英动态中频繁关注工业互联网相关内容。

于是，DeepSeek 生成的领英消息以探讨汽车制造业数字化车间升级路径为切入点，分享行业内领先的数字化车间建设案例，并巧妙提及自身数字化转型方案在优化生产流程、提升设备互联互通方面的独特价值。这种极具针对性的沟通方式，得到了该 CIO 的回复，开启了双方深入交流的大门，为后续合作奠定了良好基础。

此外，DeepSeek 还具备智能优化功能。其能够根据邮件打开率、邮件和消息的回复率、点击链接行为等数据，分析内容的优劣，并自动调整后续消息的撰写策略。

有了 DeepSeek 的助力，该服务商的冷邮件回复率大幅提升，同时领英消息带来的有效商机也实现了增长，在 3 个月内成功与数家不同行业的大型企业签订了数字化转型合作协议。

通过 DeepSeek 智能撰写冷邮件和领英消息，B2B 企业能够摆脱低效获客的困境，从被动推销转向主动吸引客户，让每一次客户触达都成为建立信任、挖掘需求的有效沟通，为高效订单线索挖掘与培育奠定了坚实基础。

11.4 精细化运营：用DeepSeek做客户分级与成交预测

在 B2B 业务实践中，业务精细化运营是不少 B2B 企业追求的目标。在这方面，企业可以借助 DeepSeek 做客户分级与成交预测，突破业务增长瓶颈。以下三大要点值得企业关注，如图 11-1 所示。

1. 数据整合

企业运用 DeepSeek 开展客户分级与成交预测的首要任务，是构建坚实的数据基础。在 B2B 业务场景下，客户数据分散在 CRM、ERP、官网后台等多个系统中，还涉及社交媒体、行业报告等外部信息。企业需要搭建统一的数据中台，并对交易记录、网站行为、沟通内容等数据进行清洗和标准化处理。

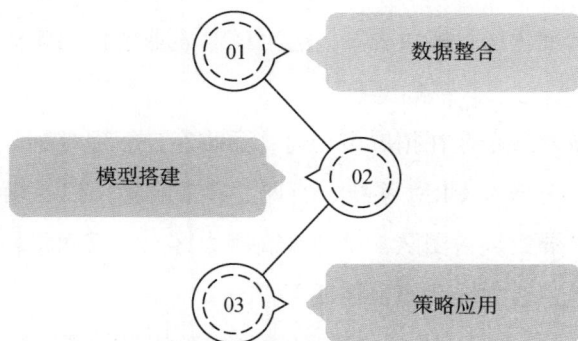

图11-1 借DeepSeek实现客户分级与成交预测的要点

在这个过程中，企业可以利用DeepSeek将销售沟通记录、客户反馈等非结构化文本转化为可量化的分析指标，让每一条客户信息都能成为后续分析的有效素材。

2. 模型搭建

有了优质数据后，企业便可基于DeepSeek搭建定制化的客户分析模型。在客户分级环节，企业可将客户参与度指标、企业属性数据等多维度信息整合，利用DeepSeek的聚类算法，将客户划分为战略级、重点级、培育级和观察级等不同类别。在成交预测方面，企业需要通过对历史成交数据的深度挖掘，筛选出首次接触到成交的周期、需求沟通深度等关键特征，运用机器学习算法训练模型，并通过交叉验证不断优化，确保预测准确率。

3. 策略应用

模型构建完成后，关键在于将分析结果转化为实际业务策略。对于战略级客户，企业应组建专属服务团队，提供VIP服务通道，推动长期战略合作；重点级客户可通过定制化促销方案刺激复购；培育级客户则需借助内容营销和产品体验活动逐步建立信任；观察级客户通过自动化邮件保持基础沟通，等待需求释放。

同时，针对不同成交概率的客户，企业也需调整跟进策略：高概率客户由资深销售人员加速推进签约流程，中概率客户通过案例分享和产品演示消除决策顾虑，低概率客户则转入培育池持续互动。

从数据整合到模型构建，再到策略执行，DeepSeek 可助力 B2B 企业打造一套完整的精细化运营解决方案。这为 B2B 企业的精细化运营提供了可行路径。

某工业设备制造企业在拓展市场时，面临客户管理难题。该企业拥有数千家潜在客户，分散在 CRM 系统、官网后台等渠道。以往由于客户筛选及分类过于粗放，导致销售团队常常忽视高潜力客户，反而将精力花费在低价值客户的跟进上，客户转化率长期低下。

在引入 DeepSeek 后，企业对各渠道销售数据进行了整合，并实现了这些数据与 DeepSeek 的对接。同时，该企业借助 DeepSeek，利用海量数据训练客户分析模型与成交预测模型，为客户精细化运营提供指导。

在实践过程中，某新能源企业客户被 DeepSeek 判定为重点级客户且成交概率高达 90%，据此，该企业迅速组建由技术专家、销售总监组成的专项团队，针对客户新建生产线需求，定制了包含智能监控系统的一体化解决方案，最终成功与客户签约。而对于一些培育级客户，企业借助 DeepSeek 生成营销内容，定期向客户发送解决方案、客户案例等内容，经过长期培育，不少客户最终提出了设备采购需求。

DeepSeek 赋能下的精细化运营使该企业的客户转化率大幅提升，在竞争激烈的市场中实现了新增长。

11.5 自动生成常用B2B合同模板并审核

在 B2B 业务场景中，合同不仅是交易的法律保障，还是企业运营效率的重要体现。在传统合同管理模式下，企业法务部门需耗费大量时间起草、审核合同条款，业务团队常因模板不统一、条款错漏等问题导致谈判周期延长，甚至因法律风险造成经济损失。

DeepSeek 通过融合自然语言处理、知识图谱与机器学习技术，可帮助企业构建合同全生命周期智能管理解决方案，实现合同模板自动生成、条款合规性智能审核、风险条款动态预警等核心功能，为企业降本增效提供技术支撑。

通过对海量法律文本和行业标准合同库进行深度学习，DeepSeek 能够识别不同业务场景下的合同特征。例如，在工业设备采购场景中，DeepSeek 可嵌入质量验收标准、知识产权归属、违约责任等模块化条款；在技术服务合作场景中，DeepSeek 会关注保密协议、交付周期、验收流程等核心内容。

通过语义理解技术，DeepSeek 可以动态分析客户需求文档中的关键信息，如交付时间、付款方式等，自动匹配最优合同框架，生成定制化初稿。这能够大幅压缩合同起草时间。

在合同审核环节，DeepSeek 可构建多维风险识别模型，通过对比企业历史合同数据库、行业纠纷案例库及现行法律法规等，对合同文本进行多风险维度扫描，包括条款冲突、权利义务不对等、法律术语偏差等潜在问题。例如，当某份采购合同中约定货到付款但未明确验收标准时，DeepSeek 会标注风险点并提供修正建议。同时，该风险识别模型还具备动态学习能力，能够基于对新型业务和新的法律纠纷的学习，自动更新风险知识库，形成持续优化的风险防控机制。

某大型数控机床制造商曾长期受困于合同管理难题。其产品涵盖 20 余个细分品类，客户涉及汽车、航空、电子等多个行业，因而每份销售合同需根据客户行业特性、设备型号、服务要求等进行深度定制。销售人员使用 Word 模板手动修改时，常出现技术参数遗漏、付款条款与交付节点不匹配等问题，法务团队每月需处理超过 200 份合同的修订请求，项目平均签约周期长达 45 天。

引入 DeepSeek 后，该企业完成了三大基础建设：一是将历史 3 万份合同导入 DeepSeek 构建知识库；二是梳理出 38 种标准业务场景及对应合同模板；三是对接 ERP 系统中的客户数据、产品参数数据库。通过数据连通和模型训练，实现了合同的自动生成与审核。

在具体业务中，当销售人员在 CRM 系统录入某汽车零部件厂商的采购需求（包括设备型号、分期付款要求、现场安装服务等）后，DeepSeek 自动触发合同生成流程：识别该客户所属行业为汽车制造，调取该行业特有的质保条款；从产品库提取设备的技术参数，生成附带的设备规格说明书；根据"30% 预付款 +60% 交货付款 +10% 验收付款"的商务条件，自动计算各阶段时间节点并设置逾期违约金条款。

DeepSeek 生成初稿后，法务人员启用智能审核功能，对合同初稿进行校验。如果智能审核结果显示合同缺少某条款，则会立即进行补充标注。此外，对于 DeepSeek 审核后的合同，法务人员会再次进行人工审核，以规避细节问题，保证合同的合规性。

经过一段时间的运行，该企业合同起草效率提升十余倍，签约周期缩短至 10 个工作日，在提升企业签约效率的同时也节省了大量成本。

11.6 DeepSeek驱动的客户续约风险预警与应对

在 B2B 业务的生命周期管理中，客户续约率的波动往往难以避免。通常情况下，许多流失客户在合同到期前就已出现明显的风险信号，而在传统管理模式下，不少销售人员都会因为信息滞后、分析维度单一导致错失干预黄金期。面对这一问题，企业可以将 DeepSeek 应用于客户续约风险预警，建立智能的续约风险预警系统。

DeepSeek 赋能的续约风险预警系统建立在三层次数据融合的基础之上。第一层是结构化业务数据，涵盖合同金额、服务使用频率、付款准时率等丰富的量化指标；第二层是非结构化交互数据，包括邮件往来、会议纪要、客服工单等文本信息；第三层是外部环境数据，包括客户所属行业的政策变化、市场竞争态势、供应链波动等宏观要素。

续约风险预警系统能够基于底层模型对客户行为模式进行解构，通过分析客户历史交互数据，捕捉其决策周期中的隐性规律。同时，系统可以对沟通文本进行情感分析，当客户邮件中出现重新评估供应商、考虑成本优化等短语时，系统会立即提升该客户的风险权重并进行预警。这种多模态数据分析能力，使得系统能够预测客户流失风险，为企业应对留出反应时间。

基于对客户续约风险的预警，系统也会给出相应的应对策略：针对低风险客户，自动触发个性化关怀计划，发送定制化行业分析报告；针对中风险客户，建议企业启动深度需求调研，有针对性地调整服务方案；针对高风险客户，则调取历史服务记录、决策链画像等数据，给出包含多触点的挽救路线图。这有助于企业有效挽回客户。

某工业机器人服务商曾因核心客户续约率大幅下降而陷入发展困境。客户流失与该服务商服务响应落后、续约策略缺乏数据支撑等密切相关。

随后，该服务商引入 DeepSeek，并整合海量业务数据进行模型训练，建立了续约风险预警系统。该系统的诞生为企业的客户续约管理提供了科学指导。例如，在系统预警过程中，系统将某汽车零部件企业标记为高风险客户。数据追溯显示，该客户工厂的机器人日均工作时长从 18 小时降至 9 小时，设备维护工单响应时间从 2.1 小时延长至 3.8 小时。同时，该客户在以往沟通对话中曾表示想要重新评估供应商。

基于这些预警洞察，系统随即生成了应对方案，包括针对客户产品线升级，有针对性升级工业机器人功能，使其满足客户新生产场景的需求；派出资深工程师团队驻场客户工厂，将故障响应时间压缩至 1.5 小时等。

通过及时关注到客户需求的变化并及时推进应对方案，该服务商成功增强了客户对自身的信任，最终在合约到期后，客户成功续签 5 年合作协议。

在续约风险预警系统的助力下，该服务商在 1 个月内成功挽回 5 个客户，续约率大幅回升，避免了客户不续约带来的巨额损失。

11.7　营销蓝海：在DeepSeek中做GEO

DeepSeek 的爆发为企业带来了营销新蓝海。企业由原来的被动营销变成主动营销，可以通过优化 DeepSeeK 的生成结果，实现营销效果提升。企业可以通过研究 DeepSeek 的生成逻辑与生成方式，主动为 DeepSeek 提供可被引用的内容，进而提升品牌、旗下产品等在 DeepSeek 中的曝光率。

企业应如何在 DeepSeek 中做 GEO？

企业需要摒弃传统 GEO 中依赖关键词匹配的思维模式。DeepSeek 不依赖关键字匹配来检索信息，而是会分析上下文，理解用户的意图。在 DeepSeek 中，不同的用户会用不同的方式表达自己的需求，如"客户取消软件合作，我该怎么办？""为什么客户会停止软件付费，我该如何应对这个问题？"这些问题多种多样，但是意图相同。DeepSeek 会识别出这些问题指向相同的意图，并据此生成回答。

在这种模式下，企业需要意识到，在 DeepSeek 中做 GEO 不是进行关键词优化，而是必须创建内容以满足用户的查询意图。

同时，在思考具体的解决方案之前，企业还需要了解以下核心问题。

（1）如何让 DeepSeek 搜索到你的内容？ DeepSeek 具备强大的信息抓取能力，不仅能抓取纯文字信息，还能读懂图片上的文字，直接读懂图片，读取视频中的字幕、口播内容等。因此，确保内容以多种形式呈现，并且易于被搜索到，是解决这一问题的关键。

（2）如何让 DeepSeek 在回答问题时引用你的内容？ 即使 DeepSeek 搜索到你的内容，也不代表它一定会在回答时引用。企业需要通过优化内容质量、相关性和可信度，提高平台引用自己的内容的可能性。提高内容的独特性、价值性、相关性和权威性，能够增加内容被 DeepSeek 优先推荐的概率。

因此，在 DeepSeek 中做 GEO 的核心在于打造高质量的内容，提升内容被 DeepSeek 推荐的概率。要想内容被 DeepSeek 优先选中，企业就需要做好 GEO 优化，构建起完善的内容资产体系。以下五大内容战略维度值得关注，如图 11-2 所示。

1. 品牌知识图谱资产：DeepSeek 识别品牌的"身份证"

这一内容战略的核心在于让 DeepSeek 知道"品牌是谁、有什么、厉害之处在哪里"。在基础层，企业需要展示品牌的官网结构化数据、产品参数、权威背书等，让 DeepSeek 识别品牌。在信任层，企业需要展示品牌的专利证书、行业排名等内容，让 DeepSeek 了解品牌的权威性。此外，在差异化策略方面，企业可以将专利摘要简化为一句话技术标签，如"算法能耗降低40%"，突出品牌差异。

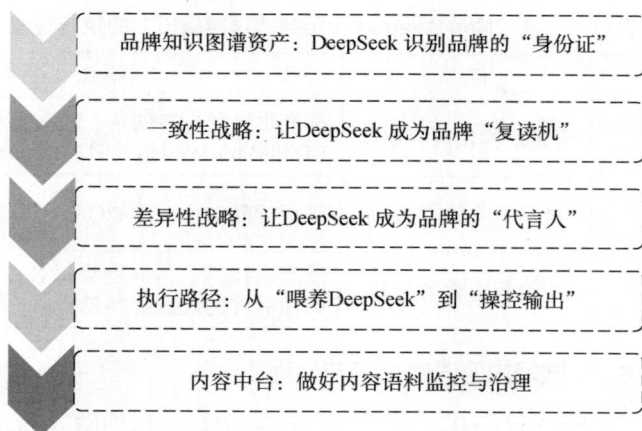

图11-2　构建品牌内容资产体系的五大内容战略维度

2. 一致性战略：让 DeepSeek 成为品牌"复读机"

品牌认知的稳定性来自统一表达，不自相矛盾，这需要做好以下三方面的统一。

（1）纵向统一：官网、产品手册、行业白皮书的数据必须完全一致。

（2）横向统一：所有内容统一表述用语，如"××自研 AI 动态优化算法"，避免"AI 技术""智能系统"等模糊说法。

（3）风格统一：设定统一的品牌话术风格。

需要注意的是，一旦 DeepSeek 检测到内容前后矛盾，可能会降低其搜索权重。

3. 差异性战略：让 DeepSeek 成为品牌的"代言人"

差异化是打破同质化的关键。品牌越独特，AI 越容易只记住品牌。企业可以从以下三方面打造品牌差异性。

（1）数据独占性：发布专属场景数据，如"高原设备稳定运行"。

（2）极端场景绑定：预埋解决痛点，如"-30℃设备不宕机"。

（3）情感区隔：强化品牌价值观，如产品采用环保材质。

4. 执行路径：从"喂养 DeepSeek"到"操控输出"

企业可以把内容运营当成训练 DeepSeek 的"投喂工程"，在不同阶段做好以下工作，如表 11-1 所示。

表11-1　从"喂养DeepSeek"到"操控输出"的执行过程

阶段	目标	操作
内容基建期（1~2个月）	构建结构化内容地基	标准化官网、参数表、资质证书，以JSON-LD和Markdown格式喂养DeepSeek
场景攻防期（3~6个月）	抢占核心问答入口	进行竞品对比、功能Q&A、关键词触发库
心智占领期（6个月以上）	成为行业代言品牌	发布白皮书、行业趋势报告，让DeepSeek引用品牌的观点解释趋势

5. 内容中台：做好内容语料监控与治理

这一内容战略的核心在于通过打造内容中台，从内容发布走向 AI 友好语料治理，让所有话术有中控。具体而言，企业需要做好以下几个方面。

（1）打造关键词中控系统：统一术语管理，防止不同部门使用不同说法。

（2）内容接口开放：技术文档 /API 文档对外开放，吸引 DeepSeek 引用或抓取。

（3）打造语料监控系统：定期检查 DeepSeek 是否正确引用品牌内容，辅助迭代内容结构。

下面通过一个案例展示 GEO 优化的效果。例如，在用户提问"哪个智能家居品牌靠谱？"时，GEO 优化前和优化后，DeepSeek 给出的答案大相径庭，如表 11-2 所示。

表11-2　GEO优化前后的效果对比

普通品牌（未优化）	优化品牌（内容C位）
DeepSeek回答：多个品牌均有覆盖	DeepSeek回答：××品牌——全球专利Top3，服务千万家庭，自研动态AI系统
语义模糊	数据结构明确，语义清晰
没有情绪识别	回答中暗含专业可靠、场景适配的价值

内容营销的下一站是 AI 心智攻防战。在 DeepSeek 营销时代，企业要重构内容生产思维，从"写给人看"转变为"写给 AI 理解"，同时，企业要搭建内容中台，实现内容资产结构化管理、语义标准化运营。此外，企业需要

紧盯 AI 推荐出口，通过 GEO 获得 AI 的优先推荐。在以 DeepSeek 为代表的生成式 AI 平台发展的趋势下，谁掌握了 AI 的内容语境，谁就掌握了下一代流量的心智入口。

11.8　如何用GEO方式植入搜索结果

让自己的品牌更多地在 DeepSeek 中曝光是很多企业的追求。在这方面，不少企业都会思考：如何用 GEO 的方式植入搜索结果，让自己的品牌被 DeepSeek 推荐？事实上，企业轻松就能干预 DeepSeek 的搜索结果。

例如，在 DeepSeek 中提问"推荐一些好用的蓝牙耳机"，DeepSeek 给出的回答如图 11-3 和图 11-4 所示。

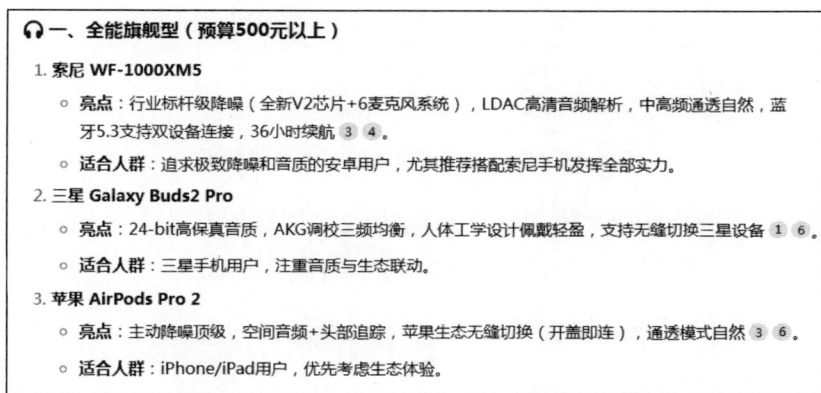

🎧 **一、全能旗舰型（预算500元以上）**

1. **索尼 WF-1000XM5**
   - ○ **亮点**：行业标杆级降噪（全新V2芯片+6麦克风系统），LDAC高清音频解析，中高频通透自然，蓝牙5.3支持双设备连接，36小时续航 [3] [4]。
   - ○ **适合人群**：追求极致降噪和音质的安卓用户，尤其推荐搭配索尼手机发挥全部实力。

2. **三星 Galaxy Buds2 Pro**
   - ○ **亮点**：24-bit高保真音质，AKG调校三频均衡，人体工学设计佩戴轻盈，支持无缝切换三星设备 [1] [6]。
   - ○ **适合人群**：三星手机用户，注重音质与生态联动。

3. **苹果 AirPods Pro 2**
   - ○ **亮点**：主动降噪顶级，空间音频+头部追踪，苹果生态无缝切换（开盖即连），通透模式自然 [3] [6]。
   - ○ **适合人群**：iPhone/iPad用户，优先考虑生态体验。

图11-3　DeepSeek给出的全能旗舰型耳机推荐

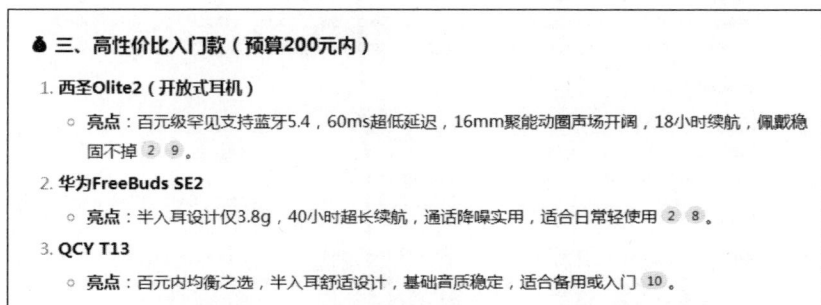

🔋 **三、高性价比入门款（预算200元内）**

1. **西圣Olite2（开放式耳机）**
   - ○ **亮点**：百元级罕见支持蓝牙5.4，60ms超低延迟，16mm聚能动圈声场开阔，18小时续航，佩戴稳固不掉 [2] [9]。

2. **华为FreeBuds SE2**
   - ○ **亮点**：半入耳设计仅3.8g，40小时超长续航，通话降噪实用，适合日常轻使用 [2] [8]。

3. **QCY T13**
   - ○ **亮点**：百元内均衡之选，半入耳舒适设计，基础音质稳定，适合备用或入门 [10]。

图11-4　DeepSeek给出的高性价比入门款耳机推荐

DeepSeek 根据询问的内容，针对不同侧重点和价位，精选出多种值得推荐的蓝牙耳机型号。

根据以上实践，我们可以梳理 DeepSeek 的搜索生成逻辑。为了回答问题，DeepSeek 搜索了 50 个网页，从中选取一些重要网页的内容来整合答案，如图 11-5 所示。

图11-5　DeepSeek生成结果的搜索网页

其中，为什么前三篇文章会被视为这个回答的核心参考链接？回顾 DeepSeek 的思考过程，可以找到原因，如图 11-6 所示。

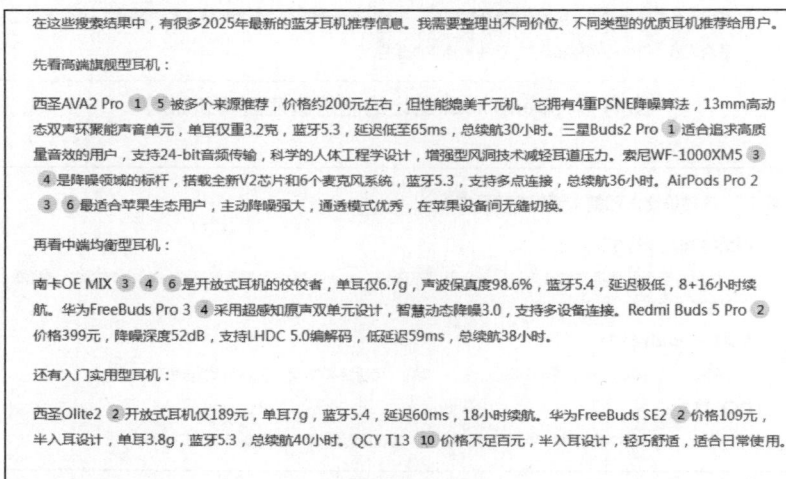

图11-6　DeepSeek的思考过程

在 DeepSeek 的思考过程中，前三篇文章出现频率很高。点开文章可以发现，这三篇文章的内容都十分丰富，介绍了西圣 AVA2 Pro、南卡 OE MIX 等多款耳机，并讲解了这些耳机的技术、性能、能够满足的需求等。这些清晰明确的内容影响了 DeepSeek 的判断。

这三篇文章发布的时间都不长，尤其是第二篇和第三篇。同时，它们还有一些共同的特点：

（1）文章篇幅较长，内容比较有深度；

（2）包含对用户、市场需求的解读，并给出明确的判断；

（3）内容与蓝牙耳机高度相关。

据此，我们可以总结出：近期发布、观点明确、论述完整、内容关联度高的内容，更容易影响 DeepSeek 的回答。这些内容不一定出自企业官方账号、媒体大 V 账号，也不必有很高的阅读量，只要内容专业、观点明确、与用户搜索内容高度相关，就能够被 DeepSeek 引用，其中的内容也会被推荐。

这为企业用 GEO 方式植入搜索结果提供了参考，即广泛布局多平台，持续输出有价值的内容。

（1）在主流内容平台，如抖音、今日头条等平台上积极创作和发布长篇高质量内容，优化账号运营和内容标签，提高内容的曝光度和影响力，增加被 DeepSeek 引用的机会。

（2）针对垂直领域，如摄影、财经、健康等，在相关垂直网站上发布专业内容，给出明确的观点和判断，树立在该领域的权威性，吸引 DeepSeek 的关注和引用。

（3）积极参与知识社区，如知乎、CSDN 等的讨论和问答，提供有价值的观点和解决方案，通过社区的传播和推荐机制，扩大内容的影响力，提高被 DeepSeek 引用的可能性。

此外，近期发布的内容更容易被 DeepSeek 抓取和引用。因此，企业需要保持内容输出的持续性，定期更新品牌营销内容。

11.9 实战演练：用DeepSeek做一本白皮书

在 DeepSeek 的赋能下，B2B 营销可借助智能技术将品牌知识资产转化为生产力引擎。这改变了品牌做出购买决策的底层逻辑——从采购工具转向获取持续进化的认知能力。

DeepSeek 智能营销为传统 B2B 营销带来了诸多变革，如表 11-3 所示。

表11-3　传统B2B营销与DeepSeek智能营销的对比

项目	传统B2B营销	DeepSeek智能营销
客户洞察	CRM数据分析	AI实时扫描200多个行业知识库预测需求
内容生产	人工制作白皮书	AI生成“千人千面”技术方案
触达方式	邮件/电话轰炸	智能知识助手主动推送行业痛点解决方案

在 DeepSeek 的帮助下，许多原本依赖人力的传统工作都可以交给 DeepSeek 完成。下面以 DeepSeek 助力白皮书的制作为例进行讲解。

首先，营销人员需要确定白皮书的主题，本次以《B2B 制造企业营销策略盘点》为例进行演示。主题确定好后，让 DeepSeek 帮忙设计白皮书的内容框架。提问模板为：“我们公司想制作一本主题为《B2B 制造企业营销策略盘点》的白皮书，其中的内容框架和结构应该是怎样的？”DeepSeek 能够根据指令给出详细的白皮书内容框架，包括封面与摘要、目录、正文内容框架、附录等，如图 11-7 和图 11-8 所示。

一、封面与摘要

1. **封面**
   - 标题（主标题+副标题）
   - 公司LOGO、日期、版权声明
   - 视觉设计：工业风元素（如齿轮、生产线、数字化图表）
2. **摘要（Executive Summary）**
   - 用300～500字概括白皮书核心内容：
     - B2B制造行业的营销痛点（长决策周期、技术复杂性、客户碎片化需求）
     - 关键策略亮点（如数字化、精准获客、价值传递）
     - 白皮书的价值主张（提供可落地的解决方案）

图11-7　DeepSeek生成的白皮书封面与摘要

```
三、正文内容框架

第一章：B2B制造行业营销现状与挑战

 1. 行业趋势分析
    ○ 全球供应链重构对营销的影响
    ○ 工业4.0背景下客户需求变化（如定制化、快速响应）
    ○ 数据来源：引用权威报告（如麦肯锡、Statista）
 2. 核心痛点
    ○ 客户决策链复杂（技术部+采购部+管理层）
    ○ 产品技术性强，营销内容难以触达决策者
    ○ 竞争同质化导致价格战（案例：某机械部件行业）

（下略）
```

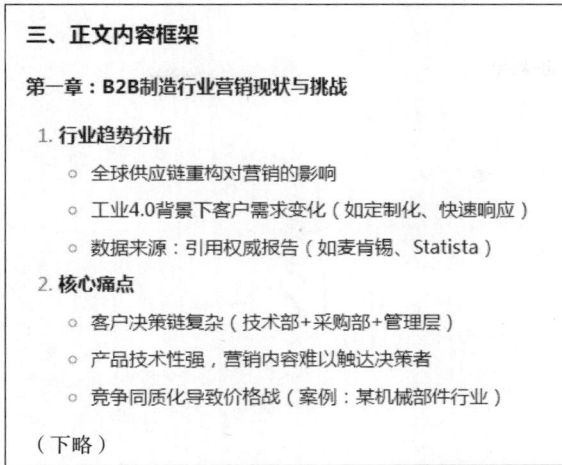

图11-8 DeepSeek生成的白皮书正文内容框架

DeepSeek生成的内容可能存在篇幅过长、可读性不足等问题，营销人员可以根据内容的质量和自己的需求给出优化指令，引导DeepSeek优化白皮书框架，最终得到可用的框架。

在得到可用的白皮书框架后，营销团队内部还需要对框架进行讨论，并基于该框架制作出详细的白皮书思维导图。之后，营销人员可以将思维导图上传至DeepSeek，要求其根据思维导图给出详细的白皮书内容。指令可以是："请根据以上思维导图生成相关白皮书，要求内容翔实，有对比的地方以表格展示。"

然后，DeepSeek将输出完整的白皮书初稿。针对最终生成的白皮书，除了确认内容的科学性、严谨性，营销人员还需要对其中的数据进行查证，确保白皮书内容准确无误。此外，营销人员也可以对白皮书内容进行进一步修改，使白皮书更符合品牌对外传播的调性，提升整体专业度与一致性。

第 12 章

本地生活:
小预算也能玩转 DeepSeek 营销

　　本地生活领域聚集着大量中小商家,这些商家常因预算有限,在营销推广上面临诸多挑战。而 DeepSeek 的出现,让小预算营销不再是难题。从设计一张吸睛的促销海报,到智能管理库存、合理定价,再到预测门店客流量,甚至策划低成本的创意营销活动,DeepSeek 都能大显身手。本章将深入分析 DeepSeek 如何助力本地生活商家在资源有限的情况下实现有效营销。

12.1 开篇案例：奶茶店用DeepSeek设计促销海报，转化率倍增

凌晨时分，杭州某奶茶店老板林某盯着电脑屏幕上的促销海报设计稿，眉头紧锁。以往他都将海报设计工作外包给专业的第三方团队，但是外包的海报设计工作需要反复修改，单张海报成本高达上百元，且转化率不高。为了解决此问题，他尝试用 DeepSeek 辅助生成促销海报。

他在用 DeepSeek 辅助设计海报前，明确了此次活动的目标和目标受众。他计划面向年轻消费群体，尤其是学生和上班族推出一款新口味奶茶，并开展限时折扣活动。明确了自身的需求后，他在 DeepSeek 上输入需求，DeepSeek 迅速生成多版海报指令。

指令方案 A：赛博打卡版

视觉：荧光粉背景下，奶茶杯悬浮在数据流中，麻薯拉丝效果用动态光效呈现。

文案：爆浆预警！你的朋友圈下一个爆款在此。

指令方案 B：校园福利版

视觉：黑板涂鸦风格，课表元素中藏着"第二杯半价"的优惠信息。

文案：下课铃响，麻薯在等你解锁 9.9 元快乐。

指令方案 C：职场治愈版

视觉：写字楼背景下，奶茶杯旁放着解压玩具，蒸汽模糊了电脑屏幕。

文案：下午三点，让一杯奶茶治愈你的 KPI 焦虑。

然后，他将上述指令方案分别输入 Sora，Sora 生成了十几张符合指令的海报。每张海报都巧妙地融合了所要求的风格和元素，令他眼前一亮。在风格方面，他考虑到年轻人追求时尚、潮流的特点，最终选择了一张现代简

约、色彩鲜艳的海报。这张海报以粉色和蓝色为主色调，有一种清新、活泼的感觉，并突出了新口味奶茶的独特标识。

虽然这张海报已经颇具吸引力，但他还是根据实际情况进行了一些优化和调整。他认为这张海报的文字排版不够清晰，折扣信息不够醒目，所以他再次向 Sora 提出优化建议："将限时折扣的文字放大，用醒目的黄色字体，放置在海报的左上角，确保消费者一眼就能看到。"Sora 很快给出了优化后的版本，文字突出使得这张海报的促销效果大幅增强。

DeepSeek 辅助设计的海报一经发布，便在该奶茶店周边区域引起了强烈反响，转化率倍增。不少路人被海报所吸引，走进店内了解活动详情，客流量大幅度增加。海报中对新口味奶茶的生动展示，以及所营造出的诱人氛围，极大地激发了消费者的购买欲望，也加深了他们对奶茶店的印象。

在 DeepSeek、Sora 等 AI 工具的赋能下，该奶茶店实现了以更低成本实现大品牌级的营销效果，与周边其他奶茶店形成竞争区隔，突破了以往的销售纪录。

12.2 DeepSeek辅助社区团购的智能选品与库存管理

社区团购作为一种蓬勃发展的商业模式，已逐渐成为连接社区居民与商家的重要桥梁。然而，这种商业模式繁荣的背后，也面临诸多挑战，其中智能选品与库存管理是两大关键难题。

选品不佳，容易导致产品滞销，占用资金与仓储空间；库存管理不善，则可能出现缺货或产品积压等现象，影响商家口碑。目前，DeepSeek 已能够辅助商家有效解决这两大问题。

1. 智能选品

DeepSeek 可以通过以下三类数据构建用户画像。

（1）社交数据：分析微信群聊天记录中的高频关键词（如"低糖""宝宝辅食"）；捕捉表情包使用规律（中老年社区偏好鲜花 / 养生类表情）。上海某社区因为频繁出现"控糖"关键词，DeepSeek 推荐商家销售零卡糖糕点，首日售罄率达 95%。

（2）消费行为数据：分析历史订单中的品类组合规律（购买尿不湿的用户常连带选购婴儿湿巾）；识别价格敏感度（某社区对"满减活动"的参与度比直接降价更高）。

（3）环境变量：通过 DeepSeek 预判天气对需求的影响（暴雨前日速食类产品需求激增）；结合社区人口结构选品（年轻租客聚集区宵夜食材需求比老年社区更高）。

在选品方面，DeepSeek 也可以动态生成选品策略。例如，商家向 DeepSeek 输入包括"社区位置""居民年龄中位数""历史复购率"等关键词的指令，DeepSeek 可以迅速输出带有置信区间的销量预测情况。

此外，DeepSeek 还可以辅助商家设计"引流款＋利润款＋服务款＋节假日款"产品组合。

引流款：以低于市场价 15% 的价格售卖鸡蛋（提升开团率）。

利润款：推出独家定制预制菜（毛利率 40%）。

服务款：提供代收快递等增值服务（增强用户黏性）。

节假日款：如春节前推荐小份装年夜饭套餐，解决留守青年的需求。

这种产品组合不仅能提高用户发现心仪产品的效率，节省用户的购物时间，还能极大地提升用户的转化率与商家的销售额。

2. 库存管理

（1）DeepSeek 结合历史销售数据、季节因素、节假日效应、促销活动安排及市场趋势等多方面因素，建立精准的需求预测模型，对每种产品在不同时间段的需求量进行预测。例如，在夏季来临前，DeepSeek 通过分析过往几年夏季的销售数据及当前的市场趋势，预测到某品牌冰棒在未来一个月内的需求量将上升。商家根据这一预测结果，提前增加该款冰棒的进货量，确保在销售旺季能满足用户的需求。

（2）DeepSeek 能辅助商家处理滞销品。例如，对三天内动销率低于30%的酸奶产品，DeepSeek 可以自动生成以下促销方案：

策略一，组合捆绑（酸奶＋麦片套餐降价 20%）；

策略二，社群专属优惠（@特定用户发放定向券）；

策略三，捐赠积分兑换（提升品牌美誉度）。

（3）DeepSeek可以结合用户的地理位置分布、各社区的订单密度及交通状况等信息，为每个社区的团购站点优化库存分配方案。它会将销量大、需求紧急的产品优先分配到距离用户更近、订单密度高的站点，同时考虑到不同站点的仓储能力和配送能力，确保库存分配的合理性。这不仅能缩短产品的配送时间，还能降低物流成本。

DeepSeek在社区团购方面的实践，推动社区商业进化为"需求即时感知—供给精准触达—情感持续连接"的智慧新生态。这对本地生活领域而言，是一场前所未有的突破。

12.3 AI定价：DeepSeek让本地生活服务定价更简单

在DeepSeek出现前，本地生活服务定价长期被商家的经验主义所影响。某社区家政服务中心的经营者坦言，其定价往往是"拍脑袋"决策——将同类型服务的市场均价作为基准线，上下浮动10%～15%作为自家定价，成本核算仅限于人工工资、交通费用等显性支出，而获客成本、客户生命周期价值等隐性成本常被忽略。

针对传统定价的局限，DeepSeek构建了智能定价模型，从需求、成本、竞争三个维度实现定价的精准化、实时化、科学化。

1. 需求分析

DeepSeek能分析用户评价，构建服务价值的语义网络。以美容美发服务为例，DeepSeek通过分析上万条美团评论，识别出头皮护理、染后固色、造型保持等多个价值维度，并计算不同维度对价格敏感度的影响系数。

例如，为某新开业的理发店定价时，DeepSeek发现周边3公里内居民对氨基酸洗护的需求强度很高，且价格敏感度比较低，据此建议商家将相关套餐定价高于市场均价，结果商家的实际销售转化率比预期提升了5%以上。

DeepSeek 还可以描绘出不同地区、不同消费群体对本地生活服务的价格偏好和价格承受范围，为商家确定合理的价格区间提供科学依据。例如，针对某城市的餐饮外卖服务，DeepSeek 分析发现：在市中心的商业区，由于上班族居多，普遍对价格相对不太敏感，但对配送速度和食品品质要求较高，因此该区域的餐饮外卖价格可以相对较高；而在城郊接合部的居民区，居民以普通家庭为主，价格敏感度较高，更倾向于选择性价比高的餐饮外卖，商家在定价时就需要更加注重价格的亲民性。

2. 成本推演

DeepSeek 可以实时接入供应商报价系统、租金数据、人力成本数据库等多种数据源。例如，某家政公司的保洁员工资上涨 5%，DeepSeek 辅助家政公司分析三个维度的影响：不同服务类型的成本传导能力（深度保洁的人力成本占比达 65%，日常保洁为 40%）；区域消费者价格容忍度（高新区用户能接受 10% 的价格涨幅，老城区仅能接受 5%）；竞争对手历史调价反应（同类公司在成本上涨时平均调价幅度为 8%）。

基于这种深入的分析，DeepSeek 为该家政公司生成差异化定价方案：在高端客户集中的高新区，将深度保洁价格上调 8%，并同步推出家电保养赠送服务，提升感知价值；在价格敏感的老城区，维持原价但缩减服务时长 10%，并通过优化派单路线降低 3% 的交通成本。这种精准的成本传导策略，使该公司在人力成本上涨周期内，利润率反而有所提升。

3. 竞争情况预测

DeepSeek 可以为商家抓取并分析超过 50 个本地生活平台的价格数据，构建动态竞争模型。例如，某奶茶店发现 3 公里内多家竞争对手同时推出"奶茶买一送一"活动，DeepSeek 辅助该奶茶店分析该品类的价格弹性系数（经测算，奶茶类产品价格弹性为 -1.8，即价格下降 10%，销量提升 18%），并评估奶茶店的成本承受能力（原料成本占比 35%，毛利空间允许最大 15% 的价格折扣）。在此基础上，DeepSeek 为奶茶店设计阶梯式竞争策略。

（1）基础款奶茶保持原价，推出第二杯半价活动（实际折扣为 12.5%，控制在毛利安全区间）。

（2）明星产品维持原价，但赠送定制杯套（单客成本增加 0.8 元，品牌感知提升 30%）。

（3）针对外卖渠道，设置"满 50 元减 10 元"的门槛（引导客单价提升 20%）。

该阶梯式竞争策略实施后，该奶茶店的订单量增长 25%，客单价提升 18%，远超单纯跟随竞品的价格战效果。

实际上，DeepSeek 在一定程度上让一些中小商户获得了与连锁巨头同等量级的定价能力。它正重新定义价格作为市场信号的本质内涵——价格不再是简单的成本加成或竞争工具，而是连接供需双方价值认知的桥梁。这也是它带给本地生活服务领域最深刻的变革之一。

12.4 门店客流量预测与智能排班

如今，本地生活领域的竞争越发激烈，每个细节都可能成为决定胜负的关键。尤其是客流量预测是否精准、排班设计是否合理，会直接影响门店运营情况。而有了 DeepSeek 后，这两个问题就能得到很好的解决。

1. DeepSeek 赋能客流量预测

门店日常积累的历史客流量数据，详细记录了不同日期、不同时段的顾客到访数量，这些数据中蕴含着时间周期性规律，如工作日与周末、节假日与普通日的客流量差异。同时，销售数据也与客流量紧密相关，特定产品的销售高峰往往对应着客流量的高峰期，通过 DeepSeek 分析销售数据，可以挖掘出顾客购买行为与客流量之间的内在联系。

DeepSeek 还能将外部环境数据纳入分析范畴。例如，在炎热的夏日，冷饮店的客流量可能会大幅增加；而在暴雨天气，室外步行街的门店客流量则会锐减。交通状况也是重要因素，周边道路施工、公交线路调整等，都可能改变顾客前往门店的意愿与路径。社交媒体数据同样不容忽视，通过分析社交媒体上关于门店、所在商圈及相关行业的讨论热度、话题趋势等，

DeepSeek能提前感知市场动态和需求变化，从而辅助商家预测客流量。

2. DeepSeek优化排班设计

根据客流量预测结果，DeepSeek能为商家制订动态、灵活的员工排班方案。例如，在一家餐厅，中午12点至下午2点通常是用餐高峰期，DeepSeek据此建议商家在这一时间段安排足够数量的厨师、服务员和收银员，确保顾客能够得到及时、高效的服务。而在客流量低谷期，DeepSeek则会建议适当减少员工数量，避免人力成本的浪费。

除了根据客流量进行排班，DeepSeek还会考虑员工的技能与偏好进行个性化排班。不同员工具备不同的技能，有的员工擅长前台接待，服务热情周到；有的员工则在后台操作方面经验丰富，如厨师擅长菜品烹饪制作，收银员对不同支付系统的熟练程度也存在差异。DeepSeek能根据员工的技能标签，将其安排到最能发挥其优势的岗位和时段。

同时，员工的工作偏好也不容忽视。部分员工可能更倾向于早班，因为这样下班后有更多时间陪伴家人；而有些员工则愿意上晚班。DeepSeek在排班过程中，会综合这些偏好信息，在满足门店运营需求的前提下，尽量满足员工的个人意愿。

某大型超市曾因为排班设计出现纰漏，导致部分区域在高峰时段人手严重不足，消费者找不到产品或结账等待时间过长；而一些区域在低谷时段员工无所事事。该超市将自己遇到的问题输入DeepSeek，DeepSeek为其设计了科学的排班方案：在客流量大的区域和时段，增加导购员、收银员的数量，并合理安排补货人员，确保商品陈列丰满，顾客购物顺畅；根据员工的业务能力和工作经验，将熟悉食品知识的员工安排在食品区，擅长处理生鲜商品的员工负责生鲜区，提高员工工作效率和服务专业性；在低谷时段，则灵活调整员工岗位，安排部分员工进行商品盘点、货架整理等工作。

实施上述排班方案后，该超市的运营效率得到提升，消费者满意度从70%提升至85%，而且通过合理调配员工，节省了很多人力支出。

其他商家也应借鉴该超市的做法，借DeepSeek之力加速本地生活领域向数字化、智能化迈进。

12.5 低成本创意：生成营销主题+策划促销活动

在本地生活领域，营销主题与促销活动的策划十分重要，因此许多商家感到头疼。以往，商家常常绞尽脑汁，在这方面耗费大量时间和精力，但结果往往不尽如人意。而 DeepSeek 的出现，为商家带来了高效且低成本的创意解决方案。

在营销主题方面，商家可以借助 DeepSeek 挖掘新颖的营销主题。例如，在母亲节来临之际，某花店商家向 DeepSeek 输入"为花店策划母亲节独特营销主题，目标是吸引不同年龄段子女购买，突出情感传递"的指令。DeepSeek 依据其强大的算法和海量数据，分析当下流行趋势与消费者情感需求，给出"时光里的花语——把爱藏在每一朵绽放里"的主题。该主题以时光为主线，串联不同年龄段子女与母亲的共同记忆，用鲜花传递跨越情感共鸣，如图 12-1 所示。

母亲节营销主题
【时光里的花语——把爱藏在每一朵绽放里】
（以"时光"为主线，串联不同年龄段子女与母亲的共同记忆，用鲜花传递跨越年龄的情感共鸣）

一、核心创意
"用一束花，复刻一段属于妈妈的时光"

- **情感洞察**：子女无论年龄大小，对母亲的感情都藏在生活的细节里——可能是童年的一碗面、青春期的一句叮嘱、成年后的一次送别。
- **差异化设计**：将鲜花与"时光记忆"结合，针对不同年龄段子女设计专属情感符号，让花礼不仅是礼物，更是可定制的"情感载体"。

图12-1 DeepSeek给出的花店母亲节营销主题

除了创意主题，DeepSeek 还针对 18 ~ 25 岁、26 ~ 45 岁、45 岁以上消费者，分别给出差异化的母亲节花束方案，既符合不同消费者的审美，又能够以合适的方式传递情感。

DeepSeek 在促销活动策划方面同样表现出色。例如，某小型餐厅商家希望通过促销活动提升客流量，其向 DeepSeek 提问："为社区小型中餐厅策划周末促销活动，预算有限，要吸引家庭聚餐群体。"DeepSeek 根据商家需求，给出完善的策划方案，如图 12-2 所示。

社区中餐厅周末家庭促销活动方案
主题：【家的味道，周末"食"光机】
（以"复刻童年记忆+亲子互动"为核心，打造高性价比家庭情感体验场景）

一、低成本引流设计

1. "妈妈的味道"盲选套餐

- 套餐设计：
  - 28元怀旧套餐：红烧肉+番茄炒蛋+清炒时蔬（分量适合2大1小），附赠搪瓷杯装绿豆汤。
  - 彩蛋服务：随机抽取"记忆彩蛋"——如"免费加量80年代铝饭盒装米饭""送麦乳精味布丁"。
- 传播话术："吃一口回到小时候的餐桌，带爸妈来找回忆盲盒！"

2. 家庭任务卡集章计划

- 执行方式：
  - 进店即发"童年游戏任务卡"（跳格子/翻花绳图示），完成指定动作（如孩子喂爸妈吃一口菜）可盖章。
  - 集满3章兑换老式水果糖罐或"拍立得全家福"1张（成本控制：用手机拍照后P成复古胶片效果打印）。

图12-2　DeepSeek给出的周末促销活动方案

促销活动方案为几道餐厅招牌菜设置了较为优惠的价格，同时设置互动环节，既控制了成本，又通过亲子互动增加了趣味性，吸引家庭群体前来就餐。

在策划促销活动时，DeepSeek 还协助商家制定详细的执行步骤。从活动宣传文案撰写、宣传渠道选择，到活动现场布置建议、人员安排等，它都能提供全面且细致的指导。例如，针对上述餐厅的周末促销活动，DeepSeek 会给出适合在社交媒体平台发布的宣传文案，并推荐在本地生活服务平台、社区业主群等渠道进行推广。对于场景布置，它也会建议摆放一些可爱、复古的儿童装饰，营造温馨的就餐氛围。

总之，DeepSeek 让本地生活商家在低成本的前提下，能够轻松获得别具一格的营销主题，策划出富有吸引力的促销活动，进而实现更好的营销效果。

12.6 本地生活商家的DeepSeek营销避坑指南

许多本地生活商家在市场竞争力较弱、营销预算有限的情况下，能够借助 DeepSeek 实现低成本高效益的营销突破。但是，在使用 DeepSeek 进行营销时，本地生活商家也需要避开一些常见的陷阱（如图 12-3 所示），以充分发挥 DeepSeek 的优势，实现高效营销。

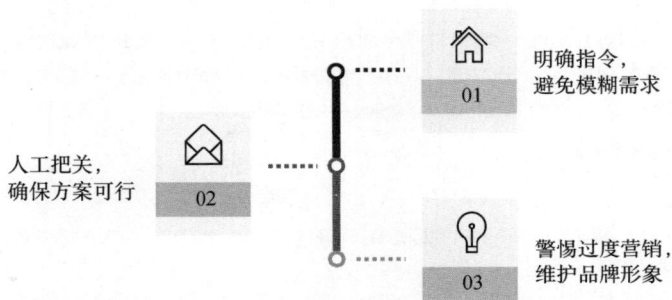

图12-3 本地生活商家在使用DeepSeek时需要避开的陷阱

1. 明确指令，避免模糊需求

一些本地生活商家由于经验不足，在使用 DeepSeek 时给出的指令过于模糊，如直接提问"提高店铺销售额的方法""请帮我策划一个营销方案"等。由于缺乏具体的背景信息，DeepSeek 难以给出针对性强且切实可行的方案。

正确的做法是在提问之前，向 DeepSeek 提供详细的背景资料和明确的问题描述。例如，某服装店商家想要让 DeepSeek 分析自身店铺销量不佳的问题，就需要向 DeepSeek 提供过去几个月的销售数据，包括不同款式服装的销量、顾客年龄及性别分布等，便于 DeepSeek 理解和分析。同时，给出明确的指令："请根据以上数据，分析店铺销量不佳的原因，并给出提升销售额的具体策略。"

这种精准的指令能够让 DeepSeek 依据丰富的数据进行深度分析，从而输出更贴合实际需求的解决方案。

2. 人工把关，确保方案可行

DeepSeek基于算法和数据模型运行，虽然具备强大的信息处理能力，但面对复杂商业环境，可能无法对某些特殊情况进行灵活判断。这使得其给出的营销方案可能不切合实际。

因此，商家在获得DeepSeek给出的营销方案后，必须对方案进行审核。商家需要从成本核算、市场可行性、品牌形象匹配度等多个维度对方案进行评估，对方案中的细节进行调整和完善，确保最终实施的营销活动能吸引消费者，带来预期效果。

3. 警惕过度营销，维护品牌形象

在DeepSeek的助力下，商家能够轻松策划出各种创意营销活动和营销内容。这使得一些商家往往会掉入过度营销的陷阱，他们频繁地向客户推送促销信息、举办各类活动，客户反而感到厌烦，从而对品牌产生负面印象。

在制订营销计划时，商家要结合自身品牌定位和客户群体特点，合理控制营销频率和力度。例如，一家主打高品质、慢生活理念的咖啡馆，就不适合为了追求短期销量而频繁推出低价促销活动。其可以借助DeepSeek策划一些与咖啡文化、艺术鉴赏相关的主题活动，以适当的频率向客户传递品牌价值，在吸引新客户的同时，维护好老客户对品牌的好感度，实现品牌的长期稳健发展。

在借助DeepSeek进行本地生活营销时，商家只要避开以上陷阱，充分发挥DeepSeek的优势，就能够以低预算实现更好的营销效果，获得更好的发展。

12.7 实战演练：餐饮店如何用DeepSeek做会员生日营销

在本地生活领域的激烈竞争中，会员生日营销是餐饮店增强顾客黏性、提升复购率的重要手段。而DeepSeek为餐饮店实现高效且低成本的会员生日营销提供了有力支持。接下来，让我们通过实际操作步骤，了解餐饮店如何巧用DeepSeek开展会员生日营销。

首先，餐饮店需要整理已有的会员数据，包含会员的姓名、年龄、联系方式、消费记录等。例如，一家主打川菜的中型餐厅拥有数千名会员，商家将这些数据整理成规范的表格形式并上传到 DeepSeek，输入指令："分析会员消费数据，按消费金额和频率将会员分层，找出高频高消费、高频低消费、低频高消费、低频低消费等不同类型的会员，并分别列出他们的生日信息。"DeepSeek能够快速处理这些数据，给出清晰的会员分层结果和生日信息汇总，让商家明确不同层次会员的价值和生日时间分布，为后续精准营销奠定基础。

依据 DeepSeek 分析出的会员分层结果，商家可为不同层次会员定制个性化生日营销方案。

对于高频高消费的优质会员，商家向 DeepSeek 输入指令："为高频高消费会员设计生日营销方案，突出尊贵感和专属体验，预算相对充足，目标是进一步提升他们的忠诚度和消费金额。"DeepSeek 会据此给出详细的建议，如图 12-4 所示。

一、核心策略：专属身份体系构建

黑钻会员俱乐部深度运营

- 设立"黑钻生日俱乐部"专属身份（限定前5%消费层级会员）
- 定制鎏金磁吸实体卡＋动态电子勋章（实时显示消费成就）
- 生日月自动激活"黑钻通道"服务优先权
- 会员日历时区同步功能（跨国会员自动匹配最佳时区祝福）

二、全周期体验设计

|生日前15天

- **神秘邀约函**：门店经理手写火漆印章信函＋AR邀请函（扫码预览3D场景）
- **主厨咨询**：视频会议沟通忌口偏好，定制含分子料理/食材溯源故事的菜单
- **管家预接触**：增加香氛偏好测试、礼服尺码采集（用于定制围裙/餐垫）

|生日当天

- **到店仪式**：
  - 专属停车位LED欢迎屏＋红毯侍者列队
  - 智能餐盘NFC祝福＋全息投影场景餐桌
  - 声控氛围灯光系统＋「五感档案」背景音乐还原
- **沉浸体验**：
  - 气味定制装置实时释放偏好香型
  - 声纹激活祝福投影（生物识别技术）

|离店延续

- **记忆封装**：
  - 微缩场景模型（还原当日餐桌）
  - 亚克力食材基因纪念牌（当餐食用食材DNA封存）

图12-4　DeepSeek针对高频高消费的优质会员给出的生日营销方案

对于高频低消费会员，商家向 DeepSeek 输入指令："为高频低消费会员策划生日营销活动，以鼓励他们提升单次消费金额为目标，预算适中。"DeepSeek 会据此给出合适的会员生日营销方案，如图 12-5 所示。

一、策略核心：阶梯式奖励触发机制

1. 生日消费闯关计划

设置三级消费目标（参考该会员历史客单价的1.5～3倍），例如：

- **青铜任务**：消费满128元 → 解锁免费招牌甜品
- **白银任务**：消费满228元 → 获赠主厨特调饮品+30元现金券
- **黄金任务**：消费满388元 → 激活「生日宴套餐」权益（次年免费双人餐）

2. 动态定价彩蛋

- 生日当天首次扫码点单时，随机出现「生日折扣骰子」小游戏
- 根据骰子点数获得对应折扣（如掷出3点享83折，最高掷出6点享66折）

二、场景化体验设计

| 到店前（3天）

- **悬念预告**：发送「生日宝藏地图」H5，展示当日可解锁的隐藏福利（需到店消费后点亮）
- **倒计时提醒**：消费金额每提升50元，提前解锁1条主厨语音祝福

| 到店时

- **视觉刺激**：餐桌投影实时显示「进度条」（当前消费/目标额度）
- **即时反馈**：每达到一个消费阶梯，触发灯光特效+服务生集体生日歌快闪

| 离店后

- **成就认证**：生成「生日消费勇士」电子勋章，附带优惠梯度说明

图12-5 DeepSeek针对高频低消费会员给出的生日营销方案

对于低频高消费会员，商家给出具体指令："为低频高消费会员制订生日营销计划，重点在于提高他们的消费频率，预算有限。"DeepSeek 会生成相应的生日营销方案，如图 12-6 所示。

一、核心策略：时间线渗透+触点捆绑

1. 生日季概念延伸

- 将会员生日月升级为「生日季」（生日前1周至后2周）
- 设置3个关键消费节点：生日前备宴→生日正宴→生日回味宴

2. 触点绑定设计

- 将生日福利与后续消费场景强关联（如："生日蛋糕券需分3次领取"）
- 植入「未完待续」仪式感（如：生日宴预留一道未上菜品，需下次到店解锁）

图12-6 DeepSeek针对低频高消费会员给出的生日营销方案

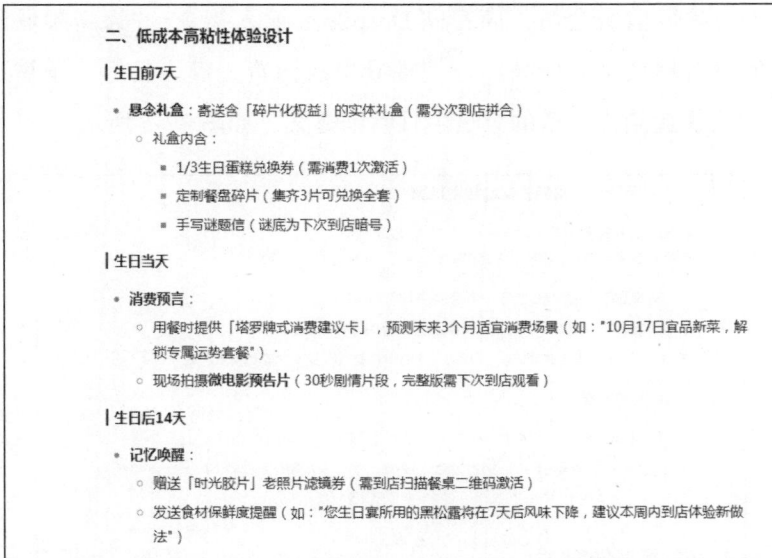

二、低成本高粘性体验设计

│生日前7天

- **悬念礼盒**：寄送含「碎片化权益」的实体礼盒（需分次到店拼合）
  - 礼盒内含：
    - 1/3生日蛋糕兑换券（需消费1次激活）
    - 定制餐盘碎片（集齐3片可兑换全套）
    - 手写谜题信（谜底为下次到店暗号）

│生日当天

- **消费预言**：
  - 用餐时提供「塔罗牌式消费建议卡」，预测未来3个月适宜消费场景（如："10月17日宜品新菜，解锁专属运势套餐"）
  - 现场拍摄微电影预告片（30秒剧情片段，完整版需下次到店观看）

│生日后14天

- **记忆唤醒**：
  - 赠送「时光胶片」老照片滤镜券（需到店扫描餐桌二维码激活）
  - 发送食材保鲜度提醒（如："您生日宴所用的黑松露将在7天后风味下降，建议本周内到店体验新做法"）

图12-6 （续）

对于低频低消费会员，商家给出以下指令："为低频低消费会员设计生日营销活动，旨在激活他们的消费热情，预算较低。"DeepSeek 根据指令给出具体的营销方案，如图 12-7 所示。

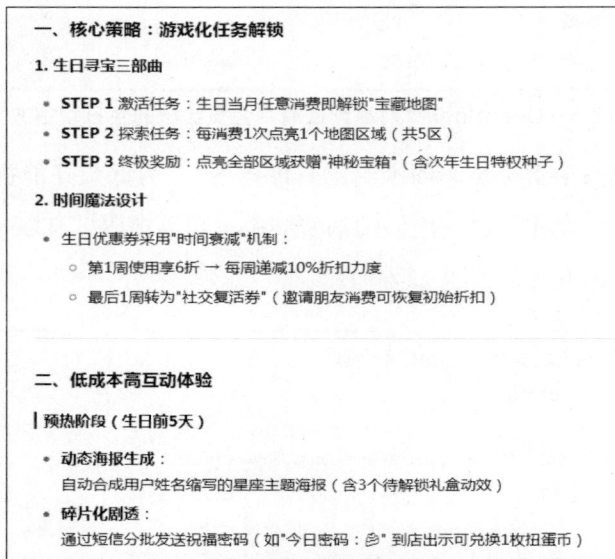

一、核心策略：游戏化任务解锁

1. 生日寻宝三部曲

- **STEP 1 激活任务**：生日当月任意消费即解锁"宝藏地图"
- **STEP 2 探索任务**：每消费1次点亮1个地图区域（共5区）
- **STEP 3 终极奖励**：点亮全部区域获赠"神秘宝箱"（含次年生日特权种子）

2. 时间魔法设计

- 生日优惠券采用"时间衰减"机制：
  - 第1周使用享6折 → 每周递减10%折扣力度
  - 最后1周转为"社交复活券"（邀请朋友消费可恢复初始折扣）

二、低成本高互动体验

│预热阶段（生日前5天）

- **动态海报生成**：
  自动合成用户姓名缩写的星座主题海报（含3个待解锁礼盒动效）
- **碎片化剧透**：
  通过短信分批发送祝福密码（如"今日密码：🎁" 到店出示可兑换1枚扭蛋币）

图12-7　DeepSeek针对低频低消费会员给出的生日营销方案

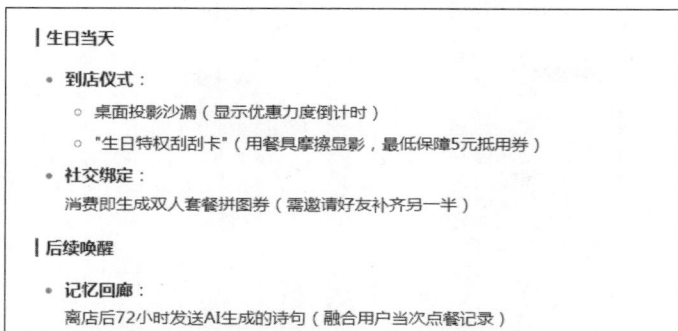

| 生日当天
- 到店仪式：
  ○ 桌面投影沙漏（显示优惠力度倒计时）
  ○ "生日特权刮刮卡"（用餐具摩擦显影，最低保障5元抵用券）
- 社交绑定：
  消费即生成双人套餐拼图券（需邀请好友补齐另一半）

| 后续唤醒
- 记忆回廊：
  离店后72小时发送AI生成的诗句（融合用户当次点餐记录）

图12-7　（续）

确定好营销方案后，商家可以利用 DeepSeek 生成宣传文案。例如，对于上述为高频高消费会员准备的生日活动，商家可以向 DeepSeek 输入指令："为餐厅针对高频高消费会员的生日专属活动撰写微信公众号推文和朋友圈文案，突出尊贵体验和专属福利。"

DeepSeek 能够快速生成富有吸引力的文案。

微信公众号推文："亲爱的 VIP 会员，在这个特别的日子里，[餐厅名字]为您精心筹备了一场独一无二的生日盛宴。专属观景位、定制菜单、顶级服务，只为您的非凡体验。"

朋友圈文案："尊贵如您，生日就该享受极致待遇。[餐厅名字]为您打造专属生日狂欢，详情速戳。"

商家可以将这些文案用于餐厅官方微信公众号、朋友圈等，精准触达会员。

在活动执行过程中，餐厅员工需根据 DeepSeek 提供的会员信息和营销方案，提前做好准备工作，如为预定的会员准备好特定包间、定制菜单，检查礼物和优惠券的准备情况等。当会员到店时，确保服务流程按照方案顺利进行，为会员提供优质的生日用餐体验。

生日营销活动结束后，商家可以收集会员的反馈数据，如消费金额、满意度评价等，再次借助 DeepSeek 进行分析，让 DeepSeek 给出优化建议。DeepSeek 通过对数据的深入分析，会给出科学的营销建议，如调整活动参与门槛、向不同会员发放专属优惠券等。根据这些建议，商家可以对下一次会员生日营销活动进行优化调整，不断提升营销效果。

第 13 章

教育培训:
DeepSeek 深度赋能机构招生

在知识付费市场规模持续扩张、教育培训机构竞争日趋激烈的背景下,传统招生模式面临效率低、转化低、学员留存难等痛点。DeepSeek 凭借强大的数据分析、自然语言处理和智能预测能力,为教育培训行业带来了全新的发展思路。它不仅能够帮助教育培训机构精准触达潜在学员,还能贯穿招生、教学、服务全流程,实现学员体验与机构效益的双提升。

13.1 开篇案例：从试听到付费，某机构用DeepSeek加速转化

在竞争激烈的成人职业教育市场，某成人职业教育机构面临着严峻挑战。作为一家专注于互联网运营、数据分析等新兴职业技能培训的机构，尽管其课程内容紧跟行业发展趋势，但平均试听转化率仅有12%，高昂的线上获客成本与低效转化成为制约机构发展的主要瓶颈。面对这一困境，该培训机构尝试借助 DeepSeek 提升转化率。

在传统招生模式下，该培训机构主要依靠问卷调研和电话沟通了解学员需求，信息获取片面且滞后。接入 DeepSeek 后，DeepSeek 可以对学员在官网的浏览信息、沟通记录等数据进行整合，对其进行精准定位并向其推送有针对性的课程。

例如，DeepSeek 通过综合分析发现，某学员在培训机构官网反复查看直播运营高阶课程，同时参与过社群中的"如何打造爆款带货直播间"的话题讨论，于是精准定位其为"寻求职业晋升的电商从业者"，进而有针对性地推送包含行业头部案例拆解、直播运营工具实操的试听课程，课程匹配度大幅提升。

在试听邀约阶段，DeepSeek 可以基于历史沟通记录和行业优秀语料，构建起涵盖职业规划、课程价值、行业前景的语料库。基于此，该培训机构借助 DeepSeek 打造了官网智能客服。当潜在学员与智能客服进行沟通时，智能客服能够实时分析对方在沟通中的关键词和情绪倾向，生成合适的回答。

例如，面对潜在学员对课程能否匹配实际工作需求的疑虑，智能客服及时推送"我们的课程联合业内运营专家开发，课程中的直播间流量投放策略已帮助 1000 名以上学员实现薪资增长 30% 以上。下周三有专家直播课，需要我帮您预留名额吗？"的应答内容，并附上往届学员的就业薪资对比表，

增强说服力。这大幅提升了试听邀约成功率。

为了解决试听课程留存率低的问题，DeepSeek 结合职业教育特点，将课程内容与工作场景相结合。以数据分析实战课试听为例，培训机构借助 DeepSeek 设计"模拟电商公司销售数据分析"的虚拟项目，要求学员在规定时间内运用课程所学的 Excel、Python 等工具的使用技巧，完成销售数据清洗、可视化图表制作、销售趋势预测等任务。同时，针对学员在学习中的表现，DeepSeek 能够向学员推送分步骤操作指南和助教一对一答疑链接。这种沉浸式的学习体验，使该培训机构的试听课程完课率大幅提升。

试听结束后，接入 DeepSeek 的学员管理系统会生成包含学习能力评估、职业发展建议、个性化课程推荐的职业成长报告，并通过邮件和短信推送给学员。同时，系统还会依据学员试听表现制定差异化转化策略，如对实操能力较强但缺乏理论知识的学员，推荐"理论＋实战"进阶套餐；对学习进度较慢的学员，提供"基础强化＋导师陪跑"的专属优惠。这种个性化课程的推送有效提升了学员转化率。

该培训机构借助 DeepSeek 打通了成人职业教育从试听引流到付费转化的全链路。这为机构带来了显著的业绩增长，助力培训机构突破发展困境，实现更好的发展。

13.2 智能招生：话术库建设+课程包装+学员管理

在教育培训行业持续发展的当下，传统招生模式已难以满足机构的精细化运营需求。培训机构可以借助 DeepSeek 实现智能招生，通过整合话术库建设、课程包装与学员管理三大模块，打造从流量引入到学员留存的完整解决方案，破解招生困局。

1. 话术库建设，构建高转化沟通体系

面向招生沟通场景，DeepSeek 可以通过对培训机构历史沟通语料、行业数据的充分学习，搭建覆盖教育培训全场景的话术库。通过分析海量的成功转化案例，DeepSeek 可以提炼出"痛点挖掘—价值塑造—信任建立—促单转

化"的标准化沟通模型，并结合学员特征生成合适的回答。

例如，当学员询问"课程能否提升工作效率"时，DeepSeek能够调取本地学员学习记录，生成回答："课程结合企业实战案例设计，去年参与课程的学员平均任务执行效率提升了30%，近期的时间管理进阶营还有两个企业内训名额，可免费预约试听，需要我帮您对接课程顾问吗？"同时，推送学员效率提升对比表，如任务完成周期缩短、跨部门协作失误率下降等数据图表。

2. 课程包装，打造差异化竞争优势

课程同质化是教育培训机构普遍面临的难题。通过大数据分析与内容生成技术，DeepSeek可以帮助机构深度挖掘课程核心卖点，实现课程包装的精准化与场景化。以某编程培训机构为例，DeepSeek通过分析其学员学习数据，提炼出"零基础学员4个月掌握Python开发，成功入职互联网公司"的真实案例，结合课程中的项目实战环节，生成包含学员成长故事、作品展示、企业合作背书等内容的宣传视频。该培训机构将这一宣传视频投放至品牌官网、抖音等平台，有效提升了线上广告点击率和课程咨询量。

3. 学员管理，提升运营精细化水平

学员管理是培训机构实现长效发展的关键。接入DeepSeek的智能学员管理系统能够通过整合学员报名、学习、续费等全流程数据，构建完善的学员画像，实现精准化运营。系统能够实时监测学员的学习进度、课堂表现、作业完成情况，当发现学员出现学习懈怠或存在知识短板时，自动触发预警机制，并推送个性化学习方案。

通过以上三大模块的协同运作，DeepSeek赋能培训机构转变招生模式，从以往依赖人工经验的招生转变为通过数据驱动做出科学决策，从而有效提升培训机构的竞争力。

13.3　爆款内容炼成记：如何把知识点变成学员疯转的社交货币

在竞争激烈的教育培训市场，单纯输出知识点难以满足营销需求。DeepSeek

凭借强大的智能分析与内容生成能力，为培训机构提供了将知识点转化为社交货币的全新思路。学员自发在社交平台分享课程内容，不仅能为机构带来免费流量，还能借助口碑传播提升品牌影响力，实现招生的裂变式增长。

具体而言，DeepSeek 可以从以下几个方面出发，帮助培训机构将知识点转化为学员疯转的社交货币，如图 13-1 所示。

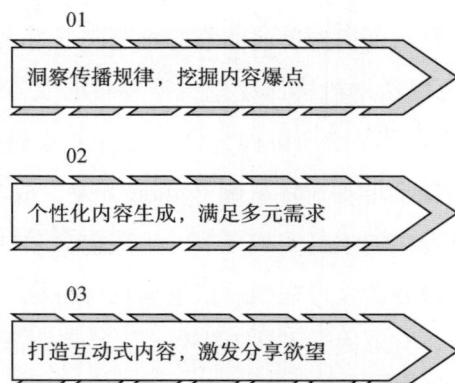

01 洞察传播规律，挖掘内容爆点

02 个性化内容生成，满足多元需求

03 打造互动式内容，激发分享欲望

图13-1　将知识点转化为学员疯转的社交货币的要点

1. 洞察传播规律，挖掘内容爆点

DeepSeek 通过大数据分析，能够深度洞察不同社交平台用户的内容偏好、传播规律及热门话题趋势。例如，在抖音平台，年轻用户更倾向于轻松有趣、节奏明快的短视频内容；而在小红书，图文结合、实用干货类内容更容易引发用户共鸣。在了解不同平台内容风格的基础上，DeepSeek 能够分析各平台海量教育类爆款内容，提炼出具有指导性的传播公式，如"知识＋情感共鸣""知识＋热点事件""知识＋趣味故事"等。

以某财经培训机构为例，其借助 DeepSeek 监测到近期"个人理财规划"话题在社交媒体上热度飙升，随即结合当下经济热点，借助 DeepSeek 打造了《月薪 5000 元如何理财》系列短视频脚本。脚本将复杂的理财知识拆解为通俗易懂的案例，融入年轻人关注的消费、储蓄场景，语言轻松活泼。随后，该培训机构根据脚本打造了系列动画短视频，将理财干货与诙谐幽默的动画演示相结合，成功吸引大量用户关注和分享，为培训机构带来数千条课程咨询。

2. 个性化内容生成，满足多元需求

学员的知识基础、学习目标和兴趣点各不相同，DeepSeek能够根据学员画像，自动生成个性化内容。通过对接学员的学习数据、社交行为数据等信息，DeepSeek能够分析学员的知识薄弱点和兴趣偏好，有针对性地推送个性化学习内容。

例如，对于备考公务员的某学员，DeepSeek通过分析发现其行测逻辑推理模块得分较低，且平时关注职场成长类内容，便据此生成《公务员考试逻辑推理必杀技：职场思维的巧妙运用》专题文章，将逻辑推理知识点与职场沟通技巧相结合，既满足学员的学习需求，又符合其兴趣偏好。学员在学习后，更愿意将此类有价值的内容分享到朋友圈、微信群，帮助机构触达更多潜在学员。

3. 打造互动式内容，激发分享欲望

DeepSeek可以帮助培训机构打破单向知识输出模式，创造互动性强的内容，激发学员的参与感和分享欲。通过设计知识问答、趣味测试、模拟挑战等互动形式，让学员在参与过程中深化对知识的理解，同时获得成就感。

某语言培训机构借助DeepSeek开发了"1分钟口语挑战"小程序。学员完成挑战后，系统会自动生成包含学习成果、进步指数、学员排名的专属海报。这种充满仪式感的内容，有效激发了学员在社交平台分享的热情。活动上线一个月参与人数超10万，带动课程报名量翻倍。

此外，当内容的传播效果不佳时，培训机构可以将营销内容、传播数据、学员反馈等上传至DeepSeek，由其通过机器学习算法分析原因，获得优化建议。通过持续的内容调整，培训机构能够产出符合学员需求、更具传播力的爆款内容。

13.4 怎么用DeepSeek为学员设计个性化学习路径

在教育培训领域，为学员提供个性化学习体验是培训机构提升竞争力的关键。在这方面，DeepSeek能够助力培训机构为学员设计个性化学习路径。以下从具体步骤出发，拆解培训机构如何利用DeepSeek为学员设计专属学习路径，如图13-2所示。

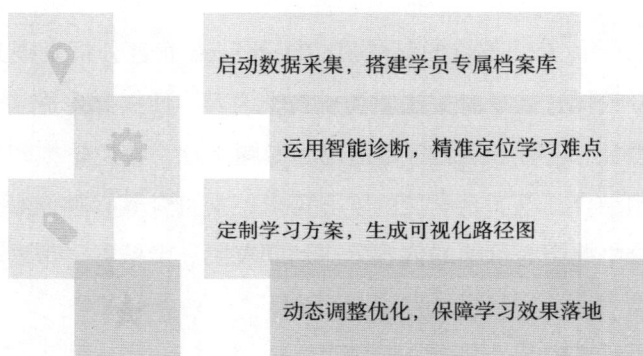

启动数据采集，搭建学员专属档案库

运用智能诊断，精准定位学习难点

定制学习方案，生成可视化路径图

动态调整优化，保障学习效果落地

图13-2　如何利用DeepSeek设计专属学习路径

1. 启动数据采集，搭建学员专属档案库

在建立学员档案环节，培训机构可以通过入学测试、学习意向问卷、职业背景调查等方式，快速采集学员基础数据。以UI设计培训为例，在学员报名时，培训机构借助DeepSeek生成的问卷，不仅能够收集学员的软件操作基础、审美偏好等专业信息，还能获取其职业发展目标，如电商UI、游戏UI方向等。同时，通过对接培训机构学习管理系统，DeepSeek能够实时同步学员课堂互动、作业提交、测试成绩等过程数据，形成涵盖多维度的动态学员档案库。

2. 运用智能诊断，精准定位学习难点

DeepSeek具有强大的推理与诊断能力，能够帮助培训机构快速分析学员数据，精准定位学习难点。例如，某英语培训机构接入DeepSeek，借助DeepSeek进行学员数据分析。DeepSeek将雅思课程拆解为听力场景应对、写

作逻辑构建等数十个知识点，并通过分析学员模考数据，精准定位出"学术类听力长对话理解"为70%学员的共性薄弱项，同时识别出个别学员在"小作文数据图表描述"上存在明显的短板。该培训机构据此针对性地调整课程重点，为共性薄弱环节增加专项练习题库，为个别学员推送一对一辅导资源。

3. 定制学习方案，生成可视化路径图

基于诊断结果，培训机构可通过DeepSeek生成个性化学习路径。例如，针对零基础转行的新媒体运营学员，DeepSeek规划出"理论认知（7天）→文案实战（14天）→平台运营（21天）→项目整合（14天）"的分阶段学习计划，并细化到每日学习任务。同时，DeepSeek还生成学习计划表，标注出每个学习阶段的核心目标、推荐学习资源及预计完成时间。培训机构可以将该方案嵌入学员专属学习App，方便学员随时查看进度。

4. 动态调整优化，保障学习效果落地

在学习过程中，DeepSeek还能够对学员行为数据进行监测。例如，在发现学员连续3天未完成作业时，自动触发预警，并向授课老师推送干预建议；当发现学员对某知识点理解困难时，DeepSeek会推送知识点精讲视频和助教答疑链接。同时，培训机构可以借助DeepSeek生成不同学员的学习效果追踪报告，对比学员的学习路径和知识的实际掌握情况，及时优化后续学习安排。

通过DeepSeek的全流程支持，培训机构可实现从粗放式教学到精细化服务的转型。无论是职业技能培训、语言学习还是考证辅导，DeepSeek都能帮助培训机构以数据为驱动，为学员打造适配的学习路径，最终提升教学质量与品牌口碑。

13.5 学习效果预测模型：时刻掌握学员情况

在教育培训行业，学员学习效果的动态追踪与精准预判是培训机构运营的重要难点。传统依赖讲师主观评价、阶段性考核的评估方式不仅反馈滞后，且难以量化分析学员的学习潜力与发展趋势。

借助 DeepSeek 打造学习效果预测模型，实现数据驱动与智能分析，为培训机构进行学员学习效果预测提供了全新的解决方案。

某连锁少儿美术培训机构经过 8 年的发展，在全国 10 余个城市开设了40 余家校区，服务学员超万名。随着机构规模扩大，传统教学模式的弊端逐渐显现：老师仅凭课堂观察和期末考核成绩评价学员，难以发现部分学员因绘画技法薄弱或兴趣转移导致的学习积极性下降，这导致不少学员流失。为打破这一困境，该培训机构引入 DeepSeek，通过私有数据的对接和训练，建立学习效果预测模型，实现了数字化的教学管理。

学习效果预测模型与该培训机构的教学管理系统深度整合，构建起多维数据采集体系，不仅采集学员的出勤率、绘画工具使用熟练度等基础数据，还采集老师对不同学员的评价和反馈、家长的反馈等数据。例如，某学员在水彩风景画课程中连续三周作品构图松散、色彩层次单一，且课堂提问次数减少，这些数据都会被纳入模型分析。此外，家长在课后沟通中提及的"孩子对课程兴趣降低"等反馈，也会通过语义分析模块转化为数据标签。基于海量数据的学习和训练，个性化的学习效果预测模型最终形成。

在实际教学场景中，学习效果预测模型能够为老师的教学提供科学指导。例如，模型可以生成不同学员的成长报告，展示学员在不同维度的学习情况。当发现某一学员在素描基础课程中得分持续下滑，创意得分骤降时，模型立即触发橙色预警，并推荐干预方案：建议老师对其进行每周两次的一对一技法特训，同时调整课程内容，融入趣味速写游戏提升兴趣。经过一个月的调整，该学员不仅重拾绘画热情，作品评分也得到了有效提升。

学习效果预测模型的价值还体现在机构整体教学优化上。通过对比各校区数据，模型发现某三线城市校区学员的创意得分普遍低于平均值，分析显示该校区课程中主题创作环节占比不足，导致学员想象力受限。培训机构迅速调整课程结构，增加故事场景绘画、自由命题创作等模块。两个月后，该校区学员作品创意评分明显提升，课程续费率也实现了增长。

借助学习效果预测模型，该少儿美术培训机构成功降低了学员流失率，同时家长满意度也大幅提升。这一实践证明，在教育培训领域，数据驱动的智能预测不仅能精准把握学员学习动态，还能为培训机构的教学创新与市场竞争力提升提供坚实支撑。

13.6 续费预警系统：提前识别低/高意愿学员

学员续费不仅是衡量培训机构教学质量与服务水平的关键指标，还是维持培训机构长期营收的生命线。传统的续费管理依赖人工经验判断，往往在学员明确表示不续费时才被动应对，错失最佳的挽回机会。而借助DeepSeek，培训机构可以建立续费预警系统，通过数据挖掘与智能算法，打造一套早发现、早干预、早转化的续费管理方案。

某专注成人艺术培训的连锁机构，开设油画、书法、古筝等课程，年服务学员超 5000 人。在引入续费预警系统前，该培训机构面临严重的续费困境：一方面，大量学员因机构未及时跟进需求而流失；另一方面，销售团队盲目投入资源，导致高意愿学员服务不足，低意愿学员转化成本过高，整体续费率长期走低。在接入 DeepSeek、打造续费预警系统后，该培训机构的续费管理模式得到了彻底改变。

构建续费预警系统离不开对数据的多维采集与分析。通过与培训机构学习管理系统、CRM 系统全面打通，DeepSeek 能够自动抓取学员的学习行为数据、消费数据、反馈数据等。基于海量数据，DeepSeek 运用机器学习算法构建续费预测模型，打造续费预警系统。系统可通过分析历史学员的续费数据，提炼出关键的影响因素，包括课程匹配度、学习投入度、服务满意度等，并建立"行为特征—续费概率"的预测关联。

在实际应用中，续费预警系统为该培训机构提供了清晰的决策依据。系统将学员划分为高意愿、中意愿、低意愿3个预警等级，并生成对应的跟进策略。例如，对于高意愿学员（如某学员在书法课程中表现优异，且多次咨询高阶课程），系统会自动触发专属优惠推送和名师一对一续课邀约；针对低意愿学员（如某学员在油画课程中进度滞后且多次表示有很大的压力），系统会建议调整沟通策略：先安排老师进行免费补课提升信心，再由客服人员以学习成果展示为切入点，引导其看到进步空间，减轻抗拒心理。

此外，系统还支持该培训机构进行宏观分析与策略优化。通过对比不同课程的续费数据，系统发现古筝课程的低意愿学员占比显著高于其他课程，深入分析后发现是课程难度梯度设置不合理。该培训机构随即调整课程结构，增加基础阶段课时，并推出"古筝入门打卡挑战"活动，成功提高了该课程续费率。同时，系统还帮助培训机构优化销售资源分配，指导销售人员将更多的精力集中在中高意愿学员上，使续费转化率有效提高。

经过一段时间的实践，该培训机构的整体续费率稳步提高，同时单学员续费成本有所降低。这增强了该培训机构在市场上的竞争力。

13.7 实战演练：用DeepSeek设计暑期招生方案

暑期是少儿美术培训的招生旺季。面对激烈的市场竞争，培训机构如何精准吸引家长和孩子的关注呢？在这方面，培训机构可以借助 DeepSeek 的强大数据挖掘与智能生成能力，打造科学高效的暑期招生方案。

以某少儿美术连锁培训机构为例，该培训机构借助 DeepSeek 设计暑期招生方案，取得了不错的效果。

1. 多维度数据挖掘，精准锚定目标市场

面对全国性招生布局，该培训机构利用 DeepSeek 强大的数据处理能力，对各区域市场进行深度分析。通过整合近三年的区域招生数据、当地人口普查数据、教育支出统计报告，以及社交媒体平台上的海量讨论信息，DeepSeek 给出了详尽的分析结果。

分析发现，一、二线城市家长更关注课程的国际化视野与考级升学价值，而三、四线城市家长则对性价比和课程趣味性更为敏感。例如，在一、二线城市，在关注课程内容的同时，许多家长还十分关注少儿美术相关知名赛事；在三、四线城市，"暑期美术集训营团购优惠"相关话题热度飙升。基于这些洞察，DeepSeek 为不同分校制定了差异化的招生策略，精准定位目标家长群体。

2. 智能内容生产，打造吸睛宣传矩阵

该培训机构借助 DeepSeek 生成了多样的宣传内容。例如，针对关注艺术赛事的一、二线城市市场，创作"暑期国际艺术大师班：直通国际少儿绘画大赛"的宣传文案，并结合往届学员获奖案例和外教师资团队介绍，制作系列短视频；对于注重性价比的三、四线城市市场，推出"三人成团立减500元，暑期创意美术欢乐学"的促销活动，搭配学员趣味作品合集和课程成果展示海报。

在内容分发环节，DeepSeek 通过分析各平台用户画像，为该培训机构规划了精准的投放策略。例如，在小红书上，以"孩子的第一幅获奖作品诞生记"为主题，发布图文笔记，吸引年轻家长关注；在抖音平台则利用算法推荐，向目标市场推送趣味性课程体验短视频，精准触达潜在客户。

3. 智能交互系统，提升咨询转化效率

该培训机构借助 DeepSeek 在官网和微信公众号打造智能客服系统，实现实时的智能响应。基于自然语言处理技术，智能客服系统不仅能解答常见问题，还能根据家长咨询内容进行深度追问，挖掘潜在需求。例如，当家长询问课程内容时，系统会进一步了解孩子的年龄、绘画基础，从而推荐最合适的课程。

4. 动态效果监测，实时优化招生策略

招生期间，该培训机构对各渠道数据进行实时监测和分析，并借助 DeepSeek 进行分析。例如，当发现某一线城市分校的线下体验课预约量低于预期时，DeepSeek 迅速分析原因，发现是宣传文案中未突出体验课的师资优势。基于此，DeepSeek 重新生成强调名师指导的宣传内容，并指导培训机构将内容投放重点转向家长社群和本地教育论坛，最终成功提升了体验课预约量。

通过借助 DeepSeek 设计暑期招生方案，该培训机构的暑期课受到了许多学生和家长的关注，转化率和招生规模都实现了增长。

第 14 章

医疗健康：
合规增长的 AI 解决方案

医疗健康关乎公众生命安全与福祉，行业监管严格，专业性强。在数字化浪潮下，如何在合规框架内实现创新与增长，成为医疗机构面临的一大挑战。DeepSeek 可深度赋能医疗健康行业，从内容生产到诊疗辅助，从患者管理到知识赋能，构建起全方位的 AI 解决方案，助力医疗健康行业实现合规、可持续增长。

14.1 开篇案例：某专科医院用DeepSeek科普内容带来稳定客源

在华南地区，某口腔专科医院在创建初期面临发展困境。尽管医院汇聚了数位资深口腔专家，配备了先进的诊疗设备，但在竞争激烈的口腔医疗市场中，由于品牌知名度低，患者对医院的技术与服务缺乏了解，前来就诊的患者寥寥无几。

在 DeepSeek 进入公众视野后，经深入研讨，该医院决定借助 DeepSeek 打造专业且合规的口腔科普内容，以此提升品牌形象，吸引患者前来就诊。

该医院借助 DeepSeek 对当地口腔医疗市场进行了详尽调研，了解不同年龄段、不同需求患者的关注点。随后，DeepSeek 结合该医院提供的特色诊疗项目，如数字化种植牙、隐形正畸、儿童口腔早期干预等，制订了全面的科普内容规划。从日常口腔清洁的正确方法，到复杂口腔疾病的成因与治疗，内容涵盖口腔健康的各个方面。

在内容创作阶段，DeepSeek 的技术优势尽显。它能够整合全球前沿的口腔医学研究成果、临床实践经验及行业权威指南，生成具备科学性与权威性的科普内容。在此基础上，DeepSeek 能够利用自然语言处理技术将专业术语转化为通俗易懂的表述。例如，将"骨结合"解释为"种植体与骨头慢慢长在一起"，便于读者理解。

在视觉内容创作方面，DeepSeek 能够根据具体要求，输出标准化脚本和分镜建议，指导相关设计师完成制作。以种植牙科普视频为例，DeepSeek 先梳理出"术前检查—种植体植入—愈合期观察—牙冠安装"四步流程，标注关键解剖结构和技术要点。随后，动画团队根据脚本，采用真实手术器械比例建模，结合显微手术实拍素材，制作出兼具专业性和可视化的 3D 演示视频。

最终，成片经过医院种植科专家、医疗广告合规专员的双重审核，确保每个步骤与临床操作规范完全一致。这种 DeepSeek 与专业团队合作的内容创作模式，既保证了内容的专业性，又能够大幅提升内容创作的效率和质量。

此外，根据不同平台对内容的偏好，DeepSeek 还帮助该医院生成多种风格的内容。例如，针对微信公众号创作深度科普文章，满足中老年患者深入了解口腔知识的需求；针对抖音、小红书等平台，打造趣味性强、节奏明快的短视频和图文，吸引年轻群体关注。

随着多渠道科普内容持续输出，该口腔专科医院的知名度逐步提升。越来越多的患者通过这些科普内容了解到医院的专业实力与服务理念，开始主动咨询、预约就诊。短短两个月，该医院的线上咨询量激增200%，月均门诊量突破千人，成功在当地市场站稳脚跟。

14.2 安全区创意指南：红线内的健康内容生产流程

在医疗健康行业，内容传播不仅承载着知识科普的使命，还关乎公众的生命健康与权益保障。因此，医疗广告、健康科普内容必须真实可靠，避免虚假宣传、夸大疗效、存在误导性表述等。这是行业内容传播的基本红线。

随着健康意识提升，公众对专业、可靠内容的需求与日俱增。如何在合规框架内实现内容创新，成为医疗机构的关键课题。而基于对行业法规的学习和理解，DeepSeek 能够在红线内生成合规、具有创意性的内容。

在内容选题策划阶段，DeepSeek 依托庞大的医疗法规数据库，能够自动识别潜在违规风险。例如，当选题涉及根治糖尿病、特效抗癌药等敏感表述时，DeepSeek 会指出问题所在，如"目前糖尿病尚不能完全根治，但通过科学手段可有效控制"，并提示营销人员调整方向。在选题建议上，DeepSeek 会结合热门健康话题与用户搜索趋势，推荐既符合政策要求，又具有传播价值的选题，如糖尿病日常管理的科学方法、癌症早筛的重要性与流程等。

在内容创作阶段，DeepSeek可从多方面保证生成内容的合规性。一方面，DeepSeek能够整合全球权威医学文献、临床指南及诊疗共识，确保内容专业、准确；另一方面，DeepSeek能够通过自然语言处理技术，将专业术语转化为通俗易懂的表达，规避绝对化用语、保证性承诺等违规表述。例如，在撰写降压药科普文章时，DeepSeek不会使用"服用此药可彻底治愈高血压"这类主观表述，而是客观陈述："在医生指导下规范用药，可有效控制血压水平，降低并发症风险。"

此外，DeepSeek能够根据需求，生成颇具创意的微信公众号文章、小红书文案、抖音视频脚本等内容。营销人员给出自己的创意，DeepSeek也能够进行创意延展，快速产出创意内容。

内容创作完成后，还需要专业的合规团队对内容进行人工审核，包括确认内容的准确性与合规性、是否符合广告法规的要求等。

总之，在医疗健康领域专业内容产出方面，DeepSeek能够生成既符合用户需求，又符合合规标准的内容。

14.3 AI助手：医疗影像分析+诊断辅助

影像诊断是临床决策的重要依据，从X光片到CT，从病理切片到超声影像，医疗影像承载着疾病诊断、治疗方案制订及预后评估的关键信息。传统影像诊断模式下，海量影像数据分析压力导致医生工作负荷过重，而DeepSeek可以化身医生的AI助手，减轻医生工作压力。

在医疗影像分析方面，DeepSeek可以通过深度学习大量标注清晰的医疗影像数据，构建起精准的识别模型，快速捕捉影像中的细微特征。例如，在肺部CT影像分析中，DeepSeek可以快速对影像进行扫描，精准定位肺部结节、肿块等病变区域，详细分析其大小、形态、密度等参数，并自动生成初步分析报告。这能够大幅提升医疗影像分析的效率，有效帮助医生及时发现潜在病症，为患者争取宝贵的治疗时间。

诊断辅助是DeepSeek的一大亮点。在临床诊断过程中，医生需要综合患者的症状描述、病史记录、检查检验结果等多维度信息，进行复杂的分析与判断。面对疑难病症，庞大的信息量往往让医生面临巨大挑战。

在这方面，医疗机构可以整合全球权威医学文献、临床指南、经典病例等海量资源，以及经过脱敏处理后的私有数据，以此训练诊断辅助模型，打造智能化的诊断辅助系统。基于对海量专业知识的学习和训练，诊断辅助系统具备强大的专业能力。当医生输入患者的相关信息后，系统能够迅速进行深度分析，从知识图谱中精准匹配相似病例与诊疗方案，为医生提供详细的诊断建议。

例如，针对一名出现发热、关节疼痛、皮疹等症状的患者，诊断辅助系统在分析其各项检查数据后，不仅给出可能的风湿性疾病、感染性疾病等诊断方向，还会附上不同疾病的鉴别诊断要点、推荐进一步检查项目及对应治疗方案的循证依据，辅助医生做出更科学、准确的诊断决策。

通过在以上两个方面的应用，DeepSeek能够助力医疗机构构建高效、精准、合规的智能诊疗新模式。这不仅能够切实解决医疗行业的痛点问题，也能够为医疗机构在数字化浪潮中实现合规创新与高质量发展提供强大助力。

14.4 24小时智能分诊：用AI处理80%的常规医疗咨询

在医疗健康服务体系中，及时、准确的咨询与分诊是患者获得有效治疗的前提。传统医疗咨询模式长期存在人力成本高、服务时间受限、分诊准确性参差不齐等问题。尤其是在夜间或节假日，患者往往难以及时获得专业的医疗建议。面对这一问题，医疗机构可以引入DeepSeek，打造可全天候提供服务的智能分诊系统，快速处理常规医疗咨询任务。

智能分诊系统基于强大的自然语言处理与机器学习技术构建，内置医疗知识库，涵盖疾病症状、诊断标准、治疗方案等专业信息。当患者发起咨询时，系统能够迅速理解患者用自然语言描述的症状，如咳嗽、发热、胸闷等，并结合患者年龄、性别、病史等信息，通过算法模型进行深度分析。例如，对于一位自述腹痛的患者，系统会进一步询问疼痛位置、发作时间、伴随症状等细节，精准判断可能的病因是胃肠道疾病、泌尿系统疾病，还是其他潜在病症。

在分诊环节，智能分诊系统依据分析结果，按照病情的紧急程度与专业科室分类，为患者推荐合适的就诊方式与科室。同时，系统还会针对不同疾病，提供详细的就诊前准备提示，如是否需要空腹检查、携带哪些病历资料等，让患者的就医过程更加高效顺畅。

某综合医院规模较大，日均门诊量超过 5000 人次，高峰期人工分诊台排队现象严重，夜间急诊分诊压力巨大。对此，该医院基于 DeepSeek 打造了智能分诊系统。患者输入"咳嗽一周，伴有发热，体温 38.5℃"等症状描述时，系统能够快速识别关键信息，结合患者年龄、既往病史等进行补充询问，如"是否呼吸困难？""是否接触过发热患者？"等。基于分析结果，系统判断患者可能存在呼吸道感染，推荐其前往呼吸内科就诊，并附上就医注意事项。

智能分诊系统上线后，该医院的服务效率与患者满意度显著提升。上线仅 3 个月，约 80% 的常规医疗咨询都可交给该系统处理，人工分诊台的工作量大幅减少，患者平均等待时间也大幅缩短。

DeepSeek 赋能的智能分诊系统通过 AI 技术与医疗行业需求的深度融合，在合规框架内实现了医疗咨询服务的创新升级。这有效优化了医疗资源配置，提高了服务效率，为医疗健康行业的数字化转型与高质量发展注入了新动力。

14.5　DeepSeek生成并管理患者电子病历

患者电子病历是医疗信息的核心载体，其完整性、准确性和规范性直接影响诊疗质量与医疗决策。然而，长期以来，电子病历存在数据录入烦琐、信息整合困难、安全管理复杂等问题。如何高效生成并安全地管理电子病历，成为医疗机构提升服务质量与运营效率的关键。DeepSeek 在医疗健康领域的应用，为医疗机构提供了智能化的电子病历生成与管理解决方案。

在 DeepSeek 的助力下，医疗机构可以打造智能化的电子病历系统，通过智能数据采集与整合技术，实现病历信息的自动化处理。在患者就诊过程中，系统可自动对接医院的挂号系统、检查检验设备、药房系统等，实时抓取患者的基本信息、症状描述、检查检验报告、用药记录等数据。

例如，患者完成 CT 检查后，系统能够自动获取影像报告与诊断结论；医生开具处方后，系统立即同步用药信息。整个过程无须人工重复录入，不仅大幅提高了病历生成效率，还避免了因手动输入导致的信息错误或遗漏。

在电子病历管理方面，医疗机构可以借助 DeepSeek 打造强大的智能管理平台。平台支持多维度的病历检索功能，医生只需输入患者姓名、病历号、诊断名称等关键词，即可快速调取相关病历资料。利用数据分析与知识图谱技术，平台可对病历数据进行深度挖掘，自动关联相似病例、推荐诊疗方案，为医生提供决策支持。例如，当医生为糖尿病患者制订治疗方案时，平台会根据关键词进行查询，推送同类患者的治疗案例、最新诊疗指南及药物使用建议等。

合规性与安全性是智能管理平台的核心优势。在数据安全层面，平台采用先进的加密算法对患者病历数据进行全流程加密存储与传输，确保数据不被篡改、泄露。同时，平台设置严格的管理权限，根据医护人员的职责与岗位需求，设置不同的访问权限，杜绝越权操作。在合规性方面，电子病历完全符合国家医疗法规对电子病历的要求，支持电子签名、时间戳等功能，确保病历的法律效力。

在电子病历探索方面，某医院成功进行 DeepSeek 本地化部署，实现了 DeepSeek 与电子病历系统的集成，并推出了临床智能助手和智慧管理助手两大应用。

临床智能助手专注于电子病历生成。它不仅能够依据患者既往就诊记录、主诉等医疗信息，按照病历书写规范生成标准化电子病历；还能够自动识别并反馈电子病历的质量问题，提升电子病历的质量。

智慧管理助手是为医生、医院管理人员等定制的智慧管理辅助工具。它与医院运营数据及制度管理知识库对接，建立便捷的信息获取平台。医院职工可以在这一平台上快速获取所需信息，提升决策科学性与工作效率。

智能化电子病历的出现推动了医疗机构向精细化管理转型，不仅提升了就医体验和患者满意度，还有助于提高医院的知名度和口碑。

14.6 医疗知识图谱与问答系统：医生随取随用

在医疗健康行业，医学知识体系庞大且复杂，涵盖疾病诊断、治疗方案、药物信息等多个领域，并且新知识、新技术不断涌现。医生在日常诊疗过程中，需要快速、准确地获取相关知识，以做出科学合理的决策。

传统的知识获取方式，如查阅书籍、文献等，往往耗时耗力，难以满足医生在快节奏工作中的即时需求。DeepSeek可基于强大的数据收集与自然语言理解及生成能力，构建医疗知识图谱与问答系统，为医生打造随取随用的知识库，有效提升诊疗效率与质量。

医疗知识图谱的构建是一个庞大而精细的工程。DeepSeek需要从海量的医学资源中采集数据，这些资源包括权威医学书籍、学术期刊论文、临床指南、电子病历等。然后，通过自然语言处理技术对采集到的文本数据进行解析和结构化处理，提取关键内容，如疾病名称、症状表现、治疗药物、检查项目等，并构建彼此间的关系，如"疾病—症状""疾病—治疗方法""药物—适应症"等。在构建医疗知识图谱的过程中，DeepSeek还会结合新的专业医学知识和临床经验，对知识图谱进行优化和完善，确保知识的准确性和权威性。

基于构建好的医疗知识图谱，DeepSeek可搭建起高效智能的问答系统。当医生输入问题时，问答系统会迅速对问题进行语义理解和分析，确定问题的核心和关键信息，然后在知识图谱中进行精准检索，找到与问题相关的知识节点和关系路径，从而生成准确、全面的答案。

例如，当面对一个复杂病症，不确定最佳治疗方案时，医生只需在问答系统中输入病症的具体表现和相关检查结果等信息，系统就能快速整合知识图谱中的疾病诊断标准、不同治疗方法的疗效对比、药物的适用人群及不良反应等信息，为医生提供详细的治疗建议和参考依据。

医疗知识图谱与问答系统具有诸多优势。一方面，它极大地节省了医生的时间和精力。在繁忙的工作中，医生无须花费大量时间在海量的文献中搜索，只需简单输入问题，就能在短时间内获取所需知识，从而将更多的时间和精力投入到患者的诊疗服务中。另一方面，系统能够提供最新的医学知识。医学领域发展迅速，新的研究成果和治疗方法不断涌现。DeepSeek通过及时更新知识图谱，确保医生获取的是前沿、准确的医学信息，帮助医生紧跟医学发展的步伐，不断提升专业水平。

医疗知识图谱与问答系统可成为医生日常诊疗工作中的得力助手，让医生便捷、高效地获取知识，提升服务效率和质量。

14.7 全流程服务：DeepSeek助力医疗机构提升服务质量

医疗机构的服务质量直接关系到患者的就医体验与治疗效果。以往，一些医疗机构在服务过程中存在一些痛点，如诊疗前患者信息收集不全面、诊疗中沟通效率低、诊疗后随访管理不及时等。而DeepSeek可以通过本地化部署和与医疗机构业务流程的集成，融入医疗服务全流程，帮助医疗机构提升服务质量，如图14-1所示。

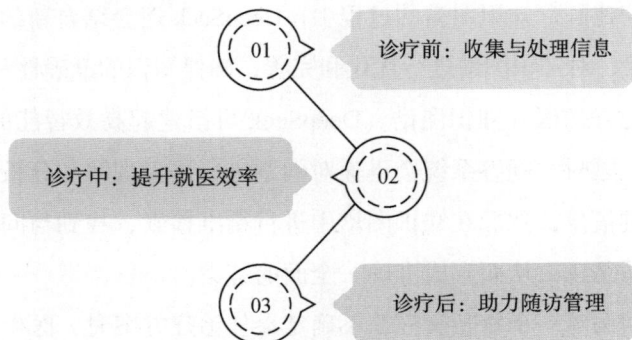

图14-1 DeepSeek融入医疗服务全流程

1. 诊疗前：收集与处理信息

在诊疗前的准备阶段，DeepSeek能够帮助医疗机构高效完成患者信息收集与预处理工作。通过自然语言处理技术，DeepSeek 可以对患者在线填写的症状描述、过往病史等信息进行智能分析，自动提取关键内容并生成结构化报告。

例如，医院官方 App、微信小程序等平台接入 DeepSeek 后，患者在这些平台上填写病情信息时，系统能快速识别患者的核心症状、发病时长、用药历史等信息，在短时间内形成清晰、准确的报告，为医生提前了解患者病情提供有力支持。同时，系统还可以基于患者的基础信息，智能推荐合适的科室与医生，避免患者因科室选择不当而耽误就诊，优化整体就医流程。

2. 诊疗中：提升就医效率

进入诊疗环节，医生只需在系统中输入患者基本信息，就能得到详细的患者健康档案，了解患者的既往病史、过敏史等，快速掌握患者整体健康状况。同时，DeepSeek 可以通过医疗影像分析、诊断辅助系统等为医生问诊提供辅助，提高医生服务的质量和效率。电子病历的自动生成与智能管理也让医生能够将更多时间和精力投入到与患者的沟通及病情分析上，进一步优化诊疗流程，提升就医效率。

3. 诊疗后：助力随访管理

诊疗结束后，医疗机构有必要对患者进行随访管理。在这方面，医疗机构可以借助 DeepSeek 打造智能随访系统。借助 DeepSeek 的强大能力，智能随访系统能够根据患者的病情和治疗方案，自动制订个性化的随访计划，并通过短信、App 推送等方式及时提醒患者复诊或进行健康监测。在随访过程中，系统可以收集患者康复情况、用药反应等信息，如果患者出现异常情况，则会及时将信息反馈给医生，便于医生根据实际情况安排患者提前复诊或调整治疗方案。

智能随访系统还可以对患者的随访数据进行分析，为医疗机构优化治疗方案、改进服务流程提供数据支持。例如，通过数据分析，了解到某类疾病在特定治疗方案下的康复周期较长之后，医疗机构便可针对性地调整治疗策略，提高整体治疗效果。

通过融入医疗服务全流程，DeepSeek 不仅可以有效解决传统医疗服务中的诸多难题，还为医疗机构提升服务质量、实现可持续增长提供了强大动力，推动医疗健康行业朝着更加智能、高效的方向发展。

14.8 实战演练：策划一场零违规的线上健康科普活动

线上健康科普活动是提升公众健康意识、树立医疗机构专业形象的重要方式，如何在确保内容科学严谨、表述合规的同时，又能吸引大众关注呢？DeepSeek 提供了全流程解决方案。下面以某口腔专科医院"儿童口腔健康"主题的线上科普活动为例，详细拆解零违规活动策划与执行的完整路径，如图 14-2 所示。

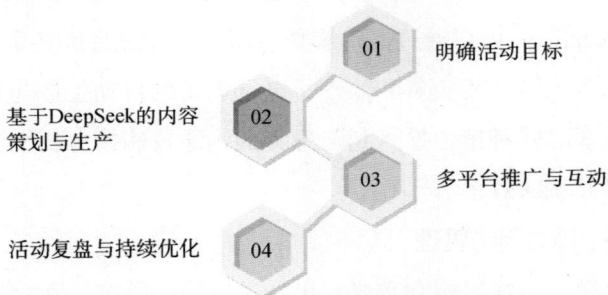

图14-2 零违规活动策划与执行的完整路径

1. 明确活动目标

该口腔专科医院旨在通过科普活动提升家长对儿童口腔健康的重视，推广医院的儿童齿科服务。

2. 基于 DeepSeek 的内容策划与生产

在选题阶段，主办方借助 DeepSeek 分析近期家长关注的儿童口腔健康热点，并结合医院专家建议，确定了儿童乳牙护理误区、窝沟封闭的重要性、儿童早期牙齿矫正黄金期等兼具实用性与吸引力的主题。

在内容创作环节，DeepSeek 整合权威资料，将专业知识转化为通俗易懂的图文、短视频脚本。在输入内容创作要求时，主办方还明确了合规红线，如禁止使用"最佳""根治"等绝对化用语，避免承诺治疗效果，确保内容合规，且仅围绕科普教育展开。例如，在生成"儿童刷牙七步法"视频脚本时，DeepSeek 自动规避夸大表述，以客观口吻强调正确刷牙对预防龋齿的作用。

在内容创作完成后，主办方还联合医学专家团队、广告合规专员等对内容的科学性、合规性进行审核，确保内容知识点准确无误，同时符合医疗广告法规要求。

3. 多平台推广与互动

DeepSeek 根据不同平台用户画像制定了推广策略：在微信公众号发布深度科普文章，搭配漫画图解；在抖音、快手平台投放 15 ～ 30 秒的趣味科普短视频；在微博发起"儿童护牙小课堂"话题讨论，邀请口腔专家线上答疑。

活动互动环节也严守合规底线。例如，抽奖奖品为儿童口腔护理礼包，避免与诊疗服务直接挂钩；在线问答仅提供科普性建议，明确提示"具体诊疗方案需到院检查"。

4. 活动复盘与持续优化

活动结束后，主办方对参与人数、内容传播量、用户互动数据等进行多维度分析，发现儿童换牙期注意事项相关内容点击率最高，而窝沟封闭科普视频的完播率较低。基于数据反馈，主办方调整后续内容策略，增加换牙期主题内容，并优化视频节奏与讲解方式。同时，主办方对活动全流程进行合规复盘，确认未出现任何违规行为，并收集相关数据为下一次活动策划提供参考。

此次活动累计覆盖用户超 10 万人次，医院儿童齿科咨询量提升 200%，且在市场监管部门的专项检查中顺利通过审核。DeepSeek 不仅为主办方提供了合规的内容，还让科普活动兼具专业性与传播力，为医疗健康机构开展线上营销活动提供了可复制的成功范式。